Adrodd ar Dlodi: Naratif y Cyfryngau Newyddion a Chyfathrebiadau'r Trydydd Sector yng Nghymru

Kerry Moore
Rhagair gan Sian Morgan Lloyd a
Kerry Moore

Cardiff University Press | Gwasg Prifysgol Caerdydd

Cyhoeddwyd gan
Gwasg Prifysgol Caerdydd
Prifysgol Caerdydd
Blwch Post 430
Llawr 1af, 30–36 Heol Casnewydd
Caerdydd CF24 0DE
https://cardiffuniversitypress.org

Cyhoeddiad cyntaf 2020

Dyluniad clawr gan Hugh Griffiths
Delwedd clawr blaen: iStock.com/tirc83

Fersiynau digidol ac argraffedig wedi'u cysodi gan Siliconchips Services Cyf.

ISBN (Clawr meddal): 978-1-911653-19-6
ISBN (XML): 978-1-911653-22-6
ISBN (PDF): 978-1-911653-23-3
ISBN (EPUB): 978-1-911653-20-2
ISBN (Kindle): 978-1-911653-21-9

DOI: https://doi.org/10.18573/book5

Mae testun llawn y llyfr hwn wedi'i adolygu gan gymheiriaid i sicrhau safonau academaidd uchel. Am bolisïau adolygu llawn, gweler

https://cardiffuniversitypress.org/site/alt-research-integrity/

Dyfyniad awgrymedig: Moore, K. 2020. *Adrodd ar Dlodi: Naratif y Cyfryngau Newyddion a Chyfathrebiadau'r Trydydd Sector yng Nghymru*. Caerdydd: Gwasg Prifysgol Caerdydd. DOI: https://doi.org/10.18573/book5. Trwydded: CC-BY-NC-ND 4.0

I ddarllen fersiwn mynediad agored, rhad ac am ddim y llyfr hwn ar-lein, ewch i https://doi.org/10.18573/book5 neu sganiwch y cod QR hwn â'ch dyfais symudol:

Cynnwys

Rhestr o Dablau

Rhestr o Ffigurau

Rhagair

Kerry Moore & Sian Morgan Lloyd

Mae'r pwysau a'r problemau sydd ynghlwm yn y term 'argyfwng newyddiaduraeth' wedi cael eu trafod yn helaeth gan ysgolheigion y cyfryngau a chyfathrebu. Mae heriau amlwg sy'n esblygu yn effeithio ar newyddiadurwyr a chyd-destunau ymarferol eu swyddi. Er gwaethaf hyn, mae gwir angen o hyd am graffu newyddiadurol er mwyn amlygu anghydraddoldeb cymdeithasol a chynnal ffocws treiddgar ar faterion cymdeithasol.

Mae'n bwysig gwneud synnwyr o'r newidiadau dwys sy'n effeithio ar gyfoeth a safonau byw yn ein cymunedau, yn cynnwys anghydraddoldebau cynyddol mewn incwm, cyflogaeth ansefydlog, diffyg tai a darpariaeth les sy'n gynyddol annigonol. Byddai'r rhan fwyaf yn cytuno ei bod yn drychineb bod tlodi plant, newyn, digartrefedd, anghyfartaledd mewn iechyd ac addysg yn faterion pwysig sy'n cynyddu ym Mhrydain yn yr 21ain ganrif.

Mae gan newyddiaduraeth ran hanfodol bwysig i'w chwarae yn y ffordd yr ydym 'ni' fel cymdeithas yn cydnabod ac yn deall y materion hyn – yr hyn yr ydym 'ni' yn ei ddweud ac yn ei wneud yn eu cylch ac, yn dyngedfennol, y ffordd y mae'r rheiny sydd mewn sefyllfa o rym a dylanwad i gael effaith arnynt (yn San Steffan, yng Nghaerdydd, mewn awdurdodau lleol, mewn busnes) yn ymateb iddynt.

Mae Cymru yn gymdeithas amrywiol gyda ffyrdd o fyw trefol a gwledig, siaradwyr Cymraeg a Saesneg a chefndiroedd diwylliannol gwahanol. Mae Cymru hefyd yn gymharol dlawd o'i chymharu â'r rhan fwyaf o'r Deyrnas Unedig ac aelodau eraill yr UE. Mae buddiannau a phrofiadau pobl Cymru yn haeddu cael eu cydnabod a'u cynrychioli'n dda mewn trafodaethau cyhoeddus. Mae datganoli gwleidyddol yn rhywbeth diweddar sy'n dal i esblygu a datblygu ac yn y sefyllfa hon, gan fod cyfran sylweddol o'r boblogaeth yn chwilio mewn mannau eraill am newyddion a gwybodaeth, mae'r cyfryngau yng Nghymru yn wynebu problemau sylweddol o ran hunaniaeth a chynaliadwyedd.

Mae'n amhosibl ymchwilio'n gywir i'r cyfryngau yng Nghymru heb gynnwys cynnyrch Cymraeg. Mae'r cyfryngau Cymraeg yn rhan annatod o'r dirwedd newyddiadurol yng Nghymru ac mae'n cynnwys newyddion a materion cyfoes cadarn, sydd yn aml yn cynnwys unigolion ac ardaloedd o Gymru na fyddai, fel arall, yn cael llawer o sylw, os o gwbl. Mae ein prosiect, sydd yn gyfle unigryw ar gyfer cydweithredu cysyniadol rhwng ymarfer ysgolheigaidd ac ymchwil academaidd mewn newyddiaduraeth, yn nodedig ac yn arloesol yn archwilio deinameg diwydiant cyfryngau dwyieithog a'i rhyngweithio, yn Gymraeg ac yn Saesneg, â'r diwydiant cyfathrebu ehangach. Mae'n syndod, efallai, wrth archwilio'r ffordd y caiff mater sydd mor arwyddocaol yn y gymdeithas gyfoes ei ystyried, ei ddehongli a'i adrodd yn nwy iaith swyddogol Cymru, bod y prosiect wedi bod yn arloesol. Ond eto mae hyn yn wir – nid oes, ar hyn o bryd, unrhyw ysgolheictod arall fel hyn yn ein maes, ac yn hyn o beth, ein gobaith yw y bydd yn werthfawr nid yn unig i newyddiaduraeth ac ysgolheigion y cyfryngau, ond hefyd i addysgu a dysgu yn ehangach yn y gwyddorau cymdeithasol.

Mae ein hymchwil yn mynd i'r afael â chwestiynau hanfodol yn ymwneud â'r ffordd y mae tlodi, anghydraddoldeb cymdeithasol ac anghyfiawnder yn cael eu trin yn y trafodaethau cyhoeddus ar adeg mor hanfodol a thyngedfennol. Roedd dadansoddi newyddion yn ystod ymgyrch refferendwm 2016 (a'i ganlyniad) ar aelodaeth Prydain o'r UE yn dyst i adeg o'r fath ansicrwydd dwys, pegynnu gwleidyddol ac, ar adegau, negeseuon swrrealaidd, yn creu problemau i newyddiaduraeth oedd yn ceisio cynrychioli'r ddwy ochr yn deg gan geisio gwneud synnwyr o'r hyn y byddai gadael neu aros yn ei olygu i'w cynulleidfa. Fe wnaeth newyddion ymholgar trwyadl ar adeg argyfwng Tata Steel ddal ein sylw hefyd gan roi hanes diwydiannol Cymru i ni, rhoi bywoliaeth, gobeithion ac ofnau pobl gyffredin yng nghyd-destun profiadau'r gorffennol o wrthdaro gwleidyddol-gymdeithasol a her economaidd. Adroddodd y naratif newyddion yma ar adegau arwyddocaol o gynnwrf yng Nghymru ond, yn yr un modd, roedd yn fynegai o argyfyngau gwleidyddol, cymdeithasol ac economaidd (cenedlaethol a byd-eang) ehangach. Archwilio'r ffordd, yn ymarferol, y gall newyddiaduraeth a gwaith cyfathrebu gysylltu'r lleol â'r byd-eang, gan adrodd ar straeon perthnasol sydd yn gwneud synnwyr o'r fath ddarluniau ehangach, cymhleth o dlodi, yw un o ymyriadau mwyaf arwyddocaol y llyfr hwn.

Mae'r ffaith bod cyfranogwyr newyddiaduraeth a diwydiannau cyfathrebu'r trydydd sector yn barod i gamu'n ôl o'u hymarfer bob dydd ac adlewyrchu ar gyfleoedd a heriau sydd yn gynhenid i'w gwaith ar dlodi (ac ar eu rhyngweithio â'i gilydd) at ddibenion ymchwil yn dyst i'r pwysigrwydd y maent yn ei roi i'r pwnc hwn fel gweithwyr proffesiynol. Mae wedi galluogi deialog hanfodol i ddechrau yng Nghymru am y ffordd y mae'r gweithwyr proffesiynol hynny yn ystyried eu rôl yn y drafodaeth gyhoeddus, y rôl y gallem 'ni' fel cymdeithas fod angen iddynt ei wneud a phosibiliadau a rhwystrau gwireddu'r rhain – nawr ac yn y dyfodol. Mae hon yn sgwrs fyw a pharhaus sydd wedi ei hwyluso gan ein hymchwil, ond yn un sydd yn dibynnu ar ewyllys da, arbenigedd ac ymgysylltiad newyddiadurwyr, gweithwyr cyfathrebu proffesiynol y trydydd sector ac eraill wrth i ni wynebu dyfodol uniongyrchol braidd yn llwm yng Nghymru i'r rheiny sydd yn profi tlodi.

Mae newyddiaduraeth sydd yn ymgysylltu mewn ffordd ystyrlon a gwrthrychol â thlodi, sydd yn cynrychioli cymhlethdod achosion economaidd, cymdeithasol a gwleidyddol tlodi gydag eglurder, ac sydd yn adrodd stori ei niwed cymdeithasol dwys, yn hanfodol. Newyddiaduraeth sydd yn dwyn y rheiny sydd mewn grym i gyfrif yw'r math o newyddiaduraeth y byddai'r mwyafrif o bobl sydd yn poeni am anghydraddoldeb cymdeithasol, mwy na thebyg, yn dymuno ei gweld. Nid yw gohebu ar dlodi yn y fath fodd yn hawdd, ond mewn cyd-destun o lefelau a phrofiadau o dlodi sy'n dwysáu, mewn cyfnod o ansicrwydd gwleidyddol heb ei debyg, mae'r angen i wneud hynny yn bwysicach nag erioed.

Cydnabyddiaeth

Comisiynwyd y prosiect hwn gan Oxfam Cymru a chlymblaid o sefydliadau allweddol y trydydd sector (Gemau Stryd Cymru, Cyngor Gweithredu Gwirfoddol Cymru, Yr Eglwys yng Nghymru, Cyngor Mwslimiaid Cymru, Cymorth Cymru, Tai Pawb, Tai Cymunedol Cymru, Cymorth Cristnogol ac Achub y Plant) sydd i gyd yn ceisio hybu adrodd teg, cywir a blaengar ar faterion tlodi yng Nghymru.

Cafodd ei ariannu hefyd gan dri grant o Raglen Cyfleoedd Ymchwil Prifysgol Caerdydd (CUROP), sydd yn caniatáu myfyrwyr israddedig i weithio gyda staff ac ymchwilwyr preswyl, a dau grant pellach ar gyfer effaith ymchwil: un o Ysgol Newyddiaduraeth, y Cyfryngau a Diwylliant Caerdydd (JOMEC) ac un wobr Cynyddu Effaith ESRC.

Er mai fi sydd yn uniongyrchol gyfrifol am ysgrifennu'r llyfr hwn ac arwain y prosiect y mae'n seiliedig arno, bydd y darllenwyr yn gweld bod cyfeiriadau di-rif trwy gydol y llyfr at 'ein hymchwil'. Mae'r prosiect ymchwil 'Archwilio'r Naratif', y mae'r llyfr hwn wedi cael ei ddatblygu yn gysylltiedig ag ef, wedi galluogi cydweithrediaeth unigryw a chyfoethog rhwng cydweithwyr yn Ysgol Newyddiaduraeth Caerdydd, gan gyfuno arbenigedd newyddiaduraeth academaidd ac ysgolheigaidd. Mae gweithio ar y cyd â'r cyd-archwilydd Sian Morgan Lloyd (darlithydd JOMEC, yn arwain darpariaeth Gymraeg yr ysgol) wedi bod yn brofiad hynod gefnogol, colegaidd a (gobeithio) wedi cyfoethogi'r ddwy ochr. Mae cydweithio wedi ein galluogi, yn hanfodol, i ymgysylltu'n wirioneddol gyda'r materion cyfredol a phrofiadau ymarfer a chyfathrebu newyddiadurol; i ofyn cwestiynau ystyrlon sydd yn gwneud synnwyr i weithwyr proffesiynol sydd yn gweithio yn y diwydiannau hynny yng Nghymru, a gwneud hynny'n ddwyieithog, yn Gymraeg ac yn Saesneg. Mae wedi ein galluogi i gynorthwyo a hyfforddi tîm o ymchwilwyr sydd yn gweithio yn y ddwy iaith – Dr Alida Payson, Dr Geraint Whittaker, Sandra Hicks, Sophie Jackson, Tanya Harrington ac Elen Davies, y cafodd eu cyfraniadau sylweddol eu cydnabod gan gyd-awduron yr adroddiad ymchwil ddaeth cyn y llyfr hwn. Rwyf hefyd yn hynod ddiolchgar i gydweithwyr JOMEC, Glynn Mottershead a Martin Chorley, a ddarparodd arbenigedd a chymorth gwerthfawr yn datblygu ein hoffer ar gyfer dadansoddi newyddion ar-lein; i Sian Powell a gefnogodd ddatblygiad y prosiect yn ystod ei gyfnod cynnar; i Manon Edwards Ahir am ei sylwadau treiddgar, ei hanogaeth a'i chefnogaeth tuag at ein digwyddiad prosiect cyntaf; ac i Jane Bentley a Simon Williams am ymgysylltu eu myfyrwyr yn frwdfrydig yn yr ymchwil ac am fy herio i yn barhaus i adlewyrchu ar ei ystyr ar gyfer ymarfer yn y dyfodol ym maes newyddiaduraeth a chyfathrebu.

Hoffwn fynegi fy niolchgarwch i'r newyddiadurwr a'r darlledwr Jackie Long am ei hanogaeth ac am roi ei hamser fel siaradwr gwadd yn ein digwyddiad rhwydweithio yng Nghaerdydd ym mis Ebrill 2017, ac i Randeep Ramesh, prif ysgrifennwr arwain y Guardian am wneud yr un peth yn ein digwyddiad 'Adrodd ar Dlodi' yn JOMEC ym mis Tachwedd 2018. Mae fy nyled yn fawr i bawb a roddodd o'u hamser i wneud y digwyddiadau hyn yn llwyddiant, gan gynnwys Richard Speight, Linda Mitchell, India Pollack, Andrea Byrne, Paul Rowland, Eurgain Haf, Deanndre Wheatland a gweithwyr proffesiynol y cyfryngau newyddion a'r trydydd sector sydd wedi cymryd rhan yn y prosiect mewn ffyrdd amrywiol. Yn olaf, diolch i Casia William, cyn-swyddog y cyfryngau a chyfathrebu (y Pwyllgor Argyfyngau bellach) am gychwyn a chefnogi'r gwaith ymchwil hwn ar ei ffurf ddwyieithog o'r dechrau. Hebddi hi ni fyddai'r prosiect hwn wedi dwyn ffrwyth.

PENNOD I

Pam Astudio Naratif y Cyfryngau Newyddion ar Dlodi?

Mae beth *yw* tlodi a'r ffordd y dylid ei ddeall wedi bod yn destun trafodaethau gwleidyddol ers amser hir. Mewn unrhyw adeg hanesyddol, bydd ystod o syniadau am dlodi'n cael eu llunio a chael eu gweld yn wahanol gan grwpiau gwahanol o bobl mewn cymdeithas. Bydd rhai syniadau, sy'n cael eu cyfleu a'u cynrychioli fel 'ffeithiau' yn y newyddion, fodd bynnag, yn dod yn fwy pwerus nag eraill, gan helpu i lunio'r hyn sy'n cael ei adnabod fel 'synnwyr cyffredin'. Gellir ffafrio rhai dehongliadau o dlodi mewn naratif newyddion, sydd yn atgyfnerthu (neu'n herio) dealltwriaeth gyffredin. Gall naratif newyddion hefyd gyfleu teimladau cryf o bosibl, neu safbwyntiau moesol am y ffordd y mae, neu y dylai, cymdeithas fod yn ymdrin â thlodi. Yn hyn o beth, gallant chwarae rôl ganolog yn adlewyrchu ac atgynhyrchu, yn herio ac yn trawsnewid syniadau am dlodi. Yn y ffyrdd hyn, mae naratif newyddion yn gallu dylanwadu ar wneuthurwyr polisïau a safbwynt cyhoeddus, yn ogystal â llunio'r ffordd y gall pobl gyffredin ddod ar draws tlodi a'i brofi.

Mae'r llyfr hwn yn ymwneud â 'dadorchuddio' naratif y cyfryngau newyddion ar dlodi: mae'n ymwneud â deall sut a pham y caiff tlodi ei gynrychioli yn y cyfryngau newyddion yn y ffordd y mae ar hyn o bryd, ac yn archwilio sut y gall y sylw y caiff tlodi yn y newyddion fod mor gywir ac mor ystyrlon ag y gall fod yn cynrychioli straeon, materion a phrofiadau o dlodi yng Nghymru heddiw. I ddechrau, mae'r astudiaeth yn dadansoddi cynnwys newyddion sydd yn cynnwys tlodi, gan gymharu'r cyfryngau print, ar-lein a darlledu yng Nghymru yn Saesneg ac yn Gymraeg i greu sail dystiolaeth am nodweddion a phatrymau'r sylw y caiff tlodi. Yn ail, mae'n archwilio arferion newyddiadurol yn adrodd am faterion tlodi. Mae'n archwilio'r anghenion gwybodaeth, y cyfleoedd, heriau sefydliadol a diwylliannol y mae newyddiadurwyr a golygyddion sy'n gweithio yn y newyddion a materion cyfoes yn dod ar eu traws. Yn olaf, mae'r adroddiad yn ystyried arferion cyfathrebu'r trydydd sector

Sut i ddyfynnu'r bennod hon:
Moore, K. 2020. *Adrodd ar Dlodi: Naratif y Cyfryngau Newyddion a Chyfathrebiadau'r Trydydd Sector yng Nghymru.* Tt. 1–12. Caerdydd: Gwasg Prifysgol Caerdydd. DOI: https://doi.org/10.18573/book5.a. Trwydded: CC-BY-NC-ND 4.0

yng Nghymru, yn cynnwys eu perthynas â newyddiadurwyr. Mae'n amlinellu rhai o'r cyfleoedd, y cyfyngiadau a'r pwysau ar y trydydd sector yn ymateb i naratif y cyfryngau newyddion am dlodi neu geisio dylanwadu arno, fel rhan o'u gwaith. Wrth ddatblygu darlun manwl o'r nodau proffesiynol, y pwysau a'r blaenoriaethau sy'n ffurfio ymarfer adrodd a chyfathrebu ar dlodi ar hyn o bryd, mae'r ymchwil yn darparu adnodd ar gyfer cyd-ddealltwriaeth rhwng newyddiadurwyr a gweithwyr proffesiynol y trydydd sector er budd creu naratif newyddion ar dlodi yng Nghymru sydd mor gynrychioliadol, ystyrlon a chywir â phosibl.

Tlodi yn y DU

Mae ymchwilwyr a gwneuthurwyr polisïau wedi cydnabod ers amser hir yr angen i ddangos arwyddocâd tlodi fel mater cymdeithasol, gan symud y tu hwnt i ddeall tlodi yn syml o ran isafswm incwm angenrheidiol unigolion (gweler, er enghraifft Townsend, 1979). Yn hyn o beth, er bod tlodi absoliwt – anallu i fforddio pethau sylfaenol i oroesi, bwydo, gwisgo a chartrefi eich hun – yn dal yn fesur pwysig, mae trafodaethau cyhoeddus ar arwyddocâd cymdeithasol tlodi fel arfer yn cyfeirio at *dlodi cymharol* – incwm isel sy'n cael ei fesur mewn perthynas ag incwm cyfartalog. Mae Sefydliad Bevan, elusen flaenllaw sy'n gweithio ar ymchwil tlodi yng Nghymru, yn diffinio'r profiad o dlodi fel adeg pan fydd adnoddau person 'ymhell islaw eu hanghenion gofynnol, yn cynnwys yr angen i gymryd rhan mewn cymdeithas' (Bevan Foundation, 2016: 6). Mae deall tlodi fel mater cymdeithasol, sy'n effeithio ar agweddau lluosog o fywydau, cydberthynas a chyfleoedd pobl, yn fan cychwyn hanfodol ar gyfer y llyfr hwn.

Mae tlodi yn y DU yn eang (Marsh et al., 2017). Os ydym yn ystyried mai'r DU yw un o'r economïau mwyaf yn y byd wrth ei fesur yn ôl GDP, mae ffigurau tlodi cymharol yn y DU yn drawiadol: mae 21% o boblogaeth y DU (tua 14 miliwn o bobl) yn byw mewn tlodi cymharol, ac mae cyfran uwch o bobl yn byw mewn tlodi yng Nghymru (23%, 690,000 o bobl) (Barnard, 2018; Statistics for Wales, 2017a: 4).[1] Mae'r cyfraddau hyn wedi bod yn eithaf sefydlog yn ddiweddar, ond mae arbenigwyr yn rhagweld y bydd tlodi cymharol yng Nghymru yn cynyddu i ryw 27% (tua 40% ar gyfer tlodi plant) dros y blynyddoedd nesaf.

Er bod cyfraddau tlodi yn gyffredinol yn sefydlog, maent yn cuddio amrywiadau demograffig a newidiadau diriaethol yn amodau a phrofiadau o dlodi. Er enghraifft, yn ôl Sefydliad Joseph Rowntree, ar draws y DU, mae 52% o bobl mewn tlodi mewn teuluoedd sy'n gweithio. Yng Nghymru, y grŵp sy'n profi'r cyfraddau tlodi uchaf yw teuluoedd o oed gweithio sydd â phlant, a phensiynwyr sydd yn profi'r cyfraddau isaf (Barnard, 2018: 4; Tinson et al., 2016). Mae diweithdra – sy'n cael ei drafod yn eang fel ffactor sy'n cyfrannu'n uniongyrchol at dlodi – wedi gostwng yn ôl pob golwg yn y blynyddoedd diweddar. Fodd bynnag, mewn ardaloedd penodol o Gymru, fel Merthyr Tudful a Blaenau Gwent, mae'r cyfraddau ymhell uwchlaw cyfartaledd y DU (7.3% a 6.7% yn y drefn honno), ac ar draws Cymru maent ar eu huchaf ymysg pobl 16–24 oed (13.1%) (Bevan Foundation, 2018: 3). Yn ogystal, nid yw ffigurau diweithdra yn rhoi cyfrif am y 21% o'r holl oedolion o oed gweithio yn y DU sy'n cael eu dosbarthu fel pobl ag incwm cymharol isel (McGuinness, 2018: 12).[2] Yn wir, mae tlodi mewn gwaith wedi dod yn fater cynyddol ddifrifol. Mae cyflogau isel yn aml yn dwysáu amodau ansicr, yn cynnwys natur ysbeidiol, anwadal oriau gwaith (e.e., contractau dim oriau), contractau tymor byr, ansicr a hunangyflogaeth sy'n cael ei reoli gan gontractau ac asiantaethau heb hawliau cyflogaeth. Yn ogystal, mae newidiadau i systemau budd-dal lles a chredydau treth wedi effeithio ar lefelau incwm sawl aelwyd, wedi ei ddwysáu gan wallau, anwadalrwydd ac oedi o ran taliadau Credyd Cynhwysol, Lwfans Cymorth Cyflogaeth (ESA) a Thaliadau Annibyniaeth Personol (PIP) wrth i'r rhain gael eu cyflwyno.[3] Mae perygl cynyddol o dlodi – i'r rheiny sydd mewn gwaith yn ogystal ag allan o waith – yn cael ei lywio gan 'ostyngiadau i fudd-daliadau oed gweithio, cynnydd mewn costau byw (yn arbennig ar gyfer tai) a gwaith o ansawdd gwael' (Barnard, 2018: 1). Mae'r cymysgedd hwn o waith ansicr, tâl isel, toriadau i les cymdeithasol a chostau byw cynyddol yn golygu bod tlodi ar gynnydd ac yn newid ei ffurf. Yn yr hinsawdd hwn, mae sefydliadau'r trydydd sector wedi chwarae rôl gynyddol yn ymdrin ag effeithiau'r newidiadau hyn, gan lenwi bylchau o ran darpariaeth les ac ymateb i alw cynyddol am eu gwasanaethau gan y rheiny sydd mewn angen.

Mae anghydraddoldeb, costau byw a dyledion sy'n cynyddu'n gyflym wedi golygu bod niferoedd cynyddol o bobl sydd wedi cael eu 'gwasgu' wedi gorfod wynebu caledi ac yn agored i allgáu cymdeithasol wrth i'w hamodau byw fynd islaw'r norm a dderbynnir yn gyhoeddus. Mae ffigurau tlodi cymharol hefyd yn methu cyfleu'r hyn a elwir yn 'dlodi amddifadedd' – mesur o anghenraid materol a chymdeithasol sylfaenol ar gyfer safonau byw gofynnol fel y deellir gan y cyhoedd. Yn ôl arolwg sylweddol yn 2012 ar safonau byw, 'mae mwy a mwy o deuluoedd ym Mhrydain yn wynebu byw o'r llaw i'r genau', gyda'r canfyddiad bod tua thraean o bobl yn y DU yn byw mewn cartrefi o amddifadedd lluosog (Gordon et al., 2013: 16; Lansley & Mack, 2015: xiii). Gellir olrhain symptomau amddifadedd yn y cynnydd amlwg yn y defnydd o fanciau bwyd (cymorth bwyd brys) yn y blynyddoedd diweddar. Yn ôl ffigurau'r CU a nodwyd gan y Sefydliad Bwyd a grwpiau End Hunger y DU, amcangyfrifwyd bod 10.1% o bobl yn y DU wedi profi ansicrwydd bwyd yn 2014 a chyfrifwyd bod gan dros 3 miliwn o bobl yn y DU 'ansicrwydd bwyd' rhwng 2014 a 2016 (Goodwin, 2018). Yn yr un modd, mae tlodi tanwydd (neu ynni) wedi dod yn fwy cyffredin, gyda ffigurau a amcangyfrifwyd yn awgrymu bod 11% o aelwydydd y DU, a 30% yng Nghymru yn cael anhawster i wresogi eu cartrefi yn ddigonol (Barton a Hough, 2016; Department for Business Energy and Industrial Strategy, 2017).[4] Mae'r graddau y mae'r sylw a roddir i dlodi yn y cyfryngau newyddion wedi cadw i fyny â'r newidiadau hyn, gan gyfleu'r realaeth a thraethu ar ystyr tlodi i bobl yng Nghymru heddiw yn gwestiwn allweddol y mae'r llyfr hwn yn mynd i'r afael ag ef.

Ar ei waethaf, mae tlodi parhaus wedi bod yn cynyddu, gan effeithio ar ryw 4.6 miliwn o bobl ar draws y DU (7.3% o boblogaeth y DU) (ONS, 2017).[5] Mae digartrefedd wedi dod yn llawer mwy gweladwy, gyda chysgu yn yr awyr agored ar gynnydd (hyd at 30% yng Nghymru yn 2015–16) (Ministry of Housing Communities and Local Government, 2018; Statistics for Wales, 2017b; UK Government, 2017). Amlygodd marwolaethau dau berson ifanc oedd yn cysgu yn yr awyr agored yng Nghaerdydd yn ystod misoedd oer gaeaf 2017–18 y mater hwn yng Nghymru (ITV News, 2018; Mosalski, 2017). Fodd bynnag, er gwaethaf adroddiadau o welliannau mewn arferion yn ymwneud ag atal digartrefedd a gyflwynwyd gan Ddeddf Tai (Cymru) 2014, mae awdurdodau lleol wedi nodi cynnydd 'sylweddol' mewn digartrefedd statudol (y rheiny sydd yn ceisio cymorth am ddigartrefedd), ac mae graddfa 'digartrefedd cudd' yng Nghymru, yn cynnwys 'mynd o un soffa i'r llall', cymorth anffurfiol arall a chartrefi gorlawn, yn dal yn anodd ei asesu (Fitzpatrick et al., 2017: 7).

Nid yw'r profiad o dlodi, wrth gwrs, byth yn cael ei gyfleu'n llawn gan yr ystadegau, waeth pa mor fanwl neu benodol. Mae mynediad i asedau ac adnoddau, fel tai gweddus, bwyd, tanwydd ac anghenion materol eraill, yn dweud stori bwysig, ond mae mynediad i rwydweithiau cymunedol neu gymdeithasol, yn ogystal ag adnoddau llai diriaethol, fel gobaith cymdeithasol, dyheadau, uchelgais neu ddisgwyliadau ar gyfer y dyfodol, yn gwneud hyn hefyd. Yn ogystal ag ymdopi â goroesi heb ddigon i fyw arno, gall pobl sydd yn profi tlodi hefyd wynebu diwylliant o gywilydd, teimladau o falchder clwyfedig, ofn ac anobaith ac amddifadedd llais a chyfalaf cymdeithasol (Lister, 2004). Mae'r profiadau personol, emosiynol a symbolaidd hyn ynghlwm wrth ganlyniadau cymdeithasol tlodi – ei effeithiau ar iechyd corfforol a meddyliol, cyrhaeddiad addysgol a diwylliant, mewn ynysu neu allgáu cymdeithasol (yn cynnwys allgáu digidol) a phroblemau cronig eraill fel caethiwed neu ddyled (Hirsch, 2007). Gall y teimladau o orbryder ac ansicrwydd sy'n gynhenid i brofiadau byw ar incwm isel, yn deillio o gyflogaeth a budd-daliadau nawdd cymdeithasol ansicr mewn oes o gyni, fod yn sylweddol ac yn ddwfn (Pemberton et al., 2017).

Gall profiadau o fyw mewn tlodi hefyd gael eu llunio gan brofiadau penodol diwylliannol ac yn seiliedig ar ryw yn eu tro, ac wedi eu cyflyru gan oed neu gyfnod mewn bywyd (Threadgold et al., 2007). Mae grwpiau penodol mewn perygl penodol, fel pobl ag anabledd neu broblem iechyd meddwl. Yn wir, mae gan 26% o'r rheiny sy'n byw mewn tlodi yng Nghymru anabledd (Tinson et al., 2016: 34). Mae grwpiau eraill sy'n arbennig o agored i niwed yn cynnwys plant sy'n derbyn gofal a'r rheiny sydd yn gadael gofal, ceiswyr lloches a ffoaduriaid (Bevan Foundation, 2016). Er y gall tlodi trefol fod yn fwy amlwg i'r rhan fwyaf o bobl, mae tlodi gwledig yn fater arbennig o bwysig yng Nghymru lle mae problemau penodol yn gysylltiedig â mynediad i wasanaethau; gall tai fforddiadwy, gweddus, cyflogau isel a mynediad i gyfleoedd fod yn arbennig o aciwt (Bevan Foundation, 2010).

Ymatebion polisi i dlodi

Mae ymatebion polisi i dlodi yn dibynnu ar y ffordd y caiff ei achosion a'i ganlyniadau eu deall. Mae'r rhain yn tueddu i bendilio rhwng esboniadau cymdeithasol a strwythurol a ffactorau sy'n cael eu cyflyru gan ymddygiad unigol neu bersonol (Lansley & Mack, 2015). Mae meysydd polisi sy'n ymwneud â threchu tlodi yn canolbwyntio mewn ffyrdd gwahanol ar gyflogaeth, incwm gweithio, gwasanaethau cymorth a budd-daliadau, addysg a hyfforddiant, iechyd, tai neu ymyriadau cymunedol neu ddiwylliannol eraill. Caiff llawer o wasanaethau yn y meysydd hyn eu cyflwyno gan sefydliadau trydydd sector sy'n gweithio'n annibynnol neu ar gontract gan y wladwriaeth. Fodd bynnag, gyda llywodraeth ddatganoledig yng Nghymru, rhennir cyfrifoldebau gwleidyddol ar gyfer trechu tlodi a'i faterion perthnasol rhwng San Steffan, Bae Caerdydd a llywodraeth leol. Er bod rhai o'r meysydd hyn, fel addysg, iechyd a thai yn dod o fewn cylch gorchwyl Llywodraeth Cymru, mae cynghorau lleol, cyfrifoldebau polisi arwyddocaol eraill, yn cynnwys gwaith a budd-daliadau yn ogystal â'r rhan fwyaf o'r pwerau codi trethi, yn dal gyda San Steffan.[6] Yn hyn o beth, gall fod tensiynau gwleidyddol rhwng y cyrff perthynol. Gall fod datgysylltu weithiau hefyd rhwng nodau polisi a grym dros weithredoedd a ddyluniwyd i'w bodloni, fel y gwelwyd yng nghyhoeddiad Llywodraeth Cymru yn 2016 na ellid cyflawni targedau Llywodraeth y DU i ddileu tlodi plant erbyn 2020 (BBC News, 2016). Mae ymyriadau'r Undeb Ewropeaidd, fel buddsoddiadau mewn isadeiledd yn ardaloedd mwyaf difreintiedig Cymru, hefyd wedi ychwanegu haen o gymhlethdod i'r cwestiwn o gyfrifoldeb dros dlodi ac amddifadedd. Wrth ddehongli canlyniadau refferendwm 2016, mae rhai sylwebwyr wedi nodi bod cartrefi incwm isel a'r rheiny sydd yn byw mewn ardaloedd o ddiweithdra uchel yn llawer mwy tebygol o bleidleisio dros 'adael' na'r rheiny sydd yn byw mewn ardaloedd incwm uchel neu ddiweithdra isel (Armstrong, 2017: 5; Goodwin & Heath, 2016).

Naratif tlodi – yr hyn yr ydym eisoes yn ei wybod ...

Bydd sgyrsiau gwleidyddol cyfoes ar dlodi, yn anochel bron, ynghlwm wrth naratif y cyfryngau newyddion wrth iddynt adrodd ar agendâu gwleidyddol, areithiau, penderfyniadau a pholisïau. Gall fod (ac yn aml mae) y dewisiadau o ran iaith y mae gwleidyddion neu newyddiadurwyr yn eu gwneud wedi eu 'llwytho' mewn ffyrdd sydd yn annog amodau penodol o dlodi i gael eu hystyried yn naturiol, i gael eu cwestiynu neu eu barnu. Er enghraifft, er 2010, mae strategaeth yn canolbwyntio ar 'deuluoedd cythryblus' a rhianta gwael yn ddadleuol wedi darlunio tlodi yn fwy fel canlyniad diffygion ymddygiadol (Lansley & Mack, 2015). Yn fwy diweddar, mae sgyrsiau gwleidyddol am deuluoedd 'sydd yn llwyddo o drwch blewyn i ddod i ben' neu'r rheiny sy'n cael eu 'gadael ar ôl' wedi ymdrin yn yr un modd â sefyllfa economaidd trwy gydnabod ymddygiad unigolion, hyd yn oed os yw'r profiad a/neu ofn tlodi'n ymddangos fel pe bai'n cael ei amlygu mewn goleuni mwy sympathetig, cyfarwydd a pherthnasol. Mae strategaethau o'r fath ar gyfer siarad am dlodi ac amddifadedd economaidd yn canolbwyntio'r sylw yn llai ar y ffactorau systemig a'r penderfyniadau polisi sy'n strwythuro'r profiadau hynny, ac yn fwy ar ymddygiad unigol a moesoldeb. Mae'r ffordd y mae newyddiadurwyr yn ymgysylltu â labeli gwleidyddol o'r fath ac iaith arall sy'n cyfeirio at dlodi yn bwysig am fod hyn yn dylanwadu ar ba ragdybiaethau am dlodi sydd yn cael eu dwyn i gyfrif yn feirniadol neu'n dod yn naturiol ac wedi eu sefydlu mewn sgyrsiau cyhoeddus ehangach.

Yn wir, gwyddom o ymchwil flaenorol fod dealltwriaeth a chredoau'r cyhoedd am faterion cymdeithasol arwyddocaol, i ryw raddau o leiaf, wedi eu cyflyru gan agendâu newyddion. Er mai grym newyddion yw nad yw o reidrwydd yn dweud wrth gynulleidfaoedd *beth* i feddwl, ond ei fod yn hysbysu cynulleidfaoedd beth allai fod yn bwysig meddwl *amdano* (McCombs, 2004). Gall lefel isel o sylw olygu bod tlodi'n mynd yn fater 'cudd'. Pan fydd straeon yn cyrraedd y penawdau, mae'r ffordd y caiff tlodi ei adnabod, ein disgwyliadau am y ffordd mae'n ymddangos, sut y caiff ei brofi a phwy sy'n ei brofi, o bosibl yn dod i'r amlwg. Mae'r dystiolaeth sydd gennym am gredoau cyhoeddus am dlodi ym Mhrydain yn dangos bod pobl yn tueddu i gael gwybodaeth wael. Er enghraifft, mae llawer o bobl yn credu mai dim ond isafswm bach iawn o bobl sydd yn dlawd (Clery, 2013) ac mai'r henoed (yn hytrach na'r rheiny o oed gwaith) sydd fwyaf mewn perygl o dlodi (Eurobarometer, 2010).

Gwyddom hefyd y gall y cyhoedd fod â safbwyntiau beirniadol yn foesegol tuag at y rheiny sydd yn profi tlodi (Baumberg et al., 2013). Er bod dealltwriaeth gyhoeddus yn amrywio, mae'r duedd o nifer gyfyngedig o 'fodelau diwylliannol' sydd yn rhagdueddu'r cyhoedd tuag at deimladau neu gredoau gwahanol iawn am y materion perthnasol a'r camau priodol i fynd i'r afael â nhw, yn nodweddiadol. Felly, mae honni bod tlodi yn ganlyniad i 'ragdueddiadau diwylliannol' yn gwneud 'hunangymorth' yn ymateb rhesymegol, ond mae deall tlodi fel rhywbeth wedi ei 'bennu'n strwythurol' yn fwy tebygol o awgrymu 'ymyriadau gan y wladwriaeth' i helpu'r rheiny sydd mewn angen (Volmert, Pineau & Kendall-Taylor, 2017). Gyda hyn mewn golwg, ac yng ngoleuni'r materion ymgyrchu a chanlyniad refferendwm yr UE 2016, mae'n ddiddorol nodi bod ymatebwyr y DU yn arolwg Eurobarometer yn fwy tebygol na rhai unrhyw wlad arall o nodi mewnfudo fel achos tlodi (37%). Graddiodd ymatebwyr y pôl piniwn fewnfudo fel achos tlodi uwchlaw 'gweithredu polisïau gwael neu anaddas' (30%), 'twf economaidd annigonol' (28%), 'ceisio elw' (21%), 'y system ariannol fyd-eang' (24%) ac 'annigonolrwydd y system diogelu cymdeithasol' (18%) (Eurobarometer, 2010: 67–8).

Gan fod y cyfryngau newyddion yn chwarae rôl ganolog yn llunio naratif dyddiol yn ymwneud â'r materion sy'n bwysig, bydd y rheiny'n ymwneud â thlodi yn gyfyngedig i'r ffyrdd y mae tlodi wedi ei 'ffurfio'n rheolaidd mewn sylw – y ffyrdd pennaf o ddosbarthu, cyflwyno a siarad am dlodi. Mae ymchwil y cyfryngau wedi amlygu dro ar ôl tro y ffordd y mae trosiadau hanesyddol yn gwahaniaethu rhwng y 'tlawd haeddiannol ac anhaeddiannol' yn parhau yn niwylliant y cyfryngau cyfoes (Baumberg et al., 2013; Golding & Middleton, 1982; Robert, Shildrick & Furlong, 2014). Yn ddiweddar, mae ymchwil wedi dangos bod y wasg Brydeinig genedlaethol yn tueddu i roi blaenoriaeth i unigoleiddio a rhesymoli dros gyfiawnder cymdeithasol yn ymwneud â thlodi (Redden, 2011). Mae rhoi tlodi yn ei gyd-destun fel hyn yn ei wneud yn haws i feio pobl sydd yn profi tlodi am eu hanlwc eu hunain ac am greu stereoteipiau bychanol yn cyfleu'r tlawd yn 'ddirywiol', heb 'chwaeth', yn 'anghymwys i ddewis' neu'n dibynnu'n ddiangen ar y wladwriaeth fel 'crafwyr budd-daliadau' (Bauman, 2004; Bourdieu, 2012 (1984)). Mae gwawdlunio dychanol, fel y 'Chav', wedi cael eu priodoli i gynrychioliadau o'r fath gan y cyfryngau, ac yn ddadleuol, maent yn galluogi anghyfiawnder economaidd a chymdeithasol i gael eu hanwybyddu'n haws (Jones, 2011; Tyler, 2013).

Mae stereoteipiau o'r fath yn rhy aml wedi gweithredu fel normau diwylliannol blaenllaw, gan helpu i ffurfio delweddau manteisiol yn wleidyddol o dlodi a pham y mae'n bodoli. Mae dynodi tlodi fel canlyniad i ymddygiad unigol, gwerthoedd neu annigonolrwydd hefyd yn rhoi budd i hierarchaeth braint ac atgyfnerthu anghydraddoldebau economaidd a chymdeithasol. Mae trafodaethau yn cyfleu mythau meritocratiaeth, er enghraifft, wedi treiddio i rethreg gwleidyddion prif ffrwd yr adain dde ganol a chwith yn y blynyddoedd diweddar, yn ogystal â chael ei sefydlu yn naratif diwylliannol poblogaidd uchelgais cymdeithasol, diwylliant enwogion a'r cyfryngau ehangach (Bloodworth, 2016; Littler, 2018).

Nid oes angen sôn yn benodol am dlodi o reidrwydd na'i drafod yn uniongyrchol er mwyn i syniadau yn ei gylch gael eu hawgrymu neu eu casglu. Er enghraifft, gellir hefyd gael arwyddion a chysylltiadau trwy gyfeirio at le, fel 'canol y ddinas', 'maestrefi' neu ardaloedd penodol sydd yn gysylltiedig â dirywiad diwydiannol, a gall y rhain hefyd wahodd syniadau a delweddau pwerus sydd yn gysylltiedig â thlodi ac anghydraddoldebau cymdeithasol eraill am eu bod wedi eu sefydlu'n ddwfn mewn normau a disgwyliadau diwylliannol (Crossley, 2017; Wacquant, 2008). Mae'n bwysicach fyth felly deall rôl y cyfryngau newyddion yn (ail)greu, cynnal neu'n herio'r normau hynny'n well. I wneud hyn, mae angen i ni edrych yn ofalus ar y sylw ei hun ac archwilio'r ffordd y gall trefn ac arferion newyddiaduraeth ffurfio'r sylw a roddir i dlodi (Schneider, 2013). Nid bwriad newyddiadurwyr unigol o reidrwydd neu yn bennaf sydd yn ffurfio newyddion am dlodi. Wrth adrodd ar dlodi, gall gwerthoedd a delfrydau, fel gwrthrychedd a chydbwysedd, ddylanwadu ar newyddiadurwyr, ond byddant hefyd yn gweld diwylliannau presennol blaenllaw y ddealltwriaeth o'r mater yn ogystal â chyfathrebiadau cysylltiadau cyhoeddus a dargedir gan y llywodraeth a sefydliadau eraill, gan gynnwys grwpiau pwyso ac elusennau. Bydd newyddiadurwyr sydd yn adrodd ar dlodi hefyd yn gaeth i arddulliau penodol a chyfeiriad golygyddol eu cyfryngau newyddion, i godau proffesiynol yn ogystal â'r cyfleoedd a'r cyfyngiadau arferol, o ddydd i ddydd a wynebir wrth ymarfer.

Mae'n dal yn bwysig felly ystyried sut gall arferion newyddiadurol, fformatiau, normau diwylliannol a phwysau cyd-destunol ar y cyfrwng newyddion, yn cynnwys fframweithiau rheoliadol, chwarae rôl wrth gynhyrchu mathau gwahanol o gyd-destun newyddion. Ar draws y wasg genedlaethol, i ryw raddau o leiaf, ceir amrywiaeth o ran safbwynt ideolegol a chyfeiriadedd golygyddol, hyd yn oed os yw graddfa dosbarthiad a darllenwyr teitlau adain dde yn sylweddol uwch na rhai teitlau rhyddfrydol. Yn hyn o beth, byddai'r rhan fwyaf o sylwebwyr yn disgwyl gweld gwahaniaeth ansoddol ar faterion o anghydraddoldeb ac (anghyfiawnder)cyfiawnder cymdeithasol, er enghraifft, rhwng y sylw yn y *Daily Mail* a'r sylw yn y *Guardian*. Yn wahanol i'r cyfryngau newyddion print, mae newyddion sy'n cael ei ddarlledu yn y DU yn destun rheoleiddio sydd yn gofyn am degwch o ran sylw fel rhan o'i gylch gorchwyl i wasanaeth cyhoeddus (hyd yn oed os nad yw'r delfrydau hynny'n cael eu bodloni bob amser) (Lewis & Cushion, 2019). Wedi dweud hynny, mae'n dal yn bwysig cydnabod, hyd yn oed yng nghyd-destun yr hyn a elwir yn aml yn 'argyfwng' mewn newyddiaduraeth gyfoes (sy'n cael ei ysgogi gan ostyngiad yn nosbarthiad papurau newydd print ac ansicrwydd yn ymwneud â modelau economaidd amgen cynaliadwy ar gyfer newyddion mewn oes ddigidol), bod agendâu newyddion dyddiol papurau newydd cenedlaethol yn dal yn cael eu hystyried i fod yn dylanwadu'n sylweddol ar ddarlledwyr a chyfryngau newyddion eraill (Cushion et al., 2018). Fodd bynnag, mae newyddion sy'n cael ei ddarlledu, ac yn arbennig newyddion ar y teledu, yn gallu defnyddio grym symbolaidd yn haws na fformatiau eraill, gan gynrychioli rhinweddau esthetig straeon trwy godau a chonfensiynau gweledol pwerus, mewn ffyrdd sydd yn newid syniadau, agweddau a theimladau mewn ffyrdd sydd yn annog y cynulleidfaoedd sydd yn gwylio i ymgysylltu â phynciau newyddion, neu ymbellhau oddi wrthynt (Chouliaraki, 2006, 2013).

Gallwn hefyd ddisgwyl gweld gwahaniaethau yn y sylw a roddir i dlodi rhwng newyddion cenedlaethol, lleol a rhanbarthol oherwydd amrywiadau yng ngwerthoedd ac arddulliau'r newyddion sy'n cael blaenoriaeth gan newyddiadurwyr a golygyddion (Harcup & O'Neill, 2017; Jenkins & Nielsen, 2019). Er enghraifft, gellir ystyried yn gyffredinol ei fod yn fwy cyffredin i newyddion lleol ganolbwyntio ar apelio at 'y poblogaidd' (er enghraifft, trwy straeon personol, syfrdanol neu ddiddordeb dynol), yn hytrach na delfrydau 'ansawdd' (fel dadansoddiad cymdeithasol manwl o faterion (Nielsen, 2015), gan greu cynnwys sy'n tueddu i fod yn rhydwythiadol ac wedi ei ddadwleidydda o ganlyniad (Bourdieu, 1996). Fodd bynnag, mae'n bwysig cydnabod nad yw gwahaniaethu rhwng y delfrydau hyn yn ymarferol mor syml â hynny yn aml (Franklin & Murphy, 1991; Franklin & Richardson, 2002). Er enghraifft, yn eu hymchwil gyda newyddiadurwyr lleol ar draws pedair gwlad Ewropeaidd, mae Jenkins a Nielsen yn nodi'r ffordd yr oedd y rheiny gafodd gyfweliad yn ystyried y dylai 'newyddiaduraeth o ansawdd ddiddanu darllenwyr, apelio at emosiwn, ac adlewyrchu profiadau pobl gyffredin, elfennau a gysylltir yn aml â newyddiaduraeth boblogaidd' (Jenkins & Nielsen, 2019: 7). Yn wir, mae'r syniad cyffredinol na ddylid ystyried bod canolbwyntio ar fywyd bob dydd, emosiynau a'r hyn y mae Costera Meijer yn ei alw'n 'newyddiaduraeth agos atoch' yn nodweddiadol o newyddiaduraeth 'ddifrifol' neu 'o ansawdd' wedi cael ei herio ers amser hir i fod yn fyopig, yn arbennig gan ysgolheigion ffeministaidd ac ysgolheigion beirniadol eraill (Macdonald, 1998; Meijer, 2001; Wahl-Jorgensen, 2018). Ymddengys hefyd bod ymgysylltu â'r ffordd y mae newyddion yn effeithio ar bobl gyffredin a'u cymunedau yn eu realaeth a'u profiadau bob dydd yn mynd i'r afael â disgwyliadau cynulleidfaoedd y bydd newyddion lleol yn 'ymgorffori gwerthoedd cymunedol' (Nielsen, 2015) ac yn fwy adeiladol ac yn llai negyddol na newyddion yn fwy cyffredinol. Yn wir, gellir dadlau y gellir ystyried y syniad y dylai newyddiadurwyr lleol, fel y nodir gan Rasmus Kleis Nielsen, 'boeni am y gymuned er mwyn deall a gwerthfawrogi ei gwerthoedd, ac, yn hanfodol, i roi blaenoriaeth i atebion yn ogystal â phroblemau yn eu sylwadau' (Nielsen, 2015: 12) fel un dangosydd 'ansawdd' mewn newyddiaduraeth yn fwy cyffredinol.

Gyda'i allu i gynnig cynnwys testunol a sain-weledol, mae newyddion ar-lein yn dymchwel neu'n cydgyfeirio rhai o'r gwahaniaethau ffurfiol rhwng fformatiau newyddion 'etifeddol'. Fodd bynnag, gyda llawer mwy o gystadleuaeth am sylw cynulleidfaoedd yn yr amgylchedd newyddion digidol, data amser real a mydryddiaeth cynulleidfaoedd, gall newyddiadurwyr wynebu pwysau gwahanol a phenodol wrth greu newyddion ar-lein am faterion cymdeithasol. Er enghraifft, pryderon am 'abwyd clicio' (newyddion sy'n cael ei ysgogi gan dechnegau sydd yn creu chwilfrydedd gyda'r bwriad pennaf o gymell cynulleidfaoedd i 'glicio' ar ddolenni cynnwys) sydd yn ail-ddwysáu pryderon am effeithiau sydd yn lleihau ansawdd arddulliau a fformatiau newyddion poblogaidd a'u hailgyfleu gyda phwysau posibiliadau ar-lein sydd wedi eu galluogi gan dechnoleg er mwyn denu, monitro ac ymateb i sylw cynulleidfa, yn fwy aml na pheidio mewn amser real. Wrth adrodd ar faterion cymdeithasol, nid yw'n anodd dychmygu sut gallai'r mathau o stereoteipiau negyddol sydd wedi cael eu cysylltu'n hanesyddol â phobl sydd yn profi tlodi waethygu mewn amgylchedd lle mae cymaint o bwysau, trwy benawdau yn defnyddio naill ai 'sicrwydd gormodol' (e.e. '10 peth fydd yn newid eich bywyd!') neu 'amwysedd bwriadol' (e.e. 'Ni allwch gredu beth ddigwyddodd nesaf ...!'), a thueddiadau y mae ysgolheigion y cyfryngau wedi eu nodi gydag abwyd clicio, fel 'symleiddio', 'trawiadol' a 'chynnwys pryfoclyd' sydd yn creu pryder ynghylch ei effaith ar ansawdd newyddiadurol (Blom & Hansen, 2015; Kuiken et al., 2017; Molyneux & Coddington, 2019; Rowe, 2011; Tenenboim & Cohen, 2015). Ar y llaw arall, gallai'r gofod cymharol hyblyg a'r posibiliadau aml-gyfrwng ar gyfer newyddion ar-lein roi'r potensial ar gyfer cyhoeddi newyddiaduraeth fanylach neu fwy archwiliol gan ganiatáu i faterion cymdeithasol 'mawr' fel tlodi, a straeon bywyd bob dydd o ganlyniad i'r materion hynny, gael eu harchwilio a'u cynnwys yn dda yn amlach gan newyddiadurwyr. Gallai pwysau ar-lein tuag at ymagweddau sy'n 'canolbwyntio'n fwy ar y gynulleidfa', sydd efallai yn cymryd 'bywyd bob dydd' yn fwy o ddifrif, hefyd ddylanwadu ar y ffordd y mae newyddiadurwyr yn ystyried eu rôl a'u perthynas gyda defnyddwyr newyddion fel, er enghraifft, 'darparwr y gwasanaeth, y cysylltwr a'r tywysydd' (Hanitzsch & Vos, 2018: 12; Jenkins & Nielsen, 2019: 4).

Mae'r astudiaeth bresennol yn gyfle i gymharu y mathau gwahanol o newyddion o ran y sylw a roddir i dlodi a'r ffordd y mae newyddiadurwr yn gweithio ar draws ystod o rolau a sefydliadau yn y diwydiant yng Nghymru yn adlewyrchu eu hymarfer o adrodd ar y testun hwn. Yn y blynyddoedd diweddar, mae gwerth adlewyrchu ar ymarfer newyddiadurol wrth adrodd ar dlodi wedi cael ei gydnabod gan eraill, gyda rhai canllawiau arfer da yn dod i'r amlwg wrth adrodd ar dlodi yn y DU (er enghraifft, Church Action on Poverty & National Union of Journalists, 2016; Seymour, 2009). Fodd bynnag, mae'r llyfr hwn yn cynrychioli'r ymchwiliad systematig cyntaf o'r sylw dwyieithog i dlodi ac ymarfer adrodd yng Nghymru, a'r prosiect cyntaf i asesu rôl cyfathrebiadau'r cyfryngau a phrofiadau newyddiadurwyr gyda'r trydydd sector. Yn y bennod nesaf, byddwn yn amlinellu yn fanwl ein methodoleg ar gyfer yr astudiaeth yn gyffredinol, gan gynnwys ein hymagwedd tuag at gyflawni'r nodau hyn.

Nodiadau

[1] Mae'r ffigurau yn seiliedig ar bobl ag incwm cartref islaw'r cyfartaledd ar ôl costau tai (AHC). Mae cyfraddau tlodi plant yn uwch yn ôl mesurau swyddogol (29% yn y DU a 30% yng Nghymru).

[2] Derbyniwyd yn gyffredinol – yn ystadegau swyddogol y DU ac mewn llawer o wledydd yn rhyngwladol – mai'r trothwy y bernir bod rhywun o 'incwm isel' yw 60% o'r canolrif. Mae 'incwm cymharol isel' yn cyfeirio at lefel incwm person o'i gymharu â chanolrif y flwyddyn gyfredol. Mae hyn yn wahanol i 'incwm isel absoliwt', sy'n cymharu incwm unigolyn â chanolrif blwyddyn 2010/11 – blwyddyn a dderbynnir yn gyffredinol yn feincnod, sy'n caniatáu cymharu lefelau incwm isel dros amser. Mae'r ffigur a nodir yma yn ymwneud ag ystadegau swyddogol ar incwm cymharol isel ar gyfer 2015/16 (Department for Work and Pensions, 2016).

[3] Amlinellwyd problemau gyda chyflwyno Credyd Cynhwysol gan ymchwiliad y Pwyllgor Gwaith a Phensiynau (House of Commons Work and Pensions Select Committee, 2017). Yn y cyfryngau newyddion, nodwyd bod y costau dynol a gweinyddol sy'n gysylltiedig â nifer yr asesiadau a apeliwyd yn llwyddiannus ar gyfer PIP ac ESA yn arwydd o broblemau systemig gyda'r buddion hynny. Gweler, er enghraifft, Press Association (2018).

[4] Defnyddir dulliau cyfrifo ychydig yn wahanol yn Lloegr, gan fod ffigurau'n cael eu hystyried yn llai sensitif i newidiadau ym mhrisiau tanwydd.

5 Mae tlodi parhaus yn ôl y Swyddfa Ystadegau Gwladol (SYG) yn cyfeirio at brofi 'incwm cymharol isel yn y flwyddyn gyfredol, yn ogystal ag o leiaf 2 allan o'r 3 blynedd flaenorol' (ONS, 2017).

6 Er y bydd codi treth gan Lywodraeth Cymru yn ehangu yn 2018–19 gyda phwerau newydd i gasglu treth ar drafodion tir a gwaredu gwastraff i safleoedd tirlenwi o Ebrill 2018 a rheoliadau rhannol dros dreth incwm (ar gyfer 10c yn y bunt) o Ebrill 2019, https://www.gov.uk/government/news/uk-and-welsh-governments-confirm-next-steps-in-welsh-tax-devolution.

PENNOD 2

Methodoleg

Mae'r bennod hon yn rhoi esboniad o ymagwedd a dull yr ymchwil empiraidd sy'n llywio'r llyfr hwn. Ein nodau sylfaenol wrth gynnal y gwaith ymchwil hwn oedd creu sail dystiolaeth yn dangos sut caiff tlodi ei gynrychioli yn y cyfryngau newyddion yng Nghymru, ac i archwilio sut a pham y caiff sylw am dlodi ei greu yn y ffordd y mae. Dyluniwyd a chynhaliwyd yr astudiaeth yn ddwyieithog, yn Gymraeg a Saesneg, er mwyn mynd i'r afael â'r cwestiynau hyn yn gynhwysfawr ac fel y maent yn ymddangos yn amgylchedd dwyieithog y cyfryngau yng Nghymru. Ein ffocws oedd archwilio arferion newyddiadurol a golygyddol, gan gynnwys y berthynas rhwng y cyfryngau a sefydliadau'r trydydd sector sy'n gweithio ar faterion tlodi, a strategaethau ac arferion cyfathrebu'r sefydliadau hynny a'u profiadau o ymgysylltu â'r cyfryngau newyddion yng Nghymru. Amcan ychwanegol yn hyn yw amlygu cyfleoedd a heriau ar gyfer y cyfryngau newyddion a'r trydydd sector wrth adrodd am dlodi, gan ystyried meysydd o gyfnewid cynhyrchiol yn ogystal â thensiwn a sensitifrwydd a allai gyflwyno posibiliadau ar gyfer newid ymarfer mewn ffyrdd sydd o fudd i naratif newyddion ar dlodi.

Defnyddiwyd dwy brif ffordd o gasglu data yn yr astudiaeth:

1) Astudiaeth gynnwys, yn cynnwys Dadansoddi Cynnwys meintiol yn systematig i archwilio sylw manwl y cyfryngau newyddion i dlodi yn y Gymraeg a'r Saesneg yng Nghymru.

2) Astudiaeth gynhyrchu, yn cynnwys cyfweliadau lled-strwythuredig i archwilio arferion proffesiynol, profiadau a chredoau am y sylw i dlodi yng Nghymru ymysg dau brif grŵp:
   a. Gweithwyr proffesiynol y cyfryngau newyddion (newyddiadurwyr a golygyddion) sy'n gweithio yn y Gymraeg a'r Saesneg ar draws y cyfryngau darlledu, print ac ar-lein y mae eu gwaith yn cynnwys adrodd ar dlodi yng Nghymru.

Sut i ddyfynnu'r bennod hon:
Moore, K. 2020. *Adrodd ar Dlodi: Naratif y Cyfryngau Newyddion a Chyfathrebiadau'r Trydydd Sector yng Nghymru.* Tt. 13–22. Caerdydd: Gwasg Prifysgol Caerdydd. DOI: https://doi.org/10.18573/book5.b. Trwydded: CC-BY-NC-ND 4.0

b. Gweithwyr proffesiynol y trydydd sector sy'n gweithio yn y Gymraeg a'r Saesneg ar draws ystod o sefydliadau yn mynd i'r afael â materion tlodi yng Nghymru, y mae eu rôl yn cynnwys cyfathrebu gyda'r cyfryngau newyddion ar dlodi/materion yn ymwneud â thlodi.

Dyluniwyd yr astudiaeth gyda'r ddealltwriaeth bod y diffiniad o dlodi, ynddo'i hun, yn ddadleuol, ac rydym wedi defnyddio'r diffiniadau gwrthgyferbyniol hyn i lywio ein disgwyliadau am y ffordd y *gellid* deall a diffinio tlodi gan y cyfryngau newyddion. Yn hyn o beth, mae ein diffiniadau gweithredol (at ddibenion casglu data perthnasol yn yr astudiaeth gynnwys a rhoi ffocws i'r drafodaeth yn y cyfweliadau) yn weddol eang, yn cynnwys unrhyw stori yn sôn am 'dlodi', incwm isel, amddifadedd economaidd neu ansicrwydd, neu allgáu cymdeithasol – naill ai'n benodol, neu'n cael ei awgrymu. Yn ogystal, roedd unrhyw drafodaeth am achosion, effaith neu ganlyniadau tlodi wedi eu cynnwys yn yr astudiaeth. Mae hyn wedi ein galluogi i gyfleu yn gynhwysfawr budd cyfleu'r mater allweddol yn ddiwylliannol, yn gymdeithasol ac yn wleidyddol wrth atgynhyrchu prif 'drafodaethau', neu'r syniadau sydd fwyaf cysylltiedig â thlodi, yn ein hastudiaeth gynnwys. Mae hefyd wedi ein galluogi i archwilio ystod o brofiadau a safbwyntiau perthnasol ar newyddion a chyfathrebiadau'r cyfryngau ar dlodi yn ein cyfweliadau. Rydym yn talu sylw i'r syniadau hyn fel y cânt eu mynegi yn iaith y newyddion ac yn arferion materion creu newyddion, nid yn unig am y gallant gynnwys cynrychioliadau teg neu annheg, cywir neu anghywir o bobl sydd yn profi tlodi, ond am fod y cynrychioliadau hyn yn 'mynegi' tlodi – dyma sy'n gwneud tlodi yn ystyrlon – gan gyfrannu at ddealltwriaeth boblogaidd o'r hyn *yw* tlodi, *pam* y mae'n bodoli a *sut* y dylid ymdrin ag ef. Mewn geiriau eraill, mae'r syniadau sy'n mynd o gwmpas yn y newyddion yn cyfrannu at greu ac atgynhyrchu realaeth ymarferol neu gymdeithasol cadarn tlodi a'i reolaeth gymdeithasol, wleidyddol a sefydliadol.

Dadansoddiad o gynnwys y cyfryngau newyddion

Am wyth wythnos rhwng 4 Ebrill a 15 Gorffennaf 2016 (40 o ddiwrnodau i gyd), cafodd y cyfryngau newyddion yng Nghymru eu monitro'n ddwys am yr holl sylw'n ymwneud â thlodi. Roedd y sampl yn cynnwys newyddion papurau newydd dyddiol ac wythnosol, teledu a radio Cymraeg a Saesneg, yn ogystal â newyddion ar-lein yn Saesneg. Roedd y cyfnod monitro yn ymestyn o 4 Ebrill i 15 Gorffennaf 2016, gyda gwythnosau amgen yn cael eu dewis i gyfleu rhychwant y sylw ar draws y cyfnod hwn yn ogystal ag unrhyw straeon mawr oedd yn parhau am fwy nag un diwrnod.[1] Roedd y cyfryngau a ddewiswyd yn cynnwys yr hyn a gynhyrchwyd gan sefydliadau masnachol a'r cyfryngau cyhoeddus, yn targedu ystod o gynulleidfaoedd gwahanol yng Nghymru, a chyda ffigurau cylchrediad/cyrhaeddiad fel y nodwyd yn Nhabl 1. Cafodd cyfanswm o 60 awr

Tabl 1: Y cyfryngau a gynhwyswyd yn y sampl dadansoddi cynnwys.

Print	Teledu	Radio	Ar-lein
Western Mail Cyhoeddwr: Trinity Lleoliad: Caerdydd Cyrhaeddiad: 19,910 yn ddyddiol Iaith: Saesneg	*BBC Wales Today* 18.30–19.00	*BBC Radio* *Cymru: Post* *Cyntaf* 7.05–8.05	*Wales Online* Cyhoeddwr: Media Wales Lleoliad: Caerdydd Iaith: Saesneg
South Wales Argus Cyhoeddwr: Newsquest Lleoliad: Casnewydd Cyrhaeddiad: 13,000 yn ddyddiol Iaith: Saesneg	*ITV Wales Tonight* 18.00–18.30	*BBC Radio Wales:* *Good Morning* *Wales* 7.05–8.05	
Daily Post Cyhoeddwr: Trinity Lleoliad: Llandudno Cyrhaeddiad: 25,426 yn ddyddiol Iaith: Saesneg			
Carmarthen Journal Cyhoeddwr: Trinity Lleoliad: Caerfyrddin Cyrhaeddiad: 12,400 yn wythnosol Iaith: Saesneg	*S4C Newyddion 9* 21.00–21.30		
Golwg Cyhoeddwr: LlCC/ Cyngor Llyfrau Cymru Cyrhaeddiad: 2,500–3,000 yn wythnosol Lleoliad: Llanbedr Pont Steffan Iaith: Cymraeg			

o newyddion teledu, 80 awr o newyddion radio ei adolygu. Cafwyd mynediad at y rhain yn bennaf trwy archif 'Box of Broadcasts' (BOB), er i ymchwilwyr hefyd fynd i archifau BBC Cymru ac ITV Cymru i gael mynediad i ddeunydd nad oedd ar gael trwy BOB oherwydd diffygion technegol. Defnyddiwyd cronfa ddata Nexis o bapurau newydd i gael y rhan fwyaf o'r sampl o newyddion print, er y cafwyd ôl-gopïau o ddau bapur wythnosol – y *Carmarthen Journal* a *Golwg* mewn copi caled.

Datblygwyd offeryn neilltuol yn defnyddio Python PI i chwilio a chrafu am gynnwys perthnasol o newyddion ar-lein gan gydweithwyr newyddiaduraeth gyfrifiadurol a chyfrifiadureg Prifysgol Caerdydd, Glynn Mottershead a Martin Chorley, a defnyddiwyd hyn i gyfleu ein sampl o newyddion o *Wales Online*.

Roedd yr holl sylw'n ymwneud â thlodi, anghydraddoldeb economaidd, anfantais neu ymylu yn y DU wedi ei gynnwys yn y sampl a ddadansoddwyd. Roedd hyn yn cynnwys straeon yn canolbwyntio'n uniongyrchol ar dlodi fel 'prif thema' yn ogystal â'r rheiny lle'r oedd yn sôn yn fwy achlysurol. Cafodd rhestr o eiriau allweddol ei roi ar brawf a'i fireinio a'i ddefnyddio i lywio chwiliadau cronfeydd data. Yn ogystal, defnyddiwyd proses hidlo â llaw i ddileu unrhyw ddeunydd amherthnasol a gasglwyd. Defnyddiwyd rhestr gyfatebol wedi ei chyfieithu i'r Gymraeg ar gyfer chwiliadau o'r cyfryngau Cymraeg (mae'r rhestrau o eiriau allweddol wedi eu cynnwys yn Atodiad A). Cynhaliwyd cynlluniau peilot cynhwysfawr er mwyn sicrhau cysondeb o ran penderfyniadau perthnasedd straeon ar draws y cyfryngau i gyd, a pharhaodd y monitro trwy gydol yr astudiaeth gan ddefnyddio 'llawlyfr codio' fel dogfen gyfeirio ar gyfer penderfyniadau codio. Roedd hyn yn golygu y gallai codwyr gwahanol, dros gyfnod estynedig, gynnal dadansoddiadau yn gyson, gan wahaniaethu rhwng erthyglau i gael eu cynnwys yn ein sampl a'r rheiny i gael eu heithrio, yn ogystal â phenderfyniadau codio manylach. Er enghraifft, cafodd erthyglau oedd yn cynnwys diweithdra eu cynnwys yn y sampl, ond cafodd erthyglau oedd yn canolbwyntio ar yr economi genedlaethol neu fusnes yn gyffredinol, oedd yn trafod ffawd y wladwriaeth neu gwmnïau, ond nad oedd yn cyfeirio'n benodol at effeithiau economaidd ar unigolion, grwpiau neu gymunedau (fel ansicrwydd swyddi neu ddiswyddiadau) eu heithrio.

Cafodd 1,498 o eitemau newyddion eu codio i gyd. Mae dadansoddiad o'r sampl yn ôl y math o gyfrwng ac iaith y cyfrwng ei ddarparu yn Nhabl 2 isod.

Cafodd bob un o'r 1,498 o eitemau newyddion eu codio yn ôl nifer o fesurau a ddyluniwyd i archwilio'r ffordd y mae tlodi a'r rheiny sydd wedi eu heffeithio ganddo mewn ffyrdd amrywiol wedi cael eu nodi a'u cynrychioli yn y cyfryngau newyddion. Mae'r rhain yn cynnwys:

- Y prif themâu o straeon a materion sy'n cael eu cysylltu amlaf â thlodi.
- Yr unigolion a'r grwpiau a nodir fel rhai sy'n profi tlodi.
- Sut mae tlodi'n cael ei roi mewn cyd-destun, yn cynnwys yr ardaloedd daearyddol lle'r oedd yr adroddiadau wedi eu lleoli.
- Y ffordd y mae tlodi'n cael ei fynegi mewn adroddiadau: y rhesymau a amlinellir ar gyfer tlodi, unrhyw briodoli cyfrifoldeb neu atebion a awgrymir ac unrhyw ganlyniadau tlodi a nodir.
- Pwy sydd â llais yn y sylw a roddir i dlodi (yr unigolion neu'r sefydliadau a ddefnyddir gan newyddiadurwyr fel ffynonellau) a rhyw y lleisiau hynny, os yw'n briodol.

Mae'r cynllun codio llawn ar gyfer yr astudiaeth o gynnwys wedi ei gynnwys yn yr atodiadau (sydd wedi eu cynnwys ar ddiwedd y llyfr hwn). Rhoddwyd y

Tabl 2: Nifer yr eitemau newyddion yn ôl math o gyfrwng.

	Teledu		Radio		Print		Ar-lein		Cyfansymiau
Saesneg	BBC Cymru	89	Good Morning Wales	140	Western Mail	198	Wales Online	528	
	ITV Cymru	69			Daily Post	82			
					South Wales Argus	63			
					Carmarthen Journal	46			1,215
Cymraeg	S4C	112	Post Cyntaf	146	Golwg	25			283
Cyfanswm		270		286		414		528	1,498

data o ganlyniad i mewn i becyn meddalwedd ystadegol (SPSS) er mwyn creu canfyddiadau manwl o amlder a thraws-dablu, a chaiff y rhain eu cyflwyno ym Mhennod 3.

Yr astudiaeth gynhyrchu: cyfweliadau gyda newyddiadurwyr a gweithwyr proffesiynol y trydydd sector

Rhwng hafau 2016 a 2017, cynhaliwyd cyfres o gyfweliadau lled-strwythuredig gyda 19 o newyddiadurwyr a golygyddion y mae eu gwaith wedi cynnwys adrodd ar faterion tlodi, o newyddion a materion cyfoes ar y teledu, radio, ar-lein ac mewn print yn Gymraeg ac yn Saesneg yng Nghymru. Cynhaliwyd cyfres baralel o gyfweliadau lled-strwythuredig gydag 16 o weithwyr proffesiynol yn gweithio yn sefydliadau'r trydydd sector hefyd, y mae eu rolau wedi cynnwys cyfathrebu gyda'r cyfryngau newyddion a/neu faterion cyfoes. Roedd y cyfweliadau'n parhau 1–2 awr, cawsant eu cynnal yn Gymraeg neu yn Saesneg (yn unol â dewis y person oedd yn cael ei gyfweld). Cynhaliwyd y cyfweliadau wyneb yn wyneb yn bennaf, naill ai yng ngweithleoedd y cyfranogwyr neu ym Mhrifysgol Caerdydd. Cynhaliwyd sawl cyfweliad naill ai trwy Skype neu dros y ffôn. Cafodd yr holl gyfranogwyr eu briffio'n llawn am nodau'r prosiect a diben cymryd rhan yn yr ymchwil a chafwyd caniatâd ysgrifenedig gan yr holl gyfranogwyr.[2] Er bod y rhan fwyaf o'r newyddiadurwyr a'r golygyddion yn hapus i gael eu henwi, mae holl ddata ymchwil y cyfweliadau a gasglwyd wedi cael ei wneud yn ddienw wrth ysgrifennu'r astudiaeth hon er mwyn sicrhau cyfrinachedd yr holl gyfranogwyr, cyhyd â phosibl. Roedd un o bryderon moesegol penodol y tîm ymchwil yn ymwneud â'r posibilrwydd o ddatgelu hunaniaeth cyfranogwr yn anfwriadol trwy'r gweithgareddau rhwydweithio ac effaith oedd yn gysylltiedig â'r prosiect. Nodwyd y potensial ar gyfer cyfeirio at hunaniaeth wrth fynychu gweithdai neu gyfarfodydd, a/

neu sgyrsiau a gynhaliwyd yn y digwyddiad a gynhaliwyd ym mis Ebrill 2017 yng Nghaerdydd yn glir fel rhan o'r broses rhoi caniatâd. Yn ogystal, amlygwyd y posibilrwydd o adnabod trwy ymadroddion mewn ymatebion cyfweliad neu drwy gyfeirio at brofiadau penodol wrth adrodd neu gyfathrebu gweithgareddau oherwydd amgylchedd 'byd bach' y cyfryngau a chyfathrebu yng Nghymru i'r cyfranogwyr hefyd.

Roedd y cyfweliadau gyda gweithwyr proffesiynol y cyfryngau newyddion wedi eu dylunio i archwilio nifer o faterion, yn cynnwys:

- Disgwyliadau newyddiadurol presennol neu ddealltwriaeth am y straeon i gael eu dweud am dlodi a materion yn ymwneud â thlodi yng Nghymru.
- Y ffordd y gallai rolau, cyfrifoldebau a chyfyngiadau sefydliadol mewn newyddiaduraeth ddylanwadu ar y sylw i dlodi.
- Arferion bob dydd yr ystafell newyddion a phrofiadau o adrodd ar faterion yn ymwneud â thlodi.
- Dealltwriaeth newyddiadurwyr am werthoedd newyddion, sut y gallai'r rhain effeithio ar y sylw i dlodi a rôl newyddiaduraeth yn llunio syniadau am dlodi yng Nghymru.
- Pobl neu sefydliadau y deellir eu bod yn ffynonellau delfrydol/gwerthfawr neu safbwyntiau wrth adrodd ar faterion tlodi a rhwystrau i gael mynediad i ffynonellau yr hoffai newyddiadurwyr gael mynediad atynt yn fwy rheolaidd.
- Y berthynas rhwng newyddiadurwyr sy'n gweithio yng Nghymru a'r trydydd sector.

Roedd cynllun cyfweliadau gyda gweithwyr proffesiynol y trydydd sector yn cynnwys ystod o faterion wedi eu cynllunio i adlewyrchu a thorri ar draws y rheiny oedd wedi eu cynnwys gan newyddiadurwyr er mwyn rhoi darlun clir o'r tebygrwydd a'r tensiynau rhwng y ddau grŵp o ran cynrychioli naratif tlodi yng Nghymru. Roedd y materion hyn yn cynnwys:

- Y ffordd y mae gweithwyr proffesiynol y trydydd sector yn ceisio cynrychioli lleisiau a straeon y rheiny y maent yn eu cefnogi yn eu harferion cyfathrebu.
- Y ffordd y gallai rolau sefydliadol, cyfrifoldebau a phwysau eraill ddylanwadu ar arferion cyfathrebu.
- Dealltwriaeth o rôl newyddiaduraeth yn llunio syniadau am dlodi yng Nghymru.
- Dealltwriaeth o werthoedd newyddion, y ffordd y mae newyddiadurwyr yn adrodd ar dlodi ac amgyffrediad o'r naratif newyddion presennol ar dlodi.
- Sut, os o gwbl, y mae gweithwyr proffesiynol y trydydd sector yn ceisio dylanwadu ar naratif newyddion a chyda faint o lwyddiant.
- Credoau am straeon sy'n haeddu sylw yn y newyddion nad ydynt yn cael eu dweud a'r ffynonellau (adnoddau) posibl ar gyfer newyddion nad yw newyddiadurwyr yn cael mynediad atynt ar hyn o bryd.

• Y berthynas rhwng gweithwyr proffesiynol y trydydd sector a'r cyfryngau newyddion yng Nghymru.[3]

Cafodd yr holl gyfweliadau eu sain recordio a'u trawsgrifio, a chafodd yr holl gyfweliadau a gynhaliwyd yn Gymraeg eu cyfieithu i'r Saesneg. Cynhaliwyd dadansoddiad thematig systematig o bob corff cyfweld, gyda chymorth proses godio a gynhaliwyd gan ddefnyddio'r rhaglen feddalwedd gyfrifiadurol NVivo. Cyflwynir y dadansoddiadau hyn ym Mhennod 4 a Phennod 5 o'r llyfr hwn.[4]

Sgwrs barhaus gyda gweithwyr proffesiynol y diwydiant: gweithdy archwilio'r naratif, digwyddiadau rhwydweithio a hyfforddiant

Ym mis Ebrill 2017, cynhaliwyd set o weithdai a noson rwydweithio yng Nghaerdydd, oedd yn amlygu diddordeb cyffredin clir i greu effaith o'r ymchwil.[5] Mynychwyd y digwyddiad gan 11 sefydliad gwahanol o'r trydydd sector, gan gynnwys elusennau digartrefedd, cymdeithasau tai, sefydliadau cyngor ac eiriolaeth a chyrff anllywodraethol. Mynychodd cynrychiolwyr o'r cyfryngau newyddion, sydd yn gweithio ym maes newyddiaduraeth print, darlledu ac ar-lein yng Nghymru, yn ogystal â newyddiadurwr a golygydd yn gweithio ym maes newyddion darlledu cenedlaethol hefyd. Roedd y digwyddiad yn gyfle i rannu a gwahodd adlewyrchu ar ganfyddiadau cychwynnol o'r astudiaeth gynnwys ac i drafod a gwahodd adborth ar faterion sy'n dod i'r amlwg o'r data cyfweld. Ei fwriad oedd cynnwys rhanddeiliaid allweddol wrth ddehongli'r ymchwil ac i ddechrau archwilio'r ffordd y gellid defnyddio'r ymchwil i hwyluso a chefnogi rhwydweithiau gwell o ddealltwriaeth, cyfathrebu a pherthynas waith rhwng sefydliadau sy'n gweithio yn y trydydd sector ar faterion tlodi a newyddiadurwyr sydd yn adrodd ar y materion hyn yng Nghymru. Ein nod yw parhau â'r broses hon wrth lansio a pharhau i drafod yr adroddiad hwn.

Ym mis Tachwedd 2018, dilynwyd y gwaith hwn gyda digwyddiad hyfforddiant dwyieithog wedi ei anelu'n bennaf at newyddiadurwyr sydd yn 'Adrodd ar Dlodi', a drefnwyd ar y cyd gan Undeb Cenedlaethol y Newyddiadurwyr (NUJ), Hyfforddiant Cymru ac Oxfam Cymru. Prif nodau'r digwyddiad oedd annog gweithwyr proffesiynol y diwydiant (yn cynnwys newyddiadurwyr sydd yn gweithio ym maes newyddion print ac ar draws y prif ddarlledwyr cyhoeddus a masnachol, yn ogystal â newyddiadurwyr llawrydd) i adlewyrchu'n feirniadol ar brofiadau o dlodi gan adrodd er budd 'arfer gorau' gan ddefnyddio goblygiadau prif ganfyddiadau'r ymchwil 'Archwilio'r Naratif'. Ymgysylltodd y digwyddiad â 'phrofiadau' o dlodi gan adrodd o sawl safbwynt, gan gynnwys rhai newyddiadurwyr a golygyddion sydd yn gweithio yn y cyfryngau cenedlaethol yn y DU ac yng Nghymru, safbwyntiau gweithwyr cyfathrebu proffesiynol mewn cyrff anllywodraethol a rhai pobl gyffredin oedd wedi dweud eu straeon wrth y cyfryngau yn flaenorol. Mewn ymateb i rai o

Hidden poverty is on the rise; so if it's harder to see, is it harder to report?

Today nearly one in four people in Wales live in poverty. A combination of cuts, rising costs and poor quality jobs mean that more and more of us are trying to keep the wolf from the door. Yet poverty is not always easy to see. You can have a smartphone but no money to feed your family. You can be holding down a job but sofa surfing. You can be smartly dressed but riddled with worry and debt.

What is the media's role in reporting this poverty accurately? How can reporters find individuals who are willing to share their stories in today's digital world, which opens the door to judgement and abuse? What safeguarding measures should the media take when working with vulnerable people? And what role do charities and anti-poverty organisations play in getting individual stories out there to raise awareness of the wider problem?

Reporting on Poverty will tackle these challenging questions head on, hear directly from people with lived experience of poverty who have worked with the media, and provide a space for frank and honest discussion. It will be an invaluable opportunity for journalists, media organisations, public bodies and the Welsh third sector.

#Reportingonpoverty

Mae tlodi cudd ar gynnydd; felly os yw'n anos ei weld, a yw'n anos gohebu arno?

Heddiw, mae bron i un ym mhob pedwar o bobl yng Nghymru yn byw mewn tlodi. Mae cyfuniad o doriadau, costau cynyddol a swyddi ansawdd gwael yn golygu bod mwy a mwy ohonom yn ceisio cadw'r blaidd rhag y drws. Ond nid yw tlodi'n hawdd ei weld bob amser. Mae'n bosib i rywun fod â ffôn clyfar ond ddim arian i fwydo ei deulu. Mae'n bosib i rywun fod â swydd ond yn cysgu ar soffa yn nhŷ rhywun arall. Mae'n bosib i rywun fod wedi gwisgo'n smart ond yn llawn gofid ac mewn dyledion mawr.

Beth yw rôl y cyfryngau wrth ohebu'n gywir ar y tlodi hwn? Sut y gall gohebwyr ddod o hyd i unigolion sy'n fodlon rhannu eu straeon yn y byd digidol sydd ohoni, sy'n agor y drws i feirniadaeth a sarhad? Pa fesurau diogelwch y dylai'r cyfryngau eu cymryd wrth weithio gyda phobl fregus? A pha rôl y mae elusennau a sefydliadau gwrthdlodi yn ei chwarae o ran rhannu straeon unigolion er mwyn codi ymwybyddiaeth o'r broblem ehangach?

Bydd Gohebu ar Dlodi yn mynd i'r afael â'r cwestiynau heriol hyn, yn gyfle i glywed yn uniongyrchol gan bobl sydd wedi cael profiad o dlodi eu hunain ac wedi gweithio gyda'r cyfryngau, ac yn cynnig llwyfan ar gyfer trafodaeth onest ac agored. Bydd yn gyfle amhrisiadwy i newyddiadurwyr, sefydliadau'r cyfryngau, cyrff cyhoeddus a'r trydydd sector yng Nghymru.

#AdroddarDlodi

Ffigur 1: Briff ar gyfer y digwyddiad 'Adrodd ar Dlodi', 8 Tachwedd 2018.

brif ganfyddiadau'r ymchwil yma, roedd rhan fawr o drafodaethau'r diwrnod yn 'astudiaethau achos', a'r her o wneud adrodd yn ystyrlon ac yn berthnasol i gynulleidfaoedd trwy ymgorffori enghreifftiau o 'fywyd go iawn' ac onglau diddordeb dynol tra'n adrodd straeon pobl yn deg, yn sensitif ac yn foesegol. Gyda'r achlysur lansio a thrafodaeth barhaus ar y llyfr hwn, ein gobaith yw datblygu'r gweithgareddau ymgysylltu hyn ymhellach gyda gweithwyr proffesiynol y diwydiant, a datblygu'r prosesau adlewyrchu ar arferion adrodd ar dlodi hyn ymhellach.

Nodiadau

1 Cyfnodau monitro'r cyfryngau a ddewiswyd: cyfnod 1: 4–8 Ebrill; cyfnod 2: 18–22 Ebrill; cyfnod 3: 2–6 Mai; cyfnod 4: 16–20 Mai; cyfnod 5: 30 Mai–3 Mehefin; cyfnod 6: 13–17 Mehefin; cyfnod 7: 27 Mehefin–1 Gorffennaf; cyfnod 8: 11–15 Gorffennaf.

2 Mae esiamplau o daflenni gwybodaeth a deunyddiau caniatâd ar gyfer pob grŵp wedi eu cynnwys fel atodiadau D ac E.

3 Mae'r atodlenni eang o gwestiynau a ddefnyddiwyd i gynnal y cyfweliadau gyda phob grŵp o weithwyr proffesiynol wedi eu cynnwys yn Atodiad F.

4 Gofynnwyd am adlewyrchiadau cychwynnol ac adborth ar rai o'r deunydd cyfweld, yn canolbwyntio ar faterion yn ymwneud ag astudiaethau achos wrth adrodd, gan weithwyr proffesiynol trydydd sector a fynychodd y gweithdai a gynhaliwyd yng Nghaerdydd yn Ebrill 2017.

5 Cafodd y gwaith hwn, 'Defnyddio Canfyddiadau Ymchwil ar Naratif y Cyfryngau ar Dlodi yng Nghymru i Ddatblygu Rhwydweithiau Cyfathrebu rhwng Newyddiadurwyr a'r Trydydd Sector', ei hwyluso gan gyllid Cynyddu Effaith ESRC.

PENNOD 3

Canfyddiadau'r Astudiaeth Dadansoddi Cynnwys

Cyflwyniad

Cafwyd tair stori newyddion fawr yn ystod gwanwyn a haf 2016 oedd yn arwyddocaol iawn i gynulleidfaoedd y cyfryngau yng Nghymru yn ogystal â'r DU yn gyffredinol. Mae ein gwaith monitro sylw i dlodi o 4 Ebrill i 21 Gorffennaf yn cyfleu 1,498 o eitemau newyddion yn cynnwys, fel y dengys Ffigur 1, argyfwng Tata Steel yn Port Talbot ym mis Ebrill, etholiadau Llywodraeth Cynulliad Cymru ar 5 Mai a'r refferendwm ar aelodaeth Prydain o'r Undeb Ewropeaidd ar 23 Mehefin.

Yn ogystal, roedd y cyfnod hwn yn cynnwys adrodd ar argyfyngau busnes niferus eraill oedd yn bygwth swyddi, ffyniant cymunedau lleol a'r economi ehangach. Roedd y rhain yn cynnwys ansicrwydd ynghylch dyfodol prosiect isadeiledd 'Cylchffordd Cymru' yng Nglynebwy, toriadau i swyddi yn Airbus a gwaith cemegol Dow Corning yn y Barri, ailstrwythuro arfaethedig yn Sainsbury's a sawl cadwyn fanwerthu arall, yn cynnwys y siop gyfleustra 'My Local', a manwerthwyr y stryd fawr, BHS ac Austin Reed yn mynd i ddwylo'r gweinyddwyr.

Gellid olrhain perthnasedd materion yn ymwneud â thlodi oedd yn deillio o'r digwyddiadau hyn ac eraill yn llawer o'r sylw oedd yn canolbwyntio ar wleidyddiaeth. Er enghraifft, ysgogodd herio arweinyddiaeth Jeremy Corbyn o'r Blaid Lafur cyn ei ail-ethol ym mis Medi 2016 adroddiadau oedd yn amlinellu safle a blaenoriaethau Llafur ac yn trafod materion fel gwleidyddiaeth gwrthwynebu cyni, diogelu swyddi a'r rheiny oedd fwyaf agored i doriadau'r llywodraeth ar hinsawdd economaidd ansicr yn ymwneud â Brexit. Yn yr un modd, rhoddodd cais Stephen Crabb AS am arweinyddiaeth y Blaid Geidwadol a gyhoeddwyd ym Mehefin 2016 amlygrwydd i'w fagwraeth dosbarth gweithiol ar ystâd o dai cyngor yn sir Benfro ac fel ymgeisydd 'ceidwadaeth coler las'.

Sut i ddyfynnu'r bennod hon:
Moore, K. 2020. *Adrodd ar Dlodi: Naratif y Cyfryngau Newyddion a Chyfathrebiadau'r Trydydd Sector yng Nghymru.* Tt. 23–58. Caerdydd: Gwasg Prifysgol Caerdydd. DOI: https://doi.org/10.18573/book5.c. Trwydded: CC-BY-NC-ND 4.0

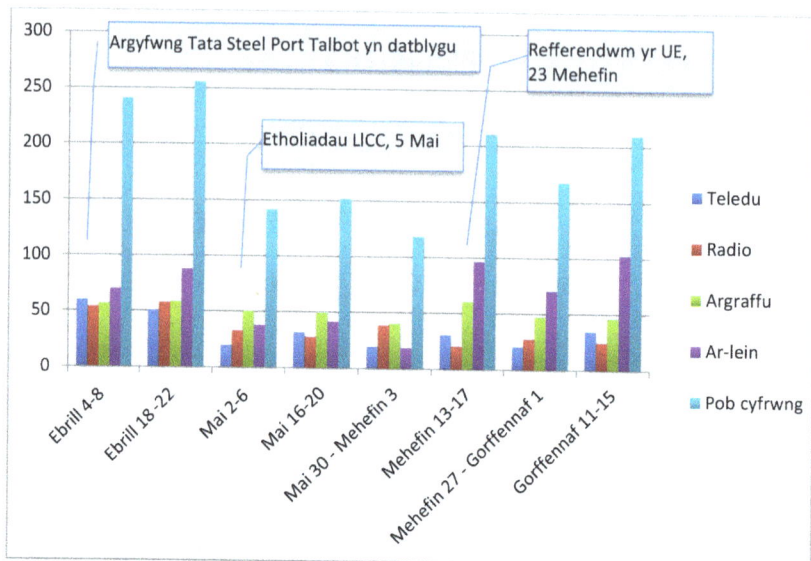

Ffigur 2: Maint a llinell amser y sylw.

Gwelsom hefyd straeon ar lefel fwy lleol, dinesig neu bersonol – yn dweud hanes profiadau pobl o argyfyngau busnes a relaeth ddyddiol toriadau'r llywodraeth, yn cynnwys ansicrwydd swyddi a/neu bensiwn, bod yn agored i ddyledion, yr anhawster yn talu biliau a bod yn agored i ddigartrefedd neu fregusrwydd pobl ddigartref. Roedd rhywfaint o'r sylw yn canolbwyntio hefyd ar gyfraith a threfn, yn cynnwys costau personol bod yn ddioddefwyr twyll neu drosedd arall yn eu hamddifadu o incwm neu asedau hanfodol, yn ogystal ag achos eithriadol yn cynnwys llafur gorfodol a caethwasiaeth fodern.

Yn y bennod hon, rydym yn nodi'n fanwl prif ganfyddiadau ein hastudiaeth systematig, feintiol o gynnwys y cyfryngau yng Nghymru yn ystod y cyfnod hwn. Mae wedi ei nodi i alluogi cymharu'r sylw i dlodi yn ôl y math o gyfrwng, gan ganolbwyntio ar batrymau eang o ran maint a nodweddion adrodd, nodi tebygrwydd a gwahaniaethau o ran ffocws thematig, rhoi manylion yn eu cyd-destun a ffurfio'r nodweddion a gynrychiolwyd.

Grwpiau a lleoliadau sydd wedi eu cynnwys

Fe wnaethom archwilio pa grwpiau, os o gwbl, a nodwyd yn benodol eu bod wedi profi neu wedi cael eu heffeithio gan dlodi. Cafodd 2,148 sylw am grwpiau eu cynnwys ar draws y 1,498 o eitemau newyddion a ddadansoddwyd. Y categori mwyaf o bobl a nodwyd oedd 'gweithwyr' (mewn 41% o'r eitemau newyddion, n=614), wedi ei ddilyn gan gyfeiriadau at 'y gymuned' neu'r cyhoedd yn gyffredinol (28% o eitemau newyddion, n=420).

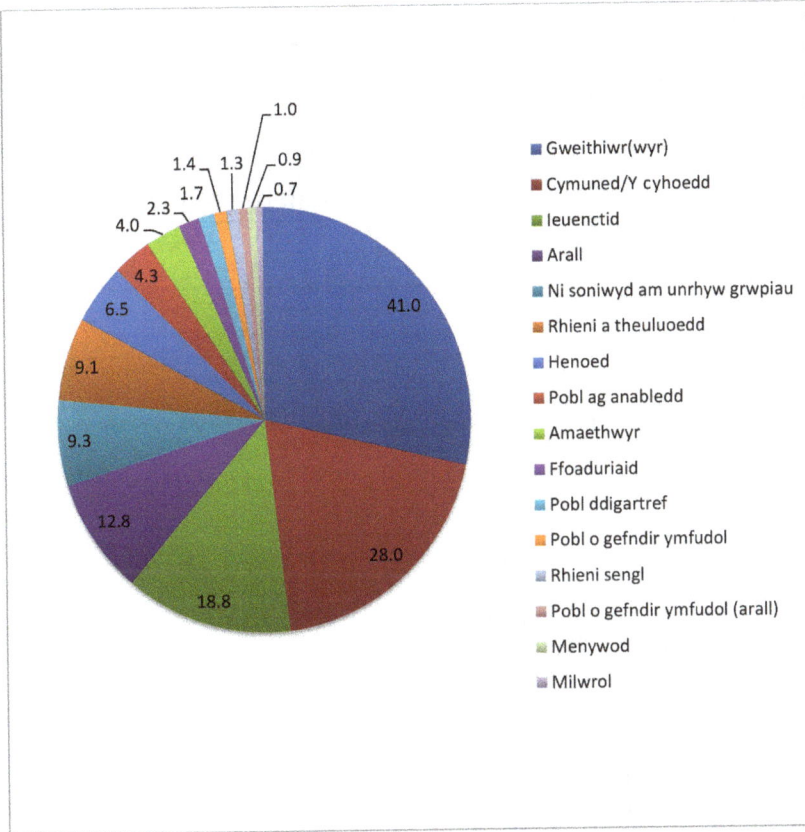

Ffigur 3: Grwpiau wedi eu heffeithio gan dlodi ar draws y sylw (n=1,498).

Tabl 3: Lleoliad daearyddol sylw yn y newyddion (fel % o'r eitemau newyddion).

	Teledu	Radio	Print	Ar-lein	Pob cyfrwng
Dinas/tref/ rhanbarth arall	46.3% (n=125)	34.3% (n=98)	40.1% (n=166)	32.4% (n=171)	37.4% (n=560)
Cymru'n gyffredinol	39.3% (n=106)	36% (n=103)	33.6% (n=139)	33.3% (n=176)	35% (n=524)
Y DU yn gyffredinol	11.1% (n=30)	25.2% (n=72)	27.8% (n=115)	22.2% (n=117)	22.3% (n=334)
Port Talbot	11.5% (n=31)	6.6% (n=19)	10.4% (n=43)	10.2% (n=54)	9.8% (n=147)
'Y cymoedd'	9.6% (n=26)	4.5% (n=13)	2.7% (n=11)	15% (n=79)	8.6% (n=129)

parh.

Tabl 3: *parh.*

	Teledu	Radio	Print	Ar-lein	Pob cyfrwng
Caerdydd	6.7% (n=18)	2.4% (n=7)	2.9% (n=12)	14% (n=74)	7.4% (n=111)
Rhyngwladol	2.2% (n=6)	10.8% (n=31)	7.5% (n=31)	4.5% (n=24)	6.1% (n=92)
Mannau eraill yn y DU	1.5% (n=4)	1.0% (n=3)	2.9% (n=12)	2.8% (n=15)	2.3% (n=34)
Abertawe	1.5% (n=4)	1.4% (n=4)	1.9% (n=8)	2.7% (n=14)	2% (n=30)
Arall	1.1% (n=3)	0% (n=0)	0.2% (n=1)	0.2% (n=1)	0.3% (n=5)
Pob sôn	130.7% (n=353)	122.4% (n=350)	130% (n=538)	137.3% (n=725)	131.2% (n=1,966)

Roedd cyfeiriadau at grwpiau demograffig yn nodi manylion mwy penodol yn llai cyffredin, ac yn cynnwys cyfran llawer is o'r holl sylwadau am grwpiau oedd yn profi tlodi, er enghraifft, ieuenctid (18.8%, n=282), rhieni a theuluoedd (9.1%, n=136), yr henoed (6.5%, n=98), pobl ag anabledd (4.3% o eitemau newyddion), ffoaduriaid (2.3%), pobl eraill â chefndir mudol (1.4% o eitemau newyddion), rhieni sengl (1.3%, n=20) neu fenywod (0.9%, n=11). Yn 9.3% (n=140) o'r eitemau newyddion yn ein sampl, er i faterion yn ymwneud â thlodi gael eu trafod, ni nodwyd bod unrhyw grŵp penodol wedi ei effeithio. Fodd bynnag, dylid pwysleisio nad yw'r canlyniadau hyn yn golygu na allai'r darllenwyr gasglu o'r materion sydd wedi eu cynnwys y gallai grwpiau penodol gael eu heffeithio mewn rhyw ffordd, ond yn hytrach nad oedd yr adroddiadau yn cynnwys neu'n cyfeirio'n *benodol* at y bywydau hynny oedd wedi eu heffeithio. Felly, er enghraifft, er y gallai amddifadedd economaidd fod wedi ei gynnwys mewn adroddiad yn trafod cyflwr yr economi, efallai nad oedd unrhyw syniad go iawn o'r ffordd y gallai'r materion hyn fod wedi cael eu profi ym mywydau'r bobl.

Er mwyn nodi pa sylw oedd yn canolbwyntio ar rai ardaloedd daearyddol yn fwy rheolaidd nag eraill mewn newyddion yn cynnwys tlodi, dadansoddwyd hefyd ble roedd straeon wedi eu lleoli. Mewn sawl erthygl, soniwyd am fwy nag un lleoliad, e.e., gallai stori roi sylw i ansicrwydd cyflogaeth yn y DU yn gyffredinol, ac yna canolbwyntio ar brofiadau diweithdra mewn tref benodol yng Nghymru (felly pob sylw ym mhob math o gyfrwng yn creu cyfanswm o >100%). Roedd y sylw ar draws pob math o gyfrwng yn weddol amrywiol o ran lleoliad daearyddol y sylw a'r categori mwyaf oedd 'dinas/tref/rhanbarth arall' (37.4% o'r holl eitemau newyddion, n=560). Roedd y rhain yn cynnwys cyfeiriadau penodol at leoliadau yng Nghymru fel Glynebwy, Casnewydd a chymysgedd o drefi bach a mawr yng ngorllewin a gogledd Cymru. Y categori mwyaf arwyddocaol nesaf a gynrychiolwyd oedd 'Cymru yn gyffredinol' (35%, n=524).

Argyfwng gweithwyr dur Port Talbot

Mae ein data'n adlewyrchu'r ffordd y gwnaeth newyddion yn ystod y cyfnod hwn gysylltu pryderon am dlodi a bywoliaeth o dan fygythiad â'r problemau yr oedd gweithwyr yn eu hwynebu mewn sawl ardal o Gymru wrth i gyflogwyr mawr oedd wedi eu lleoli yn yr ardaloedd hynny brofi anawsterau. Y mwyaf o'r rhain oedd gwaith Dur Tata ym Mhort Talbot, ac yn hynny o beth, y gweithredwyr cymdeithasol y cafodd eu profiad ei gynnwys amlaf oedd dynion, oherwydd proffil demograffig y grŵp yn gyffredinol. Er bod rhywfaint o'r sylw wedi canolbwyntio ar grwpiau cymdeithasol mwy penodol, yn rhannau helaeth o'r sylw, ni chafodd proffil cymdeithasol pobl oedd yn flaenllaw yn y sefyllfaoedd o ddadsefydlogi cyflogaeth ei gynnwys rhyw lawer. Yn lle hynny, roedd cyfeiriadau at y tebygolrwydd y byddai cymunedau yn 'dioddef' o ganlyniad i fusnesau'n dymchwel neu at argyfwng y diwydiant dur yn gyffredin.

Er enghraifft, mewn blog byw yn nodi digwyddiadau wrth iddynt ddod i'r amlwg ar 'Argyfwng Dur Cymru', gan gynnwys trafodaeth yng Nghynulliad Cymru, 'Carwyn Jones yn Sefyll "Ochr yn Ochr" â Gweithwyr Dur – a'r Rhestr o Brynwyr Posibl yn Cynyddu – Ailgrynhoi' (*Wales Online*, 4 Ebrill 2016), mae datganiad Carwyn Jones wedi ei gynnwys fel 'Prif Ddigwyddiad':

> 13.47: 'Rydym yn sefyll ochr yn ochr â chi' ASau yn curo eu desgiau wrth i Carwyn Jones ddweud y bydd y Cynulliad yn sefyll gyda gweithwyr dur. 'Mae'r gweithlu, cymunedau a theuluoedd yn greiddiol i'r hyn y mae'n rhaid ei wneud, ond nid yw ceisio cael ateb yn ddim i'w wneud â theimladau. Mae angen diwydiant dur ar y DU', meddai. Dywed y dylai Llywodraeth y DU wladoli'r gweithfeydd os oes angen eu cadw i fynd nes bod prynwr yn cael ei ganfod. Ac mae'n gorffen trwy ddweud ein bod yn sefyll ochr yn ochr â'r cymunedau dur.

Mae dangos undod yn y drafodaeth wleidyddol hon yn creu teimlad cadarnhaol am ei fod yn ysgogi'r darlun o boen a cholled, yn gymdeithasol, yn wleidyddol ac yn economaidd, sydd yn gysylltiedig â dad-ddiwydiannu hanesyddol cymunedau yng Nghymru. Mewn eitemau newyddion sydd yn canolbwyntio mwy ar brofiadau'r cymunedau hynny mewn perthynas â swyddi a phensiynau gweithwyr dur, mae undod a chyfeiriadau lluosog at gau diwydiannau a cholli swyddi yn y gorffennol yn amlwg iawn hefyd. Er enghraifft, mewn darn manwl, 'Sut Mae Pensiynau Gweithwyr Dur yn Debygol o Ddioddef Gydag Unrhyw Gytundeb i Achub Port Talbot', mae ffawd posibl pensiynau gweithwyr yn cael ei amlinellu trwy gyfeirio at gwymp y gwneuthurwr dur Allied Steel and Wire (ASW) yng Nghaerdydd yn 2002. Mae'r erthygl yn canolbwyntio'n gadarn ar fuddiannau'r gweithwyr, yn cynnwys safbwyntiau gweithwyr ASW ar y colledion personol sylweddol a brofwyd yn flaenorol (ac sydd bellach mewn perygl) os mai unig ddewis gweithwyr Tata fyddai troi at y Gronfa Diogelu Pensiynau (PPF):

Byddwn yn dal i frwydro i'n pensiynau gael eu hadfer yn llawn, ac os yw gweithwyr Tata yn ymuno â'r PPF byddwn yn brwydro drostynt. Yn wahanol i wleidyddion sydd yn dweud wrth y wlad ein bod i gyd yn hyn gyda'n gilydd, bydd gweithwyr dur yn aros gyda'i gilydd. (*Wales Online*, 5 Mai)

Ceisiodd sawl darn a fynegwyd yn emosiynol ar *Wales Online* roi amlygrwydd i leisiau'r gweithwyr oedd wedi eu heffeithio a'u cymunedau, blaenorol a phresennol. Yn 'Metel Trwm a Dur: Gŵyl Glynebwy i Gofio Gwaith Sydd Wedi Cau Wrth i Argyfwng Port Talbot Waethygu' (*Wales Online*, 8 Ebrill), ceir proffil o ŵyl dur yn nhref yng nghymoedd de Cymru. Dyfynnir trefnwyr y digwyddiad, yn nodi ofnau a phryderon yn ymwneud â dyfodol Port Talbot yng nghyd-destun dirywiad hanesyddol y diwydiant yn yr ardal:

Byddai'n well gen i pe na fyddai'r digwyddiad hwn mor berthnasol oherwydd y rhagolygon y bydd mwy o weithwyr dur a'u teuluoedd yn wynebu dyfodol ansicr, ond fe wnaeth y rhagolygon annioddefol y mae cymuned Port Talbot yn eu hwynebu ddigwydd yma yng Nglynebwy.

Mewn darn arbennig o deimladwy yn dilyn newyddion *Channel 4* am stryd o drigolion y mae eu bywydau a'u bywoliaeth dros sawl cenhedlaeth wedi bod yn gaeth i'r gwaith dur, 'Sut Mae Un Stryd yng Nghysgod Gwaith Dur Port Talbot yn Wynebu'r Dyfodol' (12 Gorffennaf, *Wales Online*), mae Darren Devine yn ysgrifennu ei fod yn 'cyfleu bywyd y gymuned sydd o dan fygythiad':

Mae plant yn chwarae ar feiciau tra bod cymdogion yn eistedd y tu allan i'r rhes o dai teras yn sgwrsio. Gallai fod yn unrhyw stryd teras mewn unrhyw ardal ddiwydiannol yng Nghymru. Ond mae'r bygythiad a gyflwynir gan y cwmni corfforaethol mawr o India yn ei osod ar wahân … Maent yn byw dafliad carreg o'r gwaith sydd wedi darparu swyddi a ffyniant am ddegawdau.

Ond am saith mis maent wedi byw gyda'r wybodaeth y gallai'r sicrwydd sydd wedi bod yn sylfaen i'w bywydau ddymchwel.

Yn yr un modd, roedd yr erthygl, 'Mae Tair Cenhedlaeth o'r Teulu Hwn yn Falch o Allu Dweud eu Bod i Gyd Wedi Gweithio yn Niwydiant Dur Port Talbot' (*Wales Online*, 15 Ebrill) yn cynnig adlewyrchiad estynedig o brofiadau gweithwyr Port Talbot, gan archwilio dyheadau a disgwyliadau trigolion y byddai'r gwaith yn darparu cyflogaeth ddiogel a bywoliaeth gyffordus, yn ogystal â phrofiadau o ddiwylliant gweithle ac economïau gwleidyddol newidiol dur dros y degawdau. Ymddangosodd un erthygl gofiadwy yn cyfleu'r naratif hyn yn y *Western Mail* (8 Ebrill): 'Ple Merch Fach i Achub Swydd ei Thad'. Yn emosiynol, mae'r plentyn, Neve, yn apelio at wleidyddion i rwystro nid yn unig ei thad rhag colli ei swydd, ond i achub ei dyfodol hi a bywioldeb y dref:

Rwyf yn poeni os bydd y gwaith dur yn y dref hon yn cau y bydd yn waeth nag ydyw nawr. Mae siopau elusen ym mhobman ac mae angen i ni sicrhau bod gan bobl swyddi eraill i fynd iddynt. Roeddwn eisiau tyfu i fyny a byw ym Mhort Talbot ond bellach nid oes unrhyw beth yma, sy'n fy nhristáu.

Trwy'r stori agos atoch o brotest wleidyddol o un genhedlaeth i'r llall yn yr erthygl hon, caiff bywoliaeth teuluoedd Port Talbot sydd o dan fygythiad ei gynrychioli'n bwerus trwy apêl ddibynnol am yr hyn ddylai fod – gweledigaeth amgen o gyfle, diogelwch ac uchelgais, yn erbyn delwedd o wactod trefol, brad masnachol a dirywiad yn y dyfodol.

Er nad oedd cyfran sylweddol o'n sampl yn cynnwys erthyglau oedd yn canolbwyntio ar drafodaeth wleidyddol swyddogol a/neu'r hyn oedd yn dadansoddi deinameg busnes neu economaidd yr argyfwng dur o bell, mae'n bwysig hefyd pwysleisio'r straeon mwy dynol hyn, lle'r oedd y delweddau gwleidyddol ac emosiynol yn ymwneud â naratif hanesyddol o ddirywiad diwydiannol yn ganolog. P'un ai wedi eu cyfleu yn llwm (fel ple Neve), neu'n fwy cryno (fel neges wleidyddol Carwyn Jones, wedi ei blogio'n fyw yn nhrafodaeth y Cynulliad Cenedlaethol) roedd yr ewyllys i roi sylw i brofiadau dynol real iawn yr argyfwng dur, ac nid deinameg economaidd a gwleidyddol y datblygiadau yn unig, yn amlwg iawn yn yr adran hon o'r sylw.

Prif themâu a 'bachau newyddion'

Fel y nodwyd yn ein pennod ar fethodoleg, mae ein sampl yn cynnwys pob eitem newyddion oedd yn cynnwys tlodi, anghydraddoldeb economaidd neu ynysu cymdeithasol. Fodd bynnag, er bod rhai adroddiadau newyddion yn gwneud y materion hyn yn ganolog, roedd rhai yn eu cynnwys fel agweddau mwy ymylol o'r stori. Mae Tabl 4 yn nodi'r materion yn ymwneud â thlodi a nodwyd fel prif thema, a'r rheiny y soniwyd amdanynt fel arall, fel rhan o adroddiad yn canolbwyntio'n fwy ar faterion eraill.

Tabl 4: Mater yn ymwneud â thlodi fel prif thema/thema arall (fel % o'r eitemau newyddion).

	Teledu	Radio	Print	Ar-lein	Cyfanswm
Prif thema	28.9% (n=78)	35% (n=100)	41.1% (n=170)	33.5% (n=177)	35% (n=525)
Arall	71.1% (n=192)	65% (n=186)	58.9% (n=244)	66.5% (n=351)	65% (n=973)
Cyfanswm yr eitemau newyddion	100% (n=270)	100% (n=286)	100% (n=414)	100% (n=528)	(n=1,498)

Roedd materion yn ymwneud â thlodi yn brif themâu mewn ychydig dros draean o'r sylw a ddadansoddwyd (34%, n=525). Roeddent yn fwy tebygol o gael eu cynrychioli fel prif thema mewn erthyglau yn y newyddion print (41.1%, n=170) nag unrhyw un o'r cyfryngau newyddion eraill, a lleiaf tebygol ar y teledu (28.9%, n=78), er oherwydd amrywiadau yng nghyfanswm yr eitemau newyddion ar draws y math o gyfrwng yn y sampl, roedd mwy o eitemau newyddion prif thema ar-lein (n=177) nag unrhyw gyfrwng arall.

Er mwyn rhoi cyd-destun manylach ar gyfer y ffordd yr oedd materion yn ymwneud â thlodi yn ymddangos yn y newyddion, cafodd 'prif thema' yr holl erthyglau eu codio. Fel y dengys Tabl 5 isod, ar draws y mathau gwahanol o newyddion, roedd y sylw'n cael ei reoli gan themâu'r economi (35.9% o'r eitemau newyddion, n=538) a gwleidyddiaeth (29.6% o'r eitemau newyddion, n=444). Yn llawer llai aml, nodwyd ystod o themâu eraill yn y sylw, gyda rhywfaint o amrywiaeth ar draws y mathau o newyddion. Er enghraifft, er mai 'cyfraith a threfn' (10.6%, n=44) oedd y thema fwyaf arwyddocaol nesaf mewn print, mewn newyddion darlledu, y thema fwyaf cyffredin oedd 'addysg' – mewn 9.1% (n=26) o eitemau radio a 8.5% (n=23) o eitemau teledu, gydag 'iechyd' y thema bwysicaf nesaf ar-lein (8%, n=42).

Tabl 5: Prif thema eitemau newyddion (fel % o'r eitemau newyddion).

	Teledu	Radio	Print	Ar-lein	Pob cyfrwng
Economi	40.7% (n=110)	40.6% (n=116)	30.4% (n=126)	35.2% (n=186)	35.9% (n=538)
Gwleidyddiaeth	32.6% (n=88)	25.9% (n=74)	32.4% (n=134)	28% (n=148)	29.6% (n=444)
Iechyd	4.8% (n=13)	6.3% (n=18)	7% (n=29)	8% (n=42)	6.8% (n=102)
Cyfraith/trefn	4.4% (n=12)	3.8% (n=11)	10.6% (n=44)	6.1% (n=32)	6.6% (n=99)
Addysg	8.5% (n=23)	9.1% (n=26)	2.4% (n=10)	6.3% (n=33)	6.1% (n=92)
Elusen (arall)	2.2% (n=6)	3.1% (n=9)	9.9% (n=41)	6.4% (n=34)	6% (n=90)
Arall	2.6% (n=7)	0.7% (n=2)	1.9% (n=8)	3.8% (n=20)	2.5% (n=37)
Chwaraeon/hamdden	1.1% (n=3)	1% (n=3)	1.7% (n=7)	4% (n=21)	2.3% (n=34)
Mudo	1.1% (n=3)	2.1% (n=6)	1% (n=4)	1.3% (n=7)	1.3% (n=20)
Cymorth rhyngwladol	0.4% (n=1)	2.4% (n=7)	1.7% (n=7)	0% (n=0)	1% (n=15)

Tabl 5: *parh.*

	Teledu	Radio	Print	Ar-lein	Pob cyfrwng
Ewrop	0.4% (n=1)	1.7% (n=5)	0.5% (n=2)	0.4% (n=2)	0.7% (n=10)
Polisi/materion tramor eraill	0.4% (n=2)	2.4% (n=7)	0.2% (n=1)	0% (n=0)	0.7% (n=10)
Diogelwch	0.4% (n=1)	0.7% (n=2)	0% (n=0)	0.2% (n=1)	0.3% (n=4)
Llywodraeth leol	0% (n=0)	0% (n=0)	0.2% (n=1)	0.2% (n=1)	0.1% (n=2)
Crefydd	0% (n=0)	0% (n=0)	0% (n=0)	0.2% (n=1)	0.1% (n=1)
Cyfanswm	100% (n=270)	100% (n=286)	100% (n=414)	100% (n=528)	100% (n=1,498)

Tabl 6: Bachau newyddion (fel % o'r eitemau newyddion).

Bachyn newyddion	Teledu	Radio	Print	Ar-lein	Cyfanswm
Adroddiad/ polisi/ gwleidyddiaeth LlCC	33% (n=89)	29.7% (n=85)	16.4% (n=68)	18.2% (n=96)	22.6% (n=338)
Gweithgaredd busnes	17.4% (n=47)	17.5% (n=50)	15.2% (n=63)	20.5% (n=108)	17.9% (n=268)
Refferendwm yr UE	15.6% (n=42)	16.1% (n=46)	16.7% (n=69)	17.4% (n=92)	16.6% (n=249)
Adroddiad/ polisi/ gwleidyddiaeth llywodraeth genedlaethol y DU	7.4% (n=20)	14% (n=40)	12.6% (n=52)	10.6% (n=56)	11.2% (n=168)
Gweithgaredd elusennau/ trydydd sector	6.3% (n=17)	9.4% (n=27)	14.7% (n=61)	9.3% (n=49)	10.3% (n=154)
Adroddiad/ polisi/ gwleidyddiaeth awdurdod lleol/cyngor	5.2% (n=14)	4.2% (n=12)	5.6% (n=23)	6.3% (n=33)	5.5% (n=82)

parh.

Tabl 6: *parh.*

Bachyn newyddion	Teledu	Radio	Print	Ar-lein	Cyfanswm
Profiadau o dlodi	2.2% (n=6)	2.8% (n=8)	3.9% (n=16)	7.8% (n=41)	4.7% (n=71)
Cyfraith a threfn	3.3% (n=9)	0.3% (n=1)	8.7% (n=36)	3.6% (n=19)	4.3% (n=65)
Arall	3.7% (n=10)	3.5% (n=10)	2.9% (n=12)	4.5% (n=24)	3.7% (n=56)
Streic neu brotest undeb	5.2% (n=14)	2.1% (n=6)	2.9% (n=12)	1.1% (n=6)	2.5% (n=38)
Pôl piniwn	0.7% (n=2)	0.3% (n=1)	0.5% (n=2)	0.8% (n=4)	0.6% (n=9)
Cyfanswm	100% (n=270)	100% (n=286)	100% (n=414)	100% (n=528)	100% (n=1,498)

I ddangos cyd-destun neu fynegi tlodi yn y sylw ymhellach, dadansoddwyd hefyd y 'bachau newyddion'. Er ei fod yn gysylltiedig â 'themâu', mae'r newidyn hwn yn mynd i'r afael yn fwy penodol â'r prif achos neu'r rheswm yr ymddengys bod stori newyddion wedi ymddangos.

Mae'r data bachau newyddion yn rhoi mewnwelediad mwy awgrymog i'r llwybrau y teithiodd tlodi, anghydraddoldeb economaidd ac ynysu cymdeithasol trwy'r agendâu newyddion yn ystod ein cyfnod monitro. Nid yw'n syndod, efallai, oherwydd y digwyddiadau newyddion mawr yn ystod y cyfnod hwn, mai'r tri phrif fachyn newyddion ar draws y sylw oedd 'adroddiad/polisi/gwleidyddiaeth LlCC' (22.6%, n=268), gweithgaredd busnes (17.9% o eitemau newyddion, n=268) a refferendwm yr UE (16.6%, n=249). Cafwyd rhai amrywiadau rhwng mathau o newyddion, fodd bynnag, gyda'r bachau newyddion print pwysicaf yn canolbwyntio ar refferendwm yr UE (16.7%, n=69), tra bod bachau newyddion ar-lein yn canolbwyntio'n bennaf ar weithgaredd busnes (20.5%, n=108).

Sylw i refferendwm yr UE

Wrth edrych yn agosach at y sylw a roddwyd i refferendwm yr UE yn ein sampl, rydym yn gweld mai prif themâu y rhan fwyaf o'r straeon (efallai nad yw hynny'n syndod) oedd naill ai gwleidyddiaeth (n=135) neu economeg (n=94). Ymysg y sylw hwn roedd honiadau y byddai gadael, ac y byddai aros yn yr UE, yn arwain at fwy o dlodi yng Nghymru. Yn aml iawn, oni bai bod erthygl yn sylw gan lefarydd ar y naill ochr neu'r llall, roedd lleisiau 'Gadael' ac 'Aros' yn cael eu cynnwys mewn eitem newyddion unigol, er mwy cyfleu'r syniad o wrthrychedd newyddiadurol, yn arbennig yn ystod yr wythnosau cyn y bleidlais. Roedd y sylw hefyd yn dangos gobeithion a phryderon pobl am ganlyniadau economaidd disgwyliedig y penderfyniad gan y ddwy ochr yn ystod yr ymgyrch, ac yn arbennig yn y cyfnod yn syth wedi hynny.

Wrth i'r bleidlais agosáu, roedd rhywfaint o'r sylw yn ymdrin â'r effaith y rhagwelwyd y byddai Brexit yn ei gael ar fusnesau, diwydiannau penodol a'r economi'n fwy cyffredinol yng Nghymru. Er enghraifft, yn 'Bydd Brexit yn Anfon Ffermio yn Ôl i Flynyddoedd y Dirwasgiad', er enghraifft, mae safbwynt llywydd Undeb Amaethwyr Cymru (FAW), Glyn Roberts, y byddai 'methu diwygio polisi amaethyddol y DU, pe byddai pleidlais dros Adael, yn "anrheithio ffermio yng Nghymru" ac yn gadael ardaloedd gwledig yn "wynebu lefelau tlodi nas gwelwyd ers y 1930au"' yn rhoi'r drafodaeth yn y modd dibynnol gydag apêl i gydnabod yr hyn allai fod yn y fantol, yn economaidd-gymdeithasol yng Nghymru pe na byddai gwleidyddion yn cydnabod buddiannau'r diwydiant amaethyddol (*Daily Post*, 16 Mehefin). Yn yr un modd, yn 'Y Rhaniad Mawr: Aros a Chreu Swyddi neu Adael a Chael Gwared ar Fiwrocratiaeth' (*Daily Post*, 15 Mehefin), er bod honiadau'r ymgyrch dros Adael am fanteision posibl Brexit i fentrau bach a chanolig (MBaCh) sydd yn gwneud cais am gontractau'r sector cyhoeddus wedi eu cynnwys, mae'r rhain wedi eu gosod yn erbyn llond gwlad o ffynonellau swyddogol arbenigedd academaidd a grwpiau diwydiant yn dadlau dros fuddion economaidd aros. Wedi ei dyfynnu'n helaeth, mae Tracy North, cadeirydd gogledd Cymru Conffederasiwn Diwydiant Prydain (CBI) yn nodi rhesymeg glir, sydd yn wirioneddol gysylltiedig â swyddi a bywoliaeth sydd yn llywio'r safbwyntiau hyn:

> Mae pwysau eithafol tystiolaeth economaidd gredadwy, yn cynnwys tystiolaeth gan y Llywodraeth, yr IMF ac Ysgol Economeg Llundain, yn ei wneud yn glir y byddai economi'r DU yn cael sioc difrifol pe byddem yn gadael yr UE. Mae bod yn yr UE wedi rhoi buddion masnach a buddsoddi enfawr i gwmnïau uchelgeisiol Cymru – rhai bach, canolig a mawr – dros y 40 mlynedd diwethaf, gan helpu i greu swyddi a chodi safonau byw yn y wlad hon. Dyma pam mai safbwynt busnes prif ffrwd a safbwynt y rhan fwyaf o gwmnïau sydd yn aelod o'r CBI yw aros yn yr UE. Mae'r dewisiadau amgen i aelodaeth yn ein gadael ar y tu allan, yn dilyn rheolau heb unrhyw lais yn y ffordd y cânt eu pennu, ac mewn sawl achos, yn dal i dalu'r bil. Mae angen i'r rheiny sydd yn dal i eirioli gadael yr UE nodi'n union sut bydd y DU yn well ei byd.

Yn wir, yn llawer o'r sylw, mae set fwy sylweddol o ddadleuon economaidd, wedi eu hategu mae'n debyg gan arbenigedd neu gefnogaeth gan sefydliadau swyddogol ar yr ochr sydd o blaid 'Aros' wedi eu gosod yn erbyn llond gwlad o honiadau sy'n ymddangos yn fwy damcaniaethol neu obeithiol gan yr ymgyrch o blaid 'Gadael'. Roedd yr olaf, wedi ei gyfathrebu trwy leisiau 'pobl gyffredin' yn aml, hefyd yn cyfleu bod yn aelod o'r UE gyda llond gwlad o anniddigrwydd gyda'r status quo a thybiaethau am drafferthion yn y dyfodol, yn cynnwys problemau economaidd aelod-wladwriaethau deheuol yr UE, yr argyfwng ffoaduriaid ym Môr y Canoldir, aelodaeth bosibl Twrci â'r UE a cholli swyddi dur oherwydd mewnforio dur Tsieineaidd. Mewn llythyr ar 6 Ebrill i'r golygydd yn y *Western Mail*, er enghraifft, mae Dafydd Rees o Dregaron, sydd yn cyflwyno'r rhain fel rhestr gyfwerth o broblemau'r UE, lle mae'n datgan yn hyderus y byddai Cymru yn 'well ei byd' yn gadael: 'Rwy'n credu y byddai'r DU (a Chymru) yn llawer gwell eu byd fel rhan o ardal masnach rydd fyd-eang heb fod yn destun cyfreithiau absŵrd, arferion sy'n cyfyngu, biwrocratiaeth a gofynion ariannol parhaus yr UE.'

Roedd straeon eraill yn archwilio honiadau ymgyrchoedd penodol am y ffordd y mae rheolau'r UE yn effeithio ar gostau byw a biliau pobl. Er enghraifft, yn 'Honiad Biliau Ynni Rhatach Ymgyrch Brexit yn "Ffantasi"' (*Western Mail*, 1 Mehefin), mae honiadau'r ymgyrch dros adael eu bod yn amddiffyn buddiannau'r lleiaf cyfoethog yn cael eu herio. Er bod y pennawd yn ffurfio'r erthygl gyda her gan yr ymgyrch 'Aros', mae'r honiadau eu hunain yn nodwedd gref yn yr erthygl, ynghyd â safbwyntiau eraill yr ymgyrch sydd o blaid 'Gadael'. Er enghraifft, mae haeriad llefarydd Pleidleisio dros Adael Cymru, sef 'Fel gwlad bydd gennym fwy o arian i'w wario ar ein blaenoriaethau ni, bydd cyflogau yn uwch a biliau tanwydd yn is' wedi ei gynnwys, gan ailadrodd y syniad (sydd eisoes wedi cael ei herio) y bydd Brexit yn mynd i'r afael â lefelau niweidiol TAW ar danwydd sy'n cael eu rheoli gan yr UE. Gan ganolbwyntio ar dwristiaeth a chwynion am drafnidiaeth annigonol mewn ardaloedd gwledig, mae'r erthygl yn cynnwys dyfyniadau gan bleidleiswyr petrus sydd yn anfodlon gyda'r status quo ynghyd â dyfyniadau estynedig y rheiny sydd wedi cyfaddef eu bod o blaid Gadael, fel Ashford Price, cadeirydd Canolfan Genedlaethol Dan-yr-Ogof. Gan honni y byddai gadael yn gwneud Cymru yn fwy deniadol i dwristiaid ac yn gyfle i leisiau pobl gael eu clywed, mae Price yn honni:

> Bydd yn ei wneud yn llawer mwy o le i ymweld ag ef, felly, ydw, rwyf o blaid rhoi cynnig arni … Rwy'n credu os na fyddwn yn achub ar y cyfle hwn y byddwn yn edifarhau yn y pen draw … yr hyn yr hoffwn i ei weld yn digwydd yw bod bleidlais enfawr dros adael ac yna bydd y fiwrocratiaeth wleidyddol yn dechrau gwrando ar y bobl unwaith eto.

Felly, er bod cywirdeb ffeithiol honiadau'r ymgyrch dros Adael am effaith gadarnhaol Brexit ar fywoliaeth yn cael ei gwestiynu o ddifrif, mae'r honiadau hyn, serch hynny, yn gosod telerau'r drafodaeth yr ymatebodd lleisiau dros 'Aros' iddi.

Yn wir, yn llawer o'r sylw yn y newyddion, ac efallai trafodaeth yr ymgyrch yn fwy cyffredinol, ymddengys bod y broblem o'r ffordd i ymdrin â neu ymateb i'r honiadau oedd yn ymddangos yn ddi-sail o ran tystiolaeth neu arbenigedd, yn rheoli'r drafodaeth. Er enghraifft, yn 'Bydd Brexit yn "Tynhau Cyllidebau Aelwydydd ar Draws Pob Lefel Incwm" Dywed Astudiaeth Economaidd Ddiweddar' (*Western Mail*, 3 Mehefin), nodir ymchwil gan Ysgol Economeg

Llundain (LSE), sydd 'yn ymddangos i fod yn gwrthbwyso honiadau gan ymgyrchwyr dros "adael" y bydd y cyfoethog yn ysgwyddo baich economaidd gadael yr UE a bydd y tlawd yn well eu byd'. Er yr ymddengys bod tystiolaeth ymchwil LSE (y byddai Brexit yn cael effaith negyddol ar fywoliaeth ar bob lefel) yn gosod agenda'r erthygl, mae'r naratif, fodd bynnag, yn ymwneud yn bennaf â hawlio sylw i ailddatgan hygrededd 'ffeithiau' ac 'arbenigedd' yn nhrafodaeth Brexit. Yn hynny o beth, ceir rhybuddion gan y lleisiau dros Aros, fel Greg Hands, prif ysgrifennydd y Trysorlys, er enghraifft, sydd yn ceisio ailgyfeirio'r sylw at arbenigwyr: 'Pan fydd economegwyr uchel eu parch yn rhybuddio y byddai teuluoedd filoedd o bunnau'n waeth eu byd pe byddem yn gadael yr UE, dylai pawb wrando a chymryd sylw. Mae'r arbenigwyr i gyd yn glir y byddai gadael Ewrop yn drychineb i economi Prydain.'

Roedd y mater hwn o sicrhau sylw i'r achos dros Aros hefyd yn amlwg wrth gyhoeddi erthygl yn ymgyrchu dros 'Aros': 'Naw Rheswm Pam y Bydd Cymru'n Well ei Byd Os Byddwn yn Pleidleisio Dros Aros yn yr UE' (*Wales Online*, 13 Mehefin). Mae'r erthygl, sydd yn ymyrraeth anhygoel gan olygyddion yn Media Wales, cyhoeddwyr *Wales Online* a'r *Western Mail*, yn ddigamsyniol yn nodi achos dros Gymru'n Aros yn yr UE ac mae'r ddwy yn cyd-fynd â'r safbwynt hwn. Mae materion tlodi a ffyniant wedi eu gosod yn rhif un ar y rhestr:

Mae'r perygl i swyddi a bywoliaeth yn y degawd nesaf yn sylweddol. Bydd ysgaru o'r UE yn boenus. Bydd ansicrwydd dwy flynedd o ail-drafod yn ddinistriol yng Nghymru. Ni fyddai cyflogwyr tramor yn buddsoddi yma. Byddai allforwyr yn dewis ymddiried eu dyfodol mewn gwledydd lle mae ganddynt fwy o hyder. Yn ystod y cyfnod, byddai swyddi'n cael eu colli. Byddai teuluoedd yn dioddef. Mae Sefydliad Cenedlaethol Ymchwil Economaidd a Chymdeithasol (Niesr) yn felin drafod annibynnol. Mewn adroddiad a gyhoeddwyd ddydd Iau, mae'n dangos y sefyllfa waethaf posibl lle byddai'r tlawd yn dioddef fwyaf pe byddem yn gadael yr UE – oherwydd 'bydd angen newid treth a pholisïau gwariant o ganlyniad i Brexit.' Gallai teuluoedd incwm isel dderbyn hyd at £5542 yn llai mewn credydau treth a thaliadau budd-dal yn 2020. Nid yw hyn yn bris sydd yn werth ei dalu. Mae un o entrepreneuriaid mwyaf llwyddiannus Cymru, Syr Terry Matthews, wedi dweud bod Brexit yn 'drychineb cyfan gwbl'.

Mae buddion cyllid yr UE i Gymru a rhyddid i symud ar gyfer cyfleoedd cyflogaeth yn y dyfodol wedi eu datgan yn ddigamsyniol, wedi eu cefnogi gyda data ffeithiol syml a rhesymeg glir. Mae grym rhethreg yr erthygl yn y cyfeiriad uniongyrchol gan olygyddion i'r gynulleidfa, ei harddull gadarnhaol, ddeniadol '9 rheswm pam' – sydd mor gyfarwydd i arddull poblogaidd newyddion ar-lein, a'i hymwrthod â honiadau'r ymgyrch dros 'Adael' neu rym creu agenda yn yr erthygl. Efallai mai'r cynllun oedd datganiad golygyddol o blaid aros, ond efallai ei fod hefyd yn arwydd o'r anhawster yn rheoli dylanwad yr ymgyrch dros

Adael ar y trafodaethau a llwyddiant yn eu ffurfio o fewn agendâu newyddion bod ymyrraeth o'r fath wedi cael ei hystyried yn angenrheidiol yn Media Wales.

Er y gallai pwysau ffeithiol y ddadl ymddangos fel pe bai yn amlwg dros Aros yn y drafodaeth newyddion (yn gyffredinol, roedd gadael yr UE yn llawer mwy cysylltiedig yn gyffredinol â thlodi yn y sylw economeg a gwleidyddiaeth (n=162) nag aros (n=31)), nid yw hyn yn golygu, yn emosiynol, bod grym a chyfeiriad y drafodaeth mor syml. Er bod iaith cynhyrfiol yn nodwedd o newyddion yn ymwneud â dwy ochr y drafodaeth, roedd camau Gadael i gyd-fynd â'r grwpiau cymdeithasol mwyaf agored i niwed, wedi'u difreinio, yn apelio'n llawer mwy at deimladau gelyniaethus, yn cynnwys poen, rhwystredigaeth a sarhad sydd yn gysylltiedig ag anghyfiawnderau'r status quo. Roedd y teimladau hyn yn erbyn yr 'elît' ac arbenigwyr oedd yn gysylltiedig ag Aros. Roedd cyfeiriad emosiynol y drafodaeth yn arbennig o amlwg yn yr wythnos cyn y bleidlais, gyda thystiolaeth bersonol, llythyrau a safbwyntiau yn cynnwys amrywiaeth o bleon terfynol y bleidleiswyr. Mae pryder a braw yn ymwneud â bywoliaeth yn amlwg iawn yn y sylw hwn, ynghyd â dicter tuag at wrthwynebwyr yr ymgyrch a phryderon sydd yn gysylltiedig â chanlyniad y bleidlais. Mewn llythyr ar 16 Mehefin i'r *Daily Post*, er enghraifft, mae Dave Haskell o Aberteifi yn datgan 'Am Brif Weinidog dauwynebog, ffiaidd yw David Cameron – mae bellach yn ceisio dychryn yr henoed am eu pensiynau os na fyddant yn pleidleisio i aros yn yr UE – beth nesaf, ymosodiad ar yr anabl?' Mewn gwrthgyferbyniad, mae darn yn *Wales Online* ar 15 Mehefin, sydd yn ceisio, yn rhy daer efallai, i ysgogi a chysylltu ymdeimlad cenedlatholgar â theyrngarwch i'r UE, yn cymharu 'aros' â llwyddiant tîm pêl-droed dynion Cymru yn nhwrnamaint pêl-droed UEFA yn 2016:

> Bydd Gareth Bale a'r criw yn gwneud popeth o fewn eu gallu i osgoi 'WEXIT' yfory, a byddwn i gyd yn eu cefnogi. Mae gwleidyddiaeth – wrth gwrs – ychydig yn fwy cymhleth. Ond byddai pleidleisio i adael yr UE ddydd Iau nesaf yn fwy dinistriol fyth i hunaniaeth a balchder Cymreig na chael ein taflu allan o'r Ewros. (Cyn-brif ohebydd gwleidyddol y BBC a chyfarwyddwr cyfathrebu Boris Johnson, Guto Harri)

Yn ystod wythnos olaf yr ymgyrch, gwelwyd hefyd ymddangosiad poster 'Breaking Point' UKIP, sydd bellach yn enwog, yn dangos llinell hir o ffoaduriaid ynghyd â'r geiriau, 'Mae'r UE wedi ein siomi i gyd. Mae'n rhaid i ni dorri'n rhydd o'r UE a chael rheolaeth unwaith eto dros ein ffiniau'. Mae darn yn *Wales Online*, 'Farage o Dan y Lach Ond yn Ddiedifar am y Poster Mudwyr' (16 Mehefin), yn cynnwys honiad Farage bod ymateb yr UE i'r argyfwng mudwyr 'wedi gwneud gwall sylfaenol sydd yn peryglu diogelwch pawb', yn ogystal â gwrthwynebu 'ffieidd-dod' (Nicola Sturgeon) ac 'ofnau' (AC Llafur Mick Antoniw) gwleidyddion am effaith ymfflamychol rhethreg oedd yn gwrthwynebu mewnfudo i'r fath raddau, yn 'bwydo "man gwan cynyddol, hyll" o hiliaeth yng Nghymru'. Gwelwyd pryderon hefyd yn y newyddion mewn ffyrdd llai gelyniaethus, mewn ymdrechion i ddwyn perswâd yn hytrach nag atgyfnerthu sefyllfaoedd presennol. Er enghraifft, yn 'Pam Rwy'n Pleidleisio Dros Aros ar 23 Mehefin, gan yr Entrepreneur Cymdeithasol a Greodd 150 o Swyddi yn y Cymoedd' (*Wales Online*, 16 Mehefin), mae Patrick Nash yn cyflwyno'r achos dros barhau yn aelod o'r UE, gan fabwysiadu tôn empathetig tuag at y rheiny sydd yn cydymdeimlo â phobl sydd o blaid gadael:

> Postiais fy mhleidlais ar gyfer Refferendwm yr UE dros y penwythnos. Pleidleisiais dros Aros, ond eto rwy'n teimlo'n bryderus nad yw hyn yn ddigon ... Sgwn i faint o bobl sydd yn sylweddoli mai'r UE sydd i ddiolch am eu swyddi a'u bywoliaeth yn y rhan yma o'r byd? ... Rhwygwyd calon fy nhref agosaf i allan flynyddoedd lawer yn ôl ac mae wedi cael anhawster mawr yn dod dros hynny yn economaidd. A yw hynny'n golygu bod llawer o bobl yn teimlo'n ddig? Wrth gwrs ei fod ac mae hynny'n iawn. Nid yw negeseuon am economi sydd ar gynnydd yn golygu dim pan fydd eich tref neu eich cymuned chi yn dioddef.

Wrth edrych yn agosach ar y ffordd y mae darnau newyddion a gyhoeddwyd ar ôl y bleidlais wedi eu gosod, ceir ystod o adlewyrchiadau sydd yn ceisio deall y canlyniad a'i effaith bosibl ar fywoliaeth. Yn 'Dyma'r Ffordd y Mae Pobl y Cymoedd yn Teimlo ar ôl Pleidleisio i Adael yr UE' (*Wales Online*, 28 Mehefin), er enghraifft, mae ansicrwydd difrifol a phryder yn ymwneud â challineb penderfyniadau pleidleisio yn amlwg, wedi eu gosod fel pryder y gellir ei gyfiawnhau. Mae dyfyniadau gan 'bleidleiswyr dros Adael', er enghraifft: 'Nid ydym yn gwybod beth fydd yn digwydd yn y dyfodol ac rwy'n poeni nawr am bethau'n mynd o'i le', yn ymddangos ar y cyd â rhai 'pleidleiswyr dros Aros': 'Gan ein bod bellach allan mae llawer o bobl yn mynd i banig. Nid oeddwn yn disgwyl i bobl bleidleisio dros Adael. Rydym wedi cael llawer o gymorth yma. Ni fydd San Steffan yn rhoi arian i ni ac mae gennyf fwy o ffydd ym Mrwsel na San Steffan i roi yn ôl i Gymru.'

Mewn erthyglau eraill, mae dicter a siom am y canlyniad yn cael ei fynegi'n glir, hyd yn oed os yw wedi ei gynnwys ar y cyd ag addewid y dylid ei gynnal. Yn 'Mae'n Rhaid i Ni Anrhydeddu Pleidlais Brexit: Nawr Dewch i Ni Edrych ar y Print Mân', er enghraifft, mae Dafydd Wigley yn dadlau:

> Mae Prydain yn dlotach heddiw nag ydoedd ddydd Iau diwethaf. Cwympodd y bunt, cafodd biliynau eu dileu o gronfeydd pensiwn a chafodd cyfraddau credyd Prydain eu torri. Mae sefydliadau ariannol yn symud swyddi dramor; mae prosiectau diwydiannol wedi eu hatal dros dro. Roedd yn hawdd rhagweld hyn – ac fe wnaed hynny. Cafodd rhybuddion o'r fath – gan 'arbenigwyr' – eu gwrthod. Roedd yn well gan rai pobl asesiad economaidd Joe Bloggs yn y dafarn leol nag asesiadau dadansoddwyr economaidd rhyngwladol. Mae hyn wedi dod yn ôl ar ein pennau. Pobl gyffredin sy'n gweithio – yn arbennig yr ifanc sydd yn chwilio swyddi a chartrefi – fydd yn talu'r pris. (*Daily Post*, 30 Mehefin)

Yn 'A yw Ffasgiaeth yn Ôl yn Llechu ar ein Strydoedd' (*Western Mail*, 1 Gorffennaf), er enghraifft, mae awdur y llythyr, Gillian Barrar, yn sôn am ei chywilydd ar y canlyniad:

> Rydym wedi bradychu ein pobl ifanc, sydd yn wynebu byd caled, cystadleuol. Nhw sy'n cario baich y ddyled heb y buddion oedd gan fy nghenhedlaeth i. Ni, sydd wedi cael addysg a gofal iechyd am ddim a buddion eithaf gweddus. Gweithiodd ein rhieni ac aberthu er mwyn sicrhau'r buddion hyn i ni. Ariannwyd ein prifysgol gan 'geiniogau'r tlawd'. Adeiladodd Aneurin Bevan ar waith diflino pwyllgorau gwirfoddol ac ymdrechion ymroddedig grwpiau Lles Glowyr i gyflwyno'r GIG … Bellach mae plant y genhedlaeth honno, a ddylai wybod yn well, trwy hunanoldeb a hunan-fudd cul, wedi syrthio i fagl beryglus dwli Farage a'i griw.

Roedd lleisiau buddugoliaethus neu hyderus, yn sicrhau cynulleidfaoedd newyddion y byddai'r penderfyniad i adael yr UE yn dod â budd economaidd i Gymru neu effaith gadarnhaol ar fywoliaeth pobl gyffredin, yn llawer llai amlwg yn y sylw ar ôl y bleidlais.

Materion a phrofiadau o dlodi

Ar draws ein sampl, edrychwyd ar y materion penodol y soniwyd amdanynt yn ymwneud â thlodi, yn ogystal â'r materion y nodwyd bod pobl yn yr erthygl wedi eu profi'n uniongyrchol. Trwy archwilio tlodi o'r ddau safbwynt ychydig yn wahanol, ein nod oedd canolbwyntio ar y graddau y gellir personoli neu adrodd yn fwy haniaethol ar faterion penodol yn y sylw.

Wrth archwilio'r sylw, rydym yn gweld amrywiaeth o faterion yn gysylltiedig â thlodi. Yn gyffredinol, cofnodwyd 4,117 o faterion ar draws y 1,498 o eitemau newyddion yn ein sampl. Y mater a nodwyd amlaf o bell oedd diweithdra/ swyddi – yn bresennol mewn 47.3% o'r holl eitemau newyddion (n=708), wedi ei ddilyn gan doriadau i gyllid cymdeithasol/lles (24.3%, n=364) ac economi/ isadeiledd gwael (20.6%, n=308).

Pan fyddwn yn edrych ar y materion a nodir fel profiadau pobl, mae'r darlun ychydig yn wahanol gydag ystod fwy cyfyng o faterion penodol yn cael eu cynrychioli a'r categori mwyaf arwyddocaol ar draws y mathau o gyfryngau yw 'profi tlodi/allgáu cymdeithasol' yn gyffredinol (n=460, 30.7% o eitemau newyddion). Fodd bynnag, o ran pethau eraill, mae'r profiadau a nodwyd yn adlewyrchu'r materion yn ymwneud â thlodi a nodir yn Nhabl 7 uchod, gydag ansicrwydd cyflogaeth (28.9%, n=433) a diweithdra (28.3%, n=424) yn elfen gref ar draws y cyfryngau, ynghyd â phroblemau neu anawsterau yn cael mynediad at fudd-daliadau a gwasanaethau (22.9% o eitemau newyddion, n=343), oedd yn cynnwys problemau yn gysylltiedig â newidiadau i fudd- daliadau a thoriadau i gyllid cymdeithasol/lles yn fwy cyffredinol.

Tabl 7: Materion yn ymwneud â thlodi oedd wedi eu cynnwys yn y sylw (fel % o'r eitemau newyddion).

	Teledu	Radio	Print	Ar-lein	Pob cyfrwng
Diweithdra/swyddi	51.9% (n=140)	40.9% (n=117)	44.7% (n=185)	50.4% (n=266)	47.3% (n=708)
Toriadau cyllid cymdeithasol/lles	23.3% (n=63)	23.4% (n=67)	22.5% (n=93)	26.7% (n=141)	24.3% (n=364)
Economi/isadeiledd gwael	27% (n=73)	25.9% (n=74)	12.3% (n=51)	20.8% (n=110)	20.6% (n=308)
Tlodi ac amddifadedd	7.4% (n=20)	17.1% (n=49)	24.2% (n=100)	13.3% (n=70)	16% (n=239)
Costau byw (cyffredinol)	11.5% (n=31)	22% (n=63)	10.1% (n=42)	12.1% (n=64)	13.4% (n=200)
Cyflogau isel	10% (n=27)	14.3% (n=41)	14.5% (n=60)	11% (n=58)	12.4% (n=186)
Problemau addysg	13.3% (n=36)	14.7% (n=42)	5.8% (n=24)	15.9% (n=84)	12.4% (n=186)
Pensiynau	7.8% (n=21)	7.3% (n=21)	20% (n=83)	8.9% (n=47)	11.5% (n=172)
Anghydraddoldeb	10% (n=27)	8.4% (n=24)	19.3% (n=80)	7% (n=37)	11.2% (n=168)
Mynediad at fudd-daliadau	8.5% (n=23)	12.9% (n=37)	10.6% (n=44)	8.7% (n=46)	10% (n=150)
Tlodi plant	5.9% (n=16)	10.5% (n=30)	9.2% (n=38)	12.1% (n=64)	9.9% (n=148)
Problemau iechyd	9.3% (n=25)	13.6% (n=39)	8.5% (n=35)	9.3% (n=49)	9.9% (n=148)
Problemau tai	5.9% (n=16)	6.6% (n=19)	11.8% (n=49)	11.6% (n=61)	9.7% (n=145)
Digartrefedd	5.2% (n=14)	4.5% (n=13)	12.6% (n=52)	6.8% (n=36)	7.7% (n=115)
Tlodi gwledig	11.5% (n=31)	17.1% (n=49)	2.9% (n=12)	4.2% (n=22)	7.6% (n=114)
Arall	2.6% (n=7)	5.2% (n=15)	5.6% (n=23)	12.7% (n=67)	7.5% (n=112)
Tangyflogaeth	7% (n=19)	10.5% (n=30)	6.5% (n=27)	5.9% (n=31)	7.1% (n=107)
Dyledion	4.4% (n=12)	7.7% (n=22)	7% (n=29)	6.1% (n=32)	6.3% (n=95)

parh.

Tabl 7: *parh.*

	Teledu	Radio	Print	Ar-lein	Pob cyfrwng
Cost trafnidiaeth	7% (n=19)	7% (n=20)	3.6% (n=15)	7% (n=37)	6.1% (n=91)
Newyn	4.4% (n=8)	8.7% (n=25)	4.3% (n=18)	4.7% (n=25)	5.1% (n=76)
Biliau'r cartref	7% (n=6)	25.2% (n=15)	5.3% (n=22)	5.1% (n=27)	4.7% (n=70)
Lefelau budd-daliadau	4.4% (n=13)	2.1% (n=6)	7% (n=29)	3.4% (n=18)	4.4% (n=66)
Mynediad at gredyd	7% (n=10)	5.6% (n=16)	0.2% (n=1)	1.9% (n=10)	2.5% (n=37)
Cost gofal plant	1.9% (n=5)	3.8% (n=11)	2.7% (n=11)	1.9% (n=10)	2.5% (n=37)
Lefelau rhent	1.9% (n=5)	2.4% (n=7)	1.2% (n=5)	2.7% (n=14)	2.1% (n=31)
Banciau bwyd	0.7% (n=2)	2.8% (n=8)	3.4% (n=14)	0.8% (n=4)	1.9% (n=28)
Llafur gorfodol /caethwasiaeth	1.1% (n=3)	0% (n=0)	1.2% (n=5)	0.8% (n=4)	0.8% (n=12)
Dim mater penodol wedi ei nodi	0.7% (n=2)	0% (n=0)	0.2% (n=1)	0.2% (n=1)	0.3% (n=4)
Cyfanswm	(n=674)	(n=860)	(n=1,148)	(n=1,435)	(n=4,117)

Tabl 8: Profiadau tlodi ar draws y cyfryngau (fel % o eitemau newyddion).

	Teledu	Radio	Print	Ar-lein	Pob cyfrwng
Tlodi/allgáu cymdeithasol (yn gyffredinol)	15.2% (n=41)	32.2% (n=92)	30.9% (n=128)	37.7% (n=199)	30.7% (n=460)
Ansicrwydd cyflogaeth	34.8% (n=94)	28% (n=80)	22.7% (n=94)	31.3% (n=165)	28.9% (n=433)
Diweithdra	27.8% (n=75)	21% (n=60)	26.3% (n=109)	34.1% (n=180)	28.3% (n=424)
Mynediad at fudd-daliadau a gwasanaethau	26.3% (n=71)	31.1% (n=89)	22.9% (n=95)	16.7% (n=88)	22.9% (n=343)

Tabl 8: *parh.*

	Teledu	Radio	Print	Ar-lein	Pob cyfrwng
Iechyd (meddwl/ corfforol)	10.7% (n=29)	8.7% (n=25)	14% (n=58)	16.1% (n=85)	13.2% (n=197)
Dim profiadau wedi eu cynnwys	15.9% (n=43)	8% (n=23)	14.3% (n=59)	8.7% (n=46)	11.4% (n=171)
Arall	4.8% (n=13)	7.7% (n=22)	8.9% (n=37)	15% (n=79)	10.1% (n=151)
Cyflogau isel	7% (n=19)	7.7% (n=22)	12.1% (n=50)	9.7% (n=51)	9.5% (n=142)
Ansicrwydd pensiynau	5.9% (n=16)	4.2% (n=12)	13% (n=54)	6.1% (n=32)	7.6% (n=114)
Digartrefedd	2.6% (n=7)	5.2% (n=15)	11.8% (n=49)	5.5% (n=29)	6.7% (n=100)
Tangyflogaeth	5.2% (n=14)	3.5% (n=10)	2.7% (n=11)	2.3% (n=12)	3.1% (n=47)
Cyfanswm	156.3% (n=422)	157.3% (n=450)	179.7% (n=744)	183% (n=966)	172.4%[1] (n=2,582)

Er bod amlder mathau gwahanol o brofiadau o dlodi yn weddol gyson ar draws y mathau o gyfryngau, roedd rhai categorïau profiad yn gryfach mewn rhai adrannau o'r cyfryngau nag eraill. Er enghraifft, er nad oedd digartrefedd yn ymddangos mor aml fel profiad cyffredinol, roedd yn ymddangos yn llawer mwy aml mewn print (11.8% o eitemau newyddion, n=49) na'r cyfryngau darlledu (teledu: 2.6% o eitemau newyddion, n=7; radio: 5.2% o eitemau newyddion, n=15) neu ar-lein (5.5% o eitemau newyddion, n=29). Yn 11.4% o eitemau newyddion yn gyffredinol (n=171), ni chafwyd unrhyw gyfeiriadau pendant at brofiadau o dlodi o gwbl, sy'n awgrymu ffurf mwy haniaethol neu wedi ei dadbersonoli o sylw i'r materion. Roedd hyn yn fwy tebygol mewn newyddion ar y teledu (15.9%, n=43) a phrint (14.3%, n=59) na newyddion ar y radio (8%, n=23) neu ar-lein (8.7%, n=46).

Achosion a chanlyniadau tlodi

Er mwyn archwilio'r fframwaith adrodd ar dlodi a materion cysylltiedig, dadansoddwyd pa achosion neu resymau, os o gwbl, oedd yn gysylltiedig â thlodi a'i faterion cysylltiedig yn y sylw. Yn 27.3% o'r eitemau newyddion (n=409) ni soniwyd am unrhyw achosion o gwbl.

Tabl 9: Achosion o faterion yn ymwneud â thlodi yn ôl math o gyfrwng (fel % o eitemau newyddion).

	Teledu	Radio	Print	Ar-lein	Pob cyfrwng
Dim achosion wedi eu cynnwys	28.9% (n=78)	21% (n=60)	28.3% (n=117)	29.2% (n=154)	27.3% (n=409)
Strwythurol	18.1% (n=49)	21% (n=60)	19.8% (n=82)	19.1% (n=101)	19.5% (n=292)
Economi Cymru/ dad-ddiwydiannu	16.3% (n=44)	19.9% (n=57)	11.8% (n=49)	18.9% (n=100)	16.7% (n=250)
Pleidleisio dros adael yr UE/Brexit	14.1% (n=38)	12.2% (n=35)	15% (n=62)	15.7% (n=83)	14.6% (n=218)
Toriadau cyllid/mesurau cyni[2]	15.2% (n=41)	13.6% (n=39)	8.9% (n=37)	12.5% (n=66)	12.2% (n=183)
Arferion busnes/ gweithredoedd corfforaethau	10.7% (n=29)	11.5% (n=33)	14.3% (n=59)	7.6% (n=40)	10.7% (n=161)
Globaleiddio	9.3% (n=25)	8.7% (n=25)	8.2% (n=34)	9.7% (n=51)	9% (n=135)
Unigol	4.1% (n=11)	5.2% (n=15)	7.7% (n=32)	7.8% (n=41)	6.6% (n=99)
Tsieina/India	3% (n=8)	3.8% (n=11)	5.8% (n=24)	5.7% (n=30)	4.9% (n=73)
Costau tanwydd/ynni	5.2% (n=14)	3.5% (n=10)	5.1% (n=21)	4.4% (n=23)	4.5% (n=68)
Arall	3.3% (n=9)	3.5% (n=10)	4.8% (n=20)	4.7% (n=25)	4.3% (n=64)
Pleidleisio dros aros yn yr UE/aelodaeth o'r UE	4.8% (n=13)	2.4% (n=7)	4.8% (n=20)	4.2% (n=22)	4.1% (n=62)
Trafnidiaeth	3.3% (n=9)	4.9% (n=14)	1.4% (n=6)	1.9% (n=10)	2.6% (n=39)
Dibyniaeth ar sylweddau	0.4% (n=1)	0% (n=0)	4.6% (n=19)	2.1% (n=11)	2.1% (n=31)
Rhyfel neu wrthdaro	0.7% (n=2)	3.1% (n=9)	2.4% (n=10)	0% (n=0)	1.4% (n=21)
Bod heb waith[3]	0.4% (n=1)	0% (n=0)	0.5% (n=2)	0.4% (n=2)	0.3% (n=5)
Cyfanswm	137.8% (n=372)	134.6% (n=385)	143.5% (n=594)	143.8% (n=759)	140.9% (n=2,110)

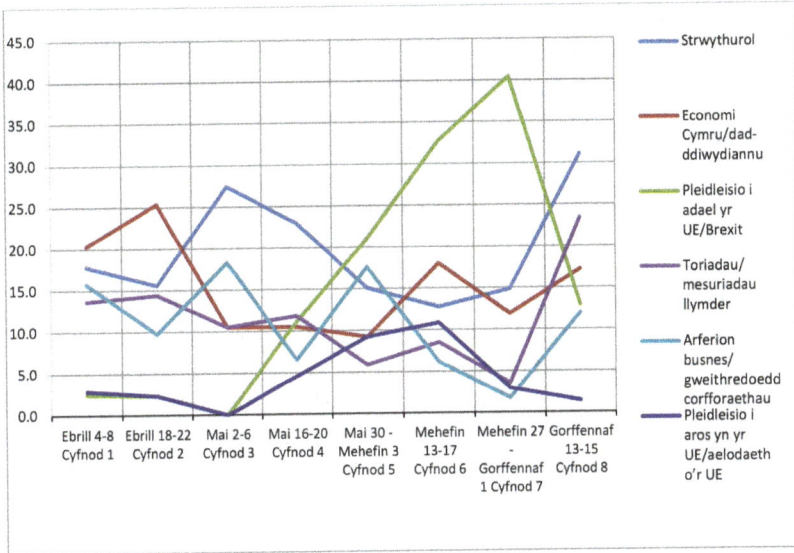

Ffigur 4: Achosion tlodi o Ebrill i Orffennaf 2016 (fel % o'r holl sylw yn y cyfryngau).

Fodd bynnag, yn y 72.7% (n=1,089) o'r eitemau newyddion oedd yn awgrymu neu'n cynnwys achosion yn bendant, achosion strwythurol[4] neu facro-economaidd a nodwyd fwyaf fel achos tlodi.

Gallwn ddweud bod llawer mwy o bwyslais yn y sylw ar achosion strwythurol (27.3% o eitemau newyddion, n=292) a phroblemau'n gysylltiedig ag economi/dad-ddiwydiannu Cymru fel ffactorau achosol tlodi (16.7% o eitemau newyddion, n=250) nag ar ymddygiad yr unigolion a gynrychiolwyd fel achos eu tlodi eu hunain (6.6% o eitemau newyddion, n=99) neu normau diwylliannol penodol 'bod heb waith' yn awgrymu diffyg moeseg gwaith ymysg y tlawd (0.3% o eitemau newyddion, n=5). Yn wir, ni welsom lawer o dystiolaeth, os o gwbl, o bobl sydd yn profi tlodi yn cael eu cyfleu mewn ffordd oedd yn stereoteipio neu'n creu stigma amlwg yn ystod ein cyfnod monitro.

Er nad yw ein sampl yn cynrychioli'r holl sylw yn y newyddion i Brexit yng Nghymru yn ystod y cyfnodau gafodd eu monitro, mae'n cyfleu'r holl sylw yn ymwneud â thlodi, anghydraddoldeb economaidd a thrafod effeithiau posibl canlyniad y refferendwm ar ffordd o fyw ac amddifadedd cymdeithasol yng Nghymru. Fel y sylw yn fwy cyffredinol, er y gallai materion sy'n berthnasol neu'n bosibl yn achosion tlodi fod wedi bod yn ymhlyg yn y naratif newyddion, nid nad oeddent bob amser wedi cael eu cyfleu felly (er, fel yr archwiliwyd uchod, roedd yna eithriadau nodedig). Mewn geiriau eraill, mae'r data yn awgrymu nad oedd cwestiynau strwythurol neu economaidd cymhleth a dadleuol (fel canlyniadau Brexit neu dim Brexit) yn amlwg gysylltiedig â'r hyn y gallent eu golygu, yn gadarn, yn realaeth bywydau bob dydd pobl.

Pan gafodd cyfeiriadau at aelodaeth o'r UE a phenderfyniadau pleidleisio'r refferendwm eu nodi, roedd 'pleidleisio dros adael yr UE/Brexit' (14.6% o eitemau newyddion, n=218) ac aelodaeth o'r UE yn y gorffennol neu'r presennol a/neu 'bleidleisio dros aros yn yr UE/aelodaeth o'r UE' (4.1% o eitemau newyddion, n=62) naill ai yn achos ansicrwydd presennol, amddifadedd/ ffordd o fyw gwaeth posibl yn y dyfodol neu'n atal ffyniant – sefyllfaoedd pegynol a gyflwynwyd yn bennaf i'r sylw gan ffynonellau ar y ddwy ochr o ymgyrch y refferendwm. Fodd bynnag, er i amlder cynrychiolaeth 'gadael' ac 'aros' fel achosion tlodi gynyddu yn ystod wythnosau ymgyrch y refferendwm ym Mai a Mehefin, cynyddodd 'Pleidleisio dros adael yr UE/Brexit' lawer mwy, gan barhau yn syth ar ôl y bleidlais a chyrraedd uchafbwynt yn ystod Cyfnod Codio 7 (40.5% o eitemau newyddion, n=68), cyn lleihau ym mis Gorffennaf.

Cyrhaeddodd cyfleu 'pleidleisio dros aros/aelodaeth o'r UE' fel achos posibl tlodi, mewn cymhariaeth, anterth llawer llai, ond arwyddocaol, yng Nghyfnod Codio 6 – cyn pleidlais y refferendwm (10.9% o eitemau newyddion, n=23). Efallai nad yw'n syndod bod y sylw i bryderon yn ymwneud â thlodi oedd yn

Tabl 10: Canlyniadau tlodi ar draws y cyfryngau[5] (fel % o'r eitemau newyddion).

	Teledu	Radio	Print	Ar-lein	Pob cyfrwng
Dim canlyniadau wedi eu cynnwys	48.9% (n=132)	29% (n=83)	38.4% (n=159)	24.6% (n=130)	33.6% (n=504)
Cymunedau'n dioddef	27.4% (n=74)	33.6% (n=96)	23.7% (n=98)	41.1% (n=217)	32.4% (n=485)
Incwm isel cartrefi	10.4% (n=28)	20.6% (n=59)	19.6% (n=81)	18.9% (n=100)	17.9% (n=268)
Allgáu cymdeithasol[6]	12.6% (n=34)	21.3% (n=61)	14.7% (n=61)	18.2% (n=96)	16.8% (n=252)
Anghydraddoldeb cymdeithasol/ economaidd	5.9% (n=16)	16.4% (n=47)	13.5% (n=56)	20.8% (n=110)	15.3% (n=229)
Problemau iechyd	9.6% (n=26)	9.8% (n=28)	18.6% (n=77)	16.3% (n=86)	14.5% (n=217)
Plant/teuluoedd yn dioddef	9.3% (n=25)	10.5% (n=30)	11.6% (n=48)	15.9% (n=84)	12.5% (n=187)
Problemau addysgol	6.7% (n=18)	3.5% (n=10)	4.3% (n=18)	8.7% (n=46)	6.1% (n=92)
Arall	1.1% (n=3)	1.4% (n=4)	4.6% (n=19)	4.5% (n=24)	3.3% (n=50)
Cyfanswm	131.9% (n=356)	146.2% (n=418)	149% (n=617)	169.1% (n=893)	152.5% (n=2,284)

gysylltiedig â Brexit yn y newyddion yng Nghymru yn llawer mwy na'r sylw a roddwyd i bryderon oedd yn gysylltiedig ag aros, gan fod Cymru wedi bod yn fuddiolwr net cyllid yr UE dros y blynyddoedd diweddar. Ar y llaw arall, oherwydd canlyniad y bleidlais yng Nghymru, gallai ymddangos fel na bai'r agwedd hon ar y sylw yn cyd-fynd â safbwynt y cyhoedd. Fodd bynnag, yn fwyaf nodedig, mae'n amlwg na wnaeth llawer o sylw am dlodi yn cynnwys achosion yn ymwneud â mater aelodaeth o'r UE ymddangos o gwbl hyd at gyfnod monitro 4 – hanner olaf Mai ac ymhell i mewn i'r ymgyrch ei hun. Mae hyn yn dangos na wnaeth fframwaith naratif cadarn o ddealltwriaeth am dlodi a'r effeithiau posibl ar ffordd o fyw yn sgil Brexit neu ddim Brexit ddatblygu o bosibl yn y misoedd cyn y bleidlais. Yn lle hynny, cafodd y naratif newyddion ar aelodaeth o'r UE vs Brexit mewn perthynas â thlodi ei gyfleu'n fwy trwy sylw dwys i'r materion yn ystod cyfnod cymharol fyr o wythnosau cyn y bleidlais.

Er mwyn ystyried ymhellach sut cafodd y sylw ei gyfleu, archwiliwyd hefyd pa ganlyniadau, os o gwbl, a nodwyd o ganlyniad i dlodi. Mewn geiriau eraill sut, os o gwbl, y gwnaeth effeithiau tlodi ar unigolion, eu cymunedau neu'r gymdeithas ehangach gael eu cynnwys mewn straeon newyddion?

Ni wnaeth 33.6% o'r eitemau newyddion (n=504) sôn yn uniongyrchol na thalu sylw i unrhyw ganlyniadau tlodi, sy'n golygu na wnaeth goblygiadau tlodi na'r profiadau yn ei sgil i unigolion, eu cymunedau neu'r gymdeithas ehangach gael eu cynnwys yn benodol neu gael eu hawgrymu yn y naratif.

Yn y 66.4% o eitemau newyddion (n=995) oedd yn cynnwys cyfeiriadau at ganlyniadau tlodi, nodwyd materion cymdeithasol cyffredinol a materion mwy lleol neu wedi eu hunigoli. Y canlyniad a nodwyd amlaf oedd y syniad eang bod cymunedau'n dioddef (32.4%, n=485). Roedd hyn yn cynnwys sylw lle'r oedd colledion swyddi mewn ardal yn cael ei gyfleu o ran sut y gallai'r gymuned neu'r rhanbarth gael ei effeithio, er enghraifft, yr effeithiau niweidiol ar yr ardal gyfan wrth i gwmni bysiau yn sir y Fflint fynd i ddwylo'r gweinyddwyr, neu pan oedd pryder y byddai'r bygythiad neu golli swyddi gwirioneddol yn effeithio ar ragolygon y gymuned gyfan (e.e., mewn rhai straeon am 'Gylchffordd Cymru' ac argyfwng Tata Steel). Roedd incwm isel cartrefi hefyd yn amlwg ar draws y sylw (nodwyd 17.9% o achosion, n=268), yn yr un modd ag anghydraddoldeb cymdeithasol/economaidd (15.3%, n=229).

Mae'n werth nodi bod rhywfaint o'r 16.8% (n=252) o'r sylw yn ymwneud naill ai ag 'allgáu cymdeithasol' neu syniadau am 'gyfleoedd' a 'chyfleoedd bywyd' wedi cael eu cyflwyno i'r sylw gan ffigurau gwleidyddol (er enghraifft, mewn straeon am ymgyrch Stephen Crabbe am arweinyddiaeth y Ceidwadwyr, safbwyntiau yn cysylltu ei gefndir economaidd-cymdeithasol personol a'i safbwyntiau polisi, esboniadau Jeremy Corbyn o'i safbwyntiau polisi ar anfantais economaidd-gymdeithasol wrth amddiffyn ei arweinyddiaeth a phwyntiau a wnaed am adlewyrchiadau Theresa May ar ganlyniadau tlodi yn ei haraith gyntaf fel prif weinidog). Ar wahân i enghreifftiau â phroffil mor uchel, ni chafwyd llawer o straeon yn dangos canlyniadau tlodi i unigolion penodol, er enghraifft trwy gyfweliadau neu astudiaethau achos mwy manwl, yn y sylw.

Cyfrifoldeb am dlodi

Archwiliwyd y ffordd, os o gwbl, yr oedd cyfrifoldeb am dlodi'n cael ei gynrychioli, naill ai'n uniongyrchol neu'n cael ei awgrymu'n glir yn y sylw. Yn 26.4% o'r eitemau newyddion (n=396) ni awgrymwyd na neilltuo unrhyw gyfrifoldeb o gwbl am dlodi. Roedd hyn ar ei uchaf mewn newyddion print (31.2% o erthyglau, n=129), wedi ei ddilyn ar-lein (25.9%, n=137) a theledu (24.4%, n=66), ac ar ei isaf ar y radio (22.4%, n=64). Fodd bynnag, yn y 73.6% (n=1,102) o'r sylw ar draws yr holl gyfryngau lle'r oedd cyfrifoldeb wedi ei gynnwys, Llywodraeth Cynulliad Cymru oedd yn ysgwyddo neu'n cymryd cyfrifoldeb amlaf (19.8% o eitemau newyddion, n=296), wedi ei ddilyn gan fuddiannau preifat/busnes (17.6%, n=264) ac yna Llywodraeth Genedlaethol

Tabl 11: Priodoliadau cyfrifoldeb am dlodi (fel % o eitemau newyddion).

	Teledu	Radio	Print	Ar-lein	Pob cyfrwng
Dim cyfrifoldeb wedi ei gynnwys	24.4% (n=66)	22.4% (n=64)	31.2% (n=129)	25.9% (n=137)	26.4% (n=396)
Polisi LlCC	29.3% (n=79)	24.8% (n=71)	13.8% (n=57)	16.9% (n=89)	19.8% (n=296)
Buddiannau preifat/ busnes	18.5% (n=50)	18.2% (n=52)	16.4% (n=68)	17.8% (n=94)	17.6% (n=264)
Polisi llywodraeth genedlaethol (presennol)	9.6% (n=26)	13.3% (n=38)	19.8% (n=82)	18.2% (n=96)	16.2% (n=242)
Pleidleisio dros adael yr UE	10% (n=27)	9.4% (n=27)	14.3% (n=59)	17.8% (n=94)	13.8% (n=207)
Polisi'r UE	9.6% (n=26)	9.1% (n=26)	8% (n=33)	6.6% (n=35)	8% (n=120)
Polisi llywodraeth leol	9.3% (n=25)	9.4% (n=27)	4.8% (n=20)	7.6% (n=40)	7.5% (n=112)
Polisi llywodraeth genedlaethol (gorffennol)	4.1% (n=11)	5.2% (n=15)	8.7% (n=36)	7.6% (n=40)	6.8% (n=102)
Unigolion a effeithiwyd	3.3% (n=9)	2.8% (n=8)	8.7% (n=36)	6.6% (n=35)	5.9% (n=88)
A rall	4.8% (n=13)	5.9% (n=17)	4.8% (n=20)	4.7% (n=25)	5% (n=75)
Pleidleisio dros aros yn yr UE	0.7% (n=2)	0.3% (n=1)	3.6% (n=15)	3.6% (n=19)	2.5% (n=37)
Cyfanswm	123.7% (n=334)	121% (n=346)	134.1% (n=555)	133.3% (n=704)	129.4% (n=1,939)

bresennol y DU (16.2%, n=242). Mae hyn yn ddiddorol, oherwydd er bod llawer o'r meysydd y gellir eu cysylltu ag atal neu leddfu tlodi, fel datblygu economaidd, lles cymdeithasol a thai, yn feysydd polisi wedi eu datganoli i Lywodraeth Cynulliad Cymru, mae meysydd polisi allweddol eraill sy'n rheoli neu'n effeithio ar dlodi, fel cyflogaeth a nawdd cymdeithasol a system dreth y DU yn dal yng ngrym y llywodraeth yn San Steffan. Roedd llawer llai o straeon yn rhoi'r cyfrifoldeb am dlodi ar lywodraeth leol, gyda rhai o'r rheiny a wnaeth yn canolbwyntio ar fynd i'r afael â digartrefedd neu ei reoli.

Roedd unigolion yn llawer llai tebygol na'r llywodraeth a sefydliadau eraill o gael eu gwneud yn gyfrifol am y materion tlodi oedd yn effeithio arnynt (5.9% o briodoliadau tlodi, n=88), er bod hyn ychydig yn fwy aml mewn print (8.7%, n=36) na mathau eraill o gyfryngau. Yn hyn o beth, gallwn weld nad oes llawer o dystiolaeth bod y math o naratif sy'n creu stigma am y rheiny sydd yn profi tlodi a nodwyd gan ymchwil flaenorol yn nodweddiadol o'r sylw yn adrannau allweddol o'r wasg genedlaethol yn y DU.

Yn ddiddorol iawn, roedd ymddygiad pleidleisio'r cyhoedd yn refferendwm yr UE hefyd yn arwyddocaol yn y ffordd yr oedd y cyfrifoldeb am dlodi'n cael ei nodi ar draws y sylw, gyda phobl a bleidleisiodd dros Brexit mewn sefyllfa fwy cadarn o ran cyfrifoldeb (13.8%, n=207) na'r rheiny a bleidleisiodd dros aros yn yr UE (2.5%, n=37). Yn gyffredinol, gwelir bod y canfyddiadau hyn yn cyfleu tôn foesol straeon am dlodi. Er eu bod yn llai aml yn gyffredinol, maent yn adlewyrchu'r data a gyflwynir uchod ar 'achosion tlodi' a nodwyd yn y sylw (gyda 14.6% (n=218) o'r sylw'n cynnwys gadael yr UE fel achos posibl tlodi, gyda dim ond 4.1% (n=62) o'r sylw'n nodi aros fel achos).

Ymatebion i dlodi

Yn ogystal â'r 'cyfrifoldeb' a briodolir am dlodi a materion yn ymwneud â thlodi, archwiliwyd hefyd y sylw i 'ymatebion i dlodi' a gafodd eu cynnwys yn y sylw fel camau oedd y gellid neu y dylid eu cymryd. Awgrymwyd ymatebion o ryw fath yn y rhan fwyaf o'r eitemau newyddion yn ein sampl (90.4%, n=1,354). Roedd y rhain yn weddol eang ond yn canolbwyntio'n bennaf ar ymyrraeth lywodraethol ar lefelau Cynulliad Cymru (26.5%, n=397) neu Lywodraeth y DU (21.5%, n=322), yn ogystal ag ymgyrchoedd gwleidyddol dros newid oedd yn cael eu targedu ar y lefelau hynny o lywodraeth (18.4%, n=275) ac oedd yn ymwneud yn bennaf ag ymgyrchu cyn etholiadau Llywodraeth Cymru. Cafwyd pwyslais sylweddol hefyd ar yr ymatebion y gellid neu oedd yn cael eu gwneud gan fusnes (20.9%, n=313). Ni chanfuwyd llawer o bwyslais ar yr ymatebion a gymerwyd gan neu y disgwyliwyd gan unigolion (naratif fel 'gwellwch eich sefyllfa trwy eich ymdrechion eich hun'), gyda 'gweithredu unigol' yn rhoi cyfrif am 3.9% (n=59) yn unig o'r ymatebion oedd wedi eu codio. Yn yr un modd, nid oedd ymatebion cyfraith a threfn yn cael eu cynnig yn aml (5.9%, n=88) ac yn hytrach na chyfeirio at blismona'r rheiny oedd mewn tlodi, roedd y rheiny oedd yn bodoli'n ymwneud yn bennaf â gweithredu i fynd i'r afael â sgamiau, atal twyllo pobl i gael eu cynilion neu herio caethwasiaeth fodern. Cafodd galwadau penodol am newidiadau i fudd-daliadau a/neu'r isafswm cyflog eu codio ar wahân, ac er bod cynyddu (2.5%, n=38) a thorri lefelau budd-dal lles (0.9%, n=14) wedi eu cynnig mewn erthyglau newyddion fel ymatebion i dlodi (gan adlewyrchu cynnwys safleoedd gwleidyddol/ideolegol gwahanol oedd wedi eu cynnwys yn yr adroddiadau), nid oedd y rhain yn ymddangos yn aml yn y sylw o'u cymharu â galwadau mwy cyffredinol am ymyriadau'r llywodraeth.

Tabl 12: Ymatebion i dlodi (fel % o'r eitemau newyddion).

	Teledu	Radio	Print	Ar-lein	Pob cyfrwng
Ymyrraeth Llywodraeth Cynulliad Cymru	30.7% (n=83)	29.7% (n=85)	23.4% (n=97)	25% (n=132)	26.5% (n=397)
Ymyrraeth Llywodraeth y DU	23% (n=62)	18.5% (n=53)	27.3% (n=113)	17.8% (n=94)	21.5% (n=322)
Ymyrraeth breifat/busnes	21.9% (n=59)	14.3% (n=41)	19.6% (n=81)	25% (n=132)	20.9% (n=313)
Ymgyrch gwleidyddol	21.9% (n=59)	20.6% (n=59)	13.5% (n=60)	18.4% (n=97)	18.4% (n=275)
Prosiect elusennol	3.3% (n=9)	4.9% (n=14)	13.8% (n=57)	12.3% (n=65)	9.7% (n=145)
Dim ymateb wedi ei gynnwys	10.7% (n=29)	13.6% (n=39)	7.5% (n=31)	8.5% (n=45)	9.6% (n=144)
Pleidlais dros aros yn yr UE	9.3% (n=25)	11.5% (n=33)	8.9% (n=37)	9.1% (n=48)	9.5% (n=143)
Ymyrraeth llywodraeth leol	8.1% (n=22)	7% (n=20)	7.7% (n=32)	10.6% (n=56)	8.7% (n=130)
Arall	4.8% (n=13)	8% (n=23)	6.3% (n=26)	10.8% (n=57)	7.9% (n=119)
Cyfraith a threfn	5.6% (n=15)	1.7% (n=5)	9.9% (n=41)	5.1% (n=27)	5.9% (n=88)
Pleidlais dros adael yr UE	6.3% (n=17)	4.9% (n=14)	5.3% (n=22)	5.3% (n=28)	5.4% (n=81)
Protest	7.4% (n=20)	3.1% (n=9)	3.4% (n=14)	6.6% (n=35)	5.2% (n=78)
Gweithredu gan undeb	6.7% (n=18)	2.4% (n=7)	6.3% (n=26)	4.7% (n=25)	5.1% (n=76)
Gweithredu gan unigolyn	2.2% (n=6)	0.7% (n=2)	4.6% (n=19)	6.1% (n=32)	3.9% (n=59)
Cyfraniad elusennol	0.4% (n=1)	1.4% (n=4)	3.4% (n=14)	5.1% (n=27)	3.1% (n=46)

Tabl 12: *parh.*

	Teledu	Radio	Print	Ar-lein	Pob cyfrwng
Cynyddu lefelau budd-dâl	3% (n=8)	3.1% (n=9)	3.6% (n=15)	1.1% (n=6)	2.5% (n=38)
Celf a diwylliant	1.1% (n=3)	0.3% (n=1)	1% (n=4)	1.5% (n=8)	1.1% (n=16)
Torri lefelau budd-dâl	1.5% (n=4)	0.7% (n=2)	1.4% (n=6)	0.4% (n=2)	0.9% (n=14)
Cynyddu isafswm cyflog/cyflog byw	0% (n=0)	0% (n=0)	1% (n=4)	0.6% (n=3)	0.5% (n=7)
Arall	0.7% (n=2)	0% (n=0)	0% (n=0)	0.2% (n=1)	0.2% (n=3)
Cyfanswm	168.5% (n=455)	146.9% (n=420)	168.8% (n=699)	174.2% (n=920)	166.5% (n=2,494)

Yn y categori hwn, gwelsom eto fod Brexit yn weddol arwyddocaol, gyda'r canfyddiadau unwaith eto'n ategu'r data a gyflwynir uchod. Yma, mae pleidleisio dros 'aros' fel ymateb i lymhau neu fygwth ffordd o fyw yn ymddangos yn 9.5% o'r eitemau newyddion ar draws y cyfryngau (n=143), tra bod pleidleisio dros 'adael' yn ymddangos yn llai aml (5.4% o'r sylw, n=81).

Wrth edrych yn agosach ar sylw sydd yn nodi bod gan Lywodraeth Cymru gyfrifoldeb dros y materion tlodi sydd wedi eu cynnwys, rydym yn gweld nad yw'r materion hyn bob amser wedi eu cyfyngu i feysydd polisi sydd wedi eu datganoli i Lywodraeth Cymru ar hyn o bryd. Er y gallai pwerau Lywodraeth Cymru ei galluogi i leddfu unrhyw effeithiau posibl polisïau llesiant Llywodraeth y DU mewn ffyrdd amrywiol (er enghraifft trwy bolisïau wedi eu targedu mewn addysg neu iechyd), yn 2016 o leiaf, nid oedd gan Lywodraeth Cymru bwerau codi trethi arwyddocaol, nac i gyflwyno diwygiadau lles ar raddfa fawr nac i reoli gweinyddiaeth taliadau llesiant pwysig.[7] Fodd bynnag, gall teimlad o gyfrifoldeb Llywodraeth Cymru dros faterion tlodi y tu hwnt i gylch gorchwyl pwerau yng Nghymru gael eu cyfleu weithiau trwy adrodd, mewn ffyrdd amrywiol. Mewn rhai erthyglau, ymatebwyd yn aml i faterion oedd wedi eu cyfleu fel cyfrifoldeb llywodraeth genedlaethol y DU gan lefarwyr Llywodraeth Cymru, oedd yn ceisio amlygu ymyriadau strategol yng Nghymru. Er enghraifft, yn 'Galwad i Roi Tsar i Lan y Môr er Mwyn Brwydro yn Erbyn Dirywiad' (*Daily Post*, 11 Gorffennaf), rhoddir proffil i alwad Cymdeithas Lletygarwch Prydain (BHA) am ymyriadau cenedlaethol, yn cynnwys torri TAW ar gyfer twristiaeth. Ynghyd â galwad gan westywr o Landudno am wneud mwy 'i wleidyddion yng Nghaerdydd a San Steffan', dyfynnir llefarydd Llywodraeth Cymru:

Rydym yn lwcus yng Nghymru bod gennym arfordir gwirioneddol ragorol gyda golygfeydd ac atyniadau heb eu tebyg ac rydym yn benderfynol o helpu ein cymunedau arfordirol i fanteisio i'r eithaf ar nodweddion naturiol eu hardaloedd, gwella eu potensial ac ysgogi twf a swyddi lleol. Mae ein cronfa cyfalaf Lleoedd Llewyrchus Llawn Addewid yn helpu llawer o drefi arfordirol ac yn gynharach yr wythnos hon, gwahoddwyd ceisiadau am Gronfa Cymunedau Arfordirol y Gronfa Loteri Fawr o £3.4m.

Heb unrhyw ymateb tebyg wedi ei gynnwys yn yr erthygl gan lefarydd o'r llywodraeth genedlaethol, gellir dadlau bod ffocws y cyfrifoldeb ynghylch pryderon BHA, 'i helpu trefi i 'frwydro nôl ar ôl degawdau o ddirywiad', wedi ei gyfeirio yn anghymesur tuag at Lywodraeth Cymru. Yn yr un modd, yn 'Nyrsys yn Sôn am Bryderon ynghylch Iechyd Cleifion' (*Western Mail*, 28 Mehefin), nodir arolwg ar draws y DU o safbwyntiau nyrsys a chynorthwywyr gofal iechyd y Coleg Nyrsio Brenhinol (RCN) o heriau gofal iechyd, gyda ffocws penodol ar ei arwyddocâd i Gymru. Dyfynnir Tina Donnelly, cyfarwyddwr RCN Cymru, sydd yn rhoi ei dadansoddiad hi o ganfyddiadau'r arolwg:

> Mae'r rheiny a arolygwyd yn dweud wrthym fod iechyd eu cleifion yn gwaethygu oherwydd anghydraddoldebau cymdeithasol fel tai gwael neu dlodi – materion annioddefol y byddem yn disgwyl iddynt gael eu trin yn fwy effeithiol yn y Brydain fodern … Mae'n rhaid i ni gryfhau'r agenda iechyd y cyhoedd trwy gynyddu cyllid yng Nghymru ar gyfer meysydd allweddol fel tai a budd-daliadau cymdeithasol i'r rheiny sydd yn wirioneddol mewn angen. Yn y pen draw, mae'n rhaid i ni sicrhau bod yr anghydraddoldebau sydd ar hyn o bryd yn rhannu'r rheiny ag iechyd da ac iechyd gwael yn rhywbeth o'r gorffennol er mwyn i bob aelod o'r cyhoedd gael yr un cyfleoedd o ran eu hiechyd a'u llesiant parhaus.

Gyda'r sylw yn gadarn ar ganlyniadau dymunol ac angen ar y cyd ('mae'n rhaid i ni …') fynd i'r afael ag anghydraddoldebau cymdeithasol, ac yn absenoldeb unrhyw sylwadau newyddiadurol, mae priodoli cyfrifoldeb am wireddu'r nodau hyn yng Nghymru yn mynd braidd yn gyffredinol.

Yn wir, nid yw'r llinellau terfyn rhwng pwerau Llywodraeth Cymru a llywodraeth genedlaethol y DU (ac felly syniad o bwy ddylai gael eu dwyn i gyfrif) bob amser yn amlwg mewn erthyglau. Mae'r ffiniau'n aneglur yn aml, yn bennaf o ganlyniad i ddewisiadau rhethreg gan wleidyddion a ddyfynnir yn yr eitemau newyddion sydd yn ceisio rhoi arwyddocâd i'w honiadau – nodwedd nad yw'n syndod cyn yr etholiad a phleidlais refferendwm yr UE, er enghraifft, ond sydd hefyd yn amlwg mewn meysydd eraill o'r sylw. Yng nghanol yr argyfwng oedd yn wynebu gweithwyr dur Port Talbot, mae prif weinidog Cymru, Carwyn Jones, yn pwysleisio ei rôl weithredol yn y trafodaethau a chytundeb posibl i Bort Talbot, yn 'Cynnig yr Argyfwng Dur yn Cael ei Groesawu Gan y Diwydiant a'r Undebau':

Rydym wedi ymrwymo i gefnogi unrhyw gais credadwy i sicrhau gwneuthuriad dur yng Nghymru. Rydym wedi gweithio gyda Llywodraeth y DU i sefydlu'r pecyn arwyddocaol hwn o gymorth ac rydym ni o'r farn y bydd hyn yn helpu i sicrhau gwerthiant llwyddiannus gweithrediadau Tata Steel yng Nghymru a gweddill y DU. (*Dail Post*, 22 Ebrill)

Yma, mae'r 'ni' torfol unwaith eto yn cuddio deinameg y pŵer a'r cyfrifoldeb posibl am ragolygon y gwaith a bywoliaeth y gweithwyr a'u teuluoedd sy'n dibynnu arno.

Gall y cwestiwn ynghylch y graddau y gall Llywodraeth Cymru fynd i'r afael â thlodi yn effeithiol a chael effaith ar fywoliaeth trwy'r 'grymoedd' sydd ganddi yn dal yn fater polisi byw. Mae hefyd yn gwestiwn cymhleth iawn sydd yn anodd ei fesur a'i wahanu oddi wrth effaith bellgyrhaeddol polisïau yng Nghymru sydd wedi eu sefydlu gan lywodraeth genedlaethol y DU yn San Steffan. Mewn trafodaethau newyddiadurol, lle mae ffocws stori yn anaml yn un sydd yn *bennaf* yn mesur graddau'r cyfrifoldeb sy'n berthnasol i lefelau gwahanol y llywodraeth yn y system ddatganoledig, efallai nad yw'n syndod felly bod diffyg eglurder wrth gyfleu cyfrifoldeb am faterion yn ymwneud â thlodi. Eto, nid yw hyn yn golygu nad yw'n bwysig: er mwyn i newyddiaduraeth fynd i'r afael â'i rôl pedwaredd ystâd ar dlodi yn effeithiol yng Nghymru, gall fod yn hanfodol datblygu ffyrdd lle gall ei gymhlethdod gael ei ddeall yn fwy ystyrlon a chyfannol yn y drafodaeth gyhoeddus, gan gynnwys fframweithiau ar gyfer dirnad atebolrwydd gwleidyddol.

Lleisiau ar dlodi

Yn olaf, archwiliwyd y mathau o bobl a ddyfynnwyd yn uniongyrchol neu'n anuniongyrchol fel ffynonellau ym mhob eitem newyddion. Cyfeiriwyd at ffynonellau yn y mwyafrif o eitemau newyddion yn ein sampl (93.1%, n=1,394). Cafodd yr holl ffynonellau a nodwyd ym mhob eitem newyddion eu cyfrif (n=4,323) gyda ffynonellau amrywiol yn ymddangos yn y mwyafrif o eitemau (63.2%, n=946).

Y categori mwyaf o ffynonellau oedd ffigurau neu bleidiau gwleidyddol (35.5% o ffynonellau, n=1,540), yna dinasyddion (18.9%, n=819) ac yna ffynonellau busnes (13.6%, n=587). Mae'n ymddangos bod ffynonellau cyfryngol hefyd yn weddol arwyddocaol yn ein sampl, ond mae hyn yn bennaf oherwydd y codio (codwyd sgyrsiau rhwng cyflwynwyr stiwdio a newyddiadurwyr fel ffynonellau hefyd). Er bod y tueddiadau hyn yn gyson ar draws y cyfryngau, yn benodol roedd ffynonellau gwleidyddol yn fwyaf cyffredin mewn newyddion print (44.9% o ffynonellau print, n=508), tra bod dinasyddion yn cael eu dyfynnu'n amlach o lawer mewn newyddion teledu (29.6% o ffynonellau teledu, n=229) na chyfryngau eraill. Yn yr un modd, ond ar raddfa lai, lleisiau busnes oedd

Tabl 13: Ffynonellau oedd wedi eu cynnwys yn y sylw (% o gyfanswm y ffynonellau).

	Teledu	Radio	Print	Ar-lein	Pob cyfrwng
Ffynhonnell wleidyddol	28.2% (n=285)	32% (n=221)	44.9% (n=508)	35.3% (n=526)	35.6% (n=1,540)
Dinasyddion arferol/preswylwyr	29.6% (n=299)	18.7% (n=129)	11.1% (n=125)	17.8% (n=266)	18.9% (n=819)
Busnes	9.8% (n=99)	9.6% (n=66)	13.2% (n=149)	18.3% (n=273)	13.6% (n=587)
Cyfryngau	14.8% (n=149)	13.7% (n=95)	1.9% (n=22)	3.6% (n=53)	7.4% (n=319)
Trydydd sector	2.7% (n=27)	4.6% (n=32)	8% (n=90)	3.8% (n=56)	4.7% (n=205)
Undeb	4.1% (n=41)	4.5% (n=31)	4.8% (n=54)	4.3% (n=64)	4.4% (n=190)
Cyfraith a threfn	0.9% (n=9)	0.3% (n=2)	5.7% (n=65)	3.6% (n=54)	3% (n=130)
Adroddiad	1.7% (n=17)	2.7% (n=19)	3.3% (n=37)	3.5% (n=52)	2.9% (n=125)
Academaidd	2.4% (n=24)	4.6% (n=32)	1.4% (n=16)	3% (n=45)	2.7% (n=117)
Addysg	3.1% (n=31)	3% (n=21)	1% (n=11)	3% (n=45)	2.5% (n=108)
Iechyd	1.2% (n=12)	1.4% (n=10)	1.9% (n=21)	1.8% (n=27)	1.6% (n=70)
Arall	0.7% (n=7)	1% (n=7)	1.2% (n=14)	1.1% (n=16)	1% (n=44)
Pôl piniwn	0.1% (n=1)	0.6% (n=4)	0.9% (n=10)	0.6% (n=9)	0.6% (n=24)
Ffigur/sefydliad crefyddol	0.2% (n=2)	0.7% (n=5)	1.4% (n=5)	0.2% (n=3)	0.3% (n=15)
Amaethyddiaeth	0.6% (n=6)	0.6% (n=4)	0.2% (n=2)	0% (n=0)	0.3% (n=12)
Ffynhonnell heb ei nodi	0.1% (n=1)	1% (n=13)	0.2% (n=2)	0.2% (n=2)	0.3% (n=18)
Cyfanswm	100% (n=1,010)	100% (n=691)	100% (n=1,131)	100% (n=1,491)	100% (n=4,323)

fwyaf tebygol o gael eu gweld mewn newyddion ar-lein (18.3% o ffynonellau ar-lein, n=273) tra bod y trydydd sector yn fwy tebygol o gael ei ddyfynnu mewn print (8% o ffynonellau print, n=90) nag mewn cyfryngau eraill.

Tabl 14: Ffynonellau gwleidyddol (% o gyfanswm y ffynonellau).

Ffynonellau gwleidyddol	Teledu	Radio	Print	Ar-lein	Pob cyfrwng
Gwleidydd cenedlaethol y DU	7.1% (n=72)	8.2% (n=57)	18.3% (n=207)	11.3% (n=169)	11.7% (n=505)
Gwleidydd Llywodraeth Cynulliad Cymru	10.9% (n=110)	8.4% (n=58)	13.1% (n=148)	11.7% (n=174)	11.3% (n=490)
Plaid wleidyddol	7% (n=71)	9.3% (n=64)	6.9% (n=78)	4.9% (n=73)	6.6% (n=286)
Ffynhonnell wleidyddol: llywodraeth leol	3.2% (n=32)	3.8% (n=26)	6% (n=68)	6.8% (n=102)	5.3% (n=228)
Ffynhonnell wleidyddol: rhyngwladol	0% (n=0)	2.3% (n=16)	0.6% (n=7)	0.5% (n=8)	0.7% (n=31)
Cyfanswm y ffynonellau gwleidyddol	28.2% (n=285)	32% (n=221)	44.9% (n=508)	35.3% (n=526)	35.6% (n=1,540)

Pan fyddwn yn edrych yn agosach ar y ffynonellau gwleidyddol sydd wedi eu cynnwys, rydym yn gweld yn gyffredinol mai gwleidyddion cenedlaethol y DU sydd fwyaf tebygol o gael eu nodi. Fodd bynnag, yn hyn o beth, cafwyd ychydig o wahaniaeth rhwng newyddion print a newyddion ar y teledu, gyda newyddion print yn cynnwys gwleidyddion cenedlaethol y DU yn amlach na ffynonellau gwleidyddol eraill (18.3% o ffynonellau print, n=207), gyda newyddion ar y teledu yn cynnwys gwleidyddion Llywodraeth Cynulliad Cymru fwyaf aml (10.9% o ffynonellau teledu, n=110) yn yr un modd â newyddion ar-lein (11.7% o'r ffynonellau ar-lein, n=174) a'r radio oedd fwyaf tebygol o nodi 'pleidiau gwleidyddol' yn fwy cyffredinol (9.3% o ffynonellau radio, n=64). Roedd ffynonellau llywodraeth leol yn llai tebygol o ymddangos fel ffynonellau ar draws pob cyfrwng, er eu bod fwyaf tebygol o ymddangos ar-lein (6.8% o ffynonellau ar-lein, n=102) a lleiaf tebygol mewn newyddion ar y teledu (3.2% o ffynonellau ar y teledu, n=32).

Roedd dinasyddion arferol/preswylwyr yn amlwg fel categori o ffynonellau a nodwyd ar draws y mathau o newyddion, ond archwiliwyd hefyd yn fanylach pa ddinasyddion/preswylwyr oedd wedi eu cynnwys yn y categori hwnnw ac a oedd y bobl hyn wedi eu heffeithio'n amlwg neu fel arall gan y materion oedd yn gysylltiedig â thlodi yn y stori. Y categori mwyaf o ddinasyddion/preswylwyr a gynrychiolwyd fel ffynonellau oedd y rheiny nad ydynt wedi nodi'n benodol eu bod wedi cael eu heffeithio gan dlodi (6.7% o'r ffynonellau, n=291), a'r categori mwyaf nesaf oedd y rheiny a nododd yn gyffredinol eu bod yn ddinasyddion/preswylwyr sydd wedi eu heffeithio gan faterion tlodi mewn rhyw ffordd (4.1% o'r ffynonellau, n=176). Y categori arwyddocaol nesaf oedd gweithwyr sydd wedi eu heffeithio gan faterion tlodi (3.5% o'r ffynonellau, n=150), er bod gweithwyr yn fwy amlwg yn y newyddion ar y teledu (6.9% o'r ffynonellau,

Tabl 15: Dinasyddion arferol fel ffynonellau (% o gyfanswm y ffynonellau).

Dinasyddion arferol/ preswylwyr	Teledu	Radio	Print	Ar-lein	Pob cyfrwng
Dinesydd arferol/ preswyliwr (arall)	9.9% (n=100)	5.1% (n=35)	4.1% (n=46)	7.4% (n=110)	6.7% (n=291)
Dinesydd arferol/ preswyliwr – wedi ei effeithio	5.8% (n=59)	6.4% (n=44)	3.4% (n=39)	2.3% (n=34)	4.1% (n=176)
Gweithiwr – wedi ei effeithio	6.9% (n=70)	2.6% (n=18)	1.9% (n=22)	2.7% (n=40)	3.5% (n=150)
Ieuenctid – wedi eu heffeithio	2.1% (n=21)	0.9% (n=6)	0.4% (n=4)	2.1% (n=31)	1.4% (n=62)
Rhiant (arall) – wedi ei effeithio	1.3% (n=13)	1.7% (n=12)	0.4% (n=4)	1.8% (n=27)	1.3% (n=56)
Henoed – wedi eu heffeithio	2.8% (n=28)	1.6% (n=11)	0.1% (n=1)	0.7% (n=10)	1.2% (n=50)
Rhiant sengl – wedi ei effeithio	0.1% (n=1)	0.1% (n=1)	0.4% (n=4)	0.3% (n=5)	0.3% (n=11)
Arall heb ei nodi – wedi ei effeithio	0.6% (n=6)	0.1% (n=1)	0% (n=0)	0.3% (n=4)	0.3% (n=11)
Person digartref	0% (n=0)	0% (n=0)	0.1% (n=1)	0.3% (n=5)	0.1% (n=6)
Person â chefndir mudol – wedi ei effeithio	0.1% (n=1)	0.1% (n=1)	0.4% (n=4)	0% (n=0)	0.1% (n=6)
Cyfanswm y dinasyddion arferol/preswylwyr	29.6% (n=299)	18.7% (n=129)	11.1% (n=125)	17.8% (n=266)	18.9% (n=819)

Tabl 16: Rhyw y ffynhonnell (% cyfanswm rhyw y ffynonellau a nodwyd).

	Teledu	Radio	Print	Ar-lein	Pob cyfrwng
Gwrywaidd	53.8% (n=543)	52.4% (n=362)	58.6% (n=663)	56.8% (n=847)	55.9% (n=2,415)
Benywaidd	30.2% (n=305)	26.2% (n=181)	21.3% (n=241)	22.9% (n=342)	24.7% (n=1,069)
Rhyw heb ei nodi	16.0% (n=162)	21.4% (n=148)	20.1% (n=227)	20.3% (n=302)	19.4% (n=839)
Cyfanswm y rhywiau a nodwyd	100% (n=1,010)	100% (n=691)	100% (n=1,131)	100% (n=1,491)	100% (n=4,323)

n=70) na mathau eraill o gyfryngau. Dim ond 62 o weithiau y nodwyd ieuenctid ar draws y sylw (1.4% o'r ffynonellau) ac roedd cynnwys grwpiau demograffig mwy penodol eraill fel ffynonellau yn fwy prin hyd yn oed (o leiaf o ran y ffordd yr oedd pobl yn cael eu nodi yn y sylw) gyda'r henoed yn cael eu nodi 50 o weithiau (1.2% o'r ffynonellau), a phobl ddigartref a'r rheiny â chefndir mudol (yn cynnwys ffoaduriaid) i gyd yn cael eu nodi 6 gwaith yn unig ar draws y sylw (0.1% o'r ffynonellau).

Rhyw y ffynonellau

Er mwyn ymchwilio ymhellach i ddeinameg pa leisiau sy'n cael eu clywed yn ymwneud â materion tlodi yn y cyfryngau yng Nghymru, dadansoddwyd rhyw y ffynonellau a gafodd eu cynnwys. Yn drawiadol, mae'r canfyddiadau yn weddol gyson ar draws yr holl sylw o ran bod ffynonellau gwrywaidd (55.9% o'r ffynonellau, n=2,415) yn llawer uwch na rhai benywaidd (24.7% o'r ffynonellau, n=1,069). Roedd dros ddwywaith y nifer o leisiau gwrywaidd i fenywaidd yn yr holl gyfryngau, ond gyda newyddion ar y teledu roedd y ffynonellau gwrywaidd yn rhoi cyfrif am 53.8% o'r ffynonellau (n=543) o'i gymharu â 30.2% o ffynonellau benywaidd (n=305). Yn 19.4% o'r sylw cyffredinol, ni nodwyd rhyw, naill ai am fod y ffynhonnell yn ddifywyd (e.e., pôl piniwn neu adroddiad), heb eu nodi, wedi ei nodi trwy gategori heb ryw yn unig (e.e., 'dywed gweithwyr') neu lle'r oedd yn amhosibl nodi hynny'n ddibynadwy.

Crynodeb o gynnwys yr astudiaeth

Yn gyffredinol, mae'r sylw yn y cyfryngau i dlodi yng Nghymru yn cynnwys nodweddion sydd yn adlewyrchiad cywir o rai o gymhlethdodau tlodi. Fodd bynnag, mae'r nodweddion hyn yn aml wedi eu sefydlu mewn adroddiadau sydd yn canolbwyntio ar y straeon cymdeithasol, economaidd a gwleidyddol sydd yn rhoi tlodi mewn cyd-destun ar lefel 'macro', fel diweithdra, neu doriadau i gyllidebau adnoddau. Yn wir, mae'r sylw a roddir i dlodi yn canolbwyntio'n thematig ar newyddion am yr economi a/neu wleidyddiaeth, ac yn ystod ein gwaith monitro, roedd yn cael ei ysgogi'n bennaf gan bolisïau/gwleidyddiaeth Llywodraeth Cymru, newyddion busnes ac ymgyrch refferendwm yr UE. Dim ond traean o'r adroddiadau yn ymwneud â thlodi oedd yn canolbwyntio arno fel prif stori. Mewn sylw o'r fath, anaml y mae lle i gysylltu'r grymoedd sy'n effeithio ar yr economi a pholisi cyhoeddus â'r effaith ar fywydau bob dydd pobl yn eu cymunedau, neu brofiadau teuluoedd neu gartrefi unigol. I'r gwrthwyneb, gallai'r sylw sydd yn canolbwyntio'n bennaf ar dlodi daro tant pwerus gyda chynulleidfaoedd o ran profiadau 'ar lawr gwlad', ond peidio cysylltu â'r nodweddion cyflyru neu 'fynegi' cymhleth fyddai'n gosod y straeon hynny mewn naratif sydd yn esbonio achosion, canlyniadau neu gyfrifoldeb am dlodi yng Nghymru. Yn wir, roedd y mecanweithiau ar gyfer mynegi straeon – trwy nodi achosion a chanlyniadau tlodi, er enghraifft, yn aml (mewn tua thraean o'r sylw) heb eu cynnwys mewn adroddiadau o gwbl. Mae hyn yn bwysig am y gall nodweddion o'r fath sefydlu lefel o resymu ac adlewyrchu sydd yn helpu cynulleidfaoedd i ddeall y cyd-destunau lle mae tlodi'n ymddangos a'i oblygiadau cymdeithasol ehangach. Heb fynegiant o'r fath, mae'n annhebygol y caiff bodolaeth tlodi a'r cwestiwn o gyfrifoldeb ei archwilio, gyda'r mater yn cael ei naturioli fel rhywbeth sydd yn 'bod' heb unrhyw ragolygon newid.

Pan gafodd materion penodol yn gysylltiedig â thlodi eu cynnwys, y prif ffocws oedd diweithdra ac ansicrwydd swyddi, er bod tlodi ac amddifadedd cymdeithasol yn cael eu cynnwys yn fwy cyffredinol yn y naratif ar draws y cyfryngau. Nid yw hyn yn syndod efallai, o ystyried y straeon mawr yn ystod ein gwaith monitro, gan gynnwys argyfwng Tata Steel a nifer o fusnesau'n cau. Yn nodedig hefyd oedd y teimlad cyffredin o bryder yr oedd straeon o'r fath yn arwydd ohonynt, gyda graddfeydd amrywiol o onestrwydd, oherwydd eu ffocws ar gyflogaeth ansefydlog ac ansicr yn ymwneud â rhagolygon Cymru i'r dyfodol, yn arbennig wrth golli cyllid yr UE ar ôl Brexit. Roedd pleidleisio dros adael yr UE (Brexit) yn fwy tebygol o gael ei ystyried yn gyfrifol am dlodi neu amddifadedd yn y dyfodol neu fel achos ansicrwydd cynyddol na phleidleisio dros aros/parhau yn yr UE. Fodd bynnag, yn bwysig iawn, nid oedd nifer y straeon oedd yn cysylltu naill ai Brexit neu barhau yn yr UE yn arwyddocaol iawn nes bod ymgyrch y refferendwm yn mynd rhagddo. Lle'r oedd y sylw yn cynnwys mynegi neu roi nodweddion yn eu cyd-destun, roedd ffactorau strwythurol, yn cynnwys gwaddol dad-ddiwydiannu i economi Cymru, yn cael eu cyfleu fel prif achosion cyd-destunol materion tlodi. Canlyniad tlodi a nodwyd amlaf oedd y teimlad cyffredinol bod 'cymunedau'n dioddef' – nodwedd a allai, heb fanylion personol, fod wedi bod yn arwydd o bellter rhwng y rheiny sydd yn profi tlodi a newyddiadurwyr wrth iddynt ohebu.

Yn fwy cadarnhaol, nid oedd unrhyw dystiolaeth arwyddocaol o naratif oedd yn creu stigma yn ymwneud â thlodi yng nghyfryngau Cymru a dim tystiolaeth nodedig o bobl agored i niwed neu'r rheiny sydd yn profi caledi yn cael eu beio am eu profiadau o dlodi, anghydraddoldeb economaidd neu anfantais gymdeithasol. Roedd y categorïau o bobl a nodwyd fel rhai sydd wedi eu heffeithio gan dlodi yn eithaf eang, gyda 'chymunedau' neu'r cyhoedd yn gyffredinol yn fwy tebygol o fod yn bwynt cyfeirio na grŵp demograffig penodol. Roedd gweithwyr oedd naill ai wedi colli eu swyddi neu yr oedd eu swyddi o dan fygythiad hefyd yn ffocws allweddol, wedi eu lleoli mewn sawl ardal yng Nghymru.

O ran cyfrifoldeb am dlodi, y llywodraeth, ac yn benodol, Llywodraeth Cymru, oedd yn cael ei gosod yn gyfrifol am faterion yn ymwneud â thlodi, ac yn ymateb iddo neu gyda'r disgwyliad y byddai'n ymateb iddo. Fodd bynnag, roedd llywodraeth y DU, yn ogystal â busnes, hefyd yn cael eu nodi i raddau helaeth fel partïon cyfrifol hefyd. Yn rhannol i adlewyrchu hyn, a'r ffocws thematig ar wleidyddiaeth a'r economi yn fwy cyffredinol, lleisiau gwleidyddol oedd y ffynonellau a ddyfynnwyd fwyaf rheolaidd yn y sylw a roddwyd i dlodi. Roedd ffynonellau busnes yn amlwg iawn hefyd. Er bod safbwyntiau dinasyddion, yn cynnwys y rheiny oedd wedi eu heffeithio'n uniongyrchol gan dlodi, yn cael eu cynnwys yn aml, roedd cryn dipyn o ragfarn ar sail rhyw yma. O ran ffynonellau yn gyffredinol, roedd lleisiau dynion yn llawer mwy niferus na lleisiau menywod – nodwedd amlwg yn y sylw o ran cynrychiolaeth.

Yn y bennod nesaf byddwn yn archwilio'r ffactorau sydd yn cyflyru cynhyrchu newyddion am dlodi. Gan ddefnyddio ymchwil cyfweld estynedig, byddwn yn archwilio arferion, profiadau a heriau i newyddiadurwyr a golygyddion, gan ddadansoddi'r ffordd y gwnaethant adlewyrchu ar dlodi ac adrodd ar dlodi yng Nghymru.

Nodiadau

[1] Mae cyfansymiau yn fwy na 100% oherwydd nodwyd mwy nag un 'profiad o dlodi' ym mhob eiten newyddion.

[2] Roedd y categori hwn yn cynnwys cyfeiriadau penodol at doriadau i gyllideb y llywodraeth neu fesurau cyni (ar lefelau awdurdod lleol, LlC, llywodraeth genedlaethol y DU, UE a'r trydydd sector) er enghraifft oherwydd y byddai colledion cronfeydd buddsoddi a ragwelir oherwydd Brexit yn gwneud cymunedau yn dlotach neu'n bygwth swyddi.

[3] Cafodd y categori hwn ei godio pan gyfeiriwyd yn benodol at y syniad o 'fod heb waith', fel, er enghraifft, yn y mynegiant, 'diwylliannau bod heb waith'.

[4] Defnyddiwyd y categori 'strwythurol' pan oedd yr awgrym o achos strwythurol tlodi yn cyfeirio at bwysau neu dueddiadau economaidd cyffredinol mewn rhyw ffordd yn fwy cyffredinol, pwysau oedd yn deillio o gostau byw cynyddol neu'r 'ffordd y mae pethau' yn economaidd a phan nad oedd cysylltiad pendant rhwng y pwysau hyn ag economi Cymru.

[5] Mae'r cyfanswm (n=2,284) yn fwy yma na chyfanswm yr eitemau newyddion yn y sampl (n=1,498) am fod yr holl 'ganlyniadau' tlodi a nodwyd ym mhob stori wedi cael eu codio.

[6] Yn cynnwys cyfeiriadau penodol at 'allgáu cymdeithasol' ynghyd â chategori wedi ei godio fel 'cyfleoedd' sydd yn cynnwys cyfeiriadau at brinder cyfleoedd i gael mynediad i swyddi cadarn neu rai sy'n talu'n dda, prentisiaethau neu gyfeiriadau mwy cyffredinol at ddiffyg opsiynau yn y dyfodol i wella eich bywyd eich hun a chategori hefyd wedi ei godio fel 'cyrhaeddiad gwael' sydd yn cynnwys straeon oedd yn defnyddio'r term hwn yn benodol gydag ystyr cymdeithasol mwy cyffredinol na chyrhaeddiad mewn addysg.

[7] Cyflwynwyd pwerau codi trethi ar gyfer Llywodraeth Cymru ym mis Ebrill 2019, gan alluogi gweinidogion yng Nghymru i gynyddu treth incwm hyd at 10c ym mhob £1 ar gyfer pob band. Fodd bynnag, mae'r weinyddiaeth bresennol wedi addo peidio â chodi cyfraddau treth incwm cyn etholiad nesaf y Cynulliad yn 2021.

Profiadau Newyddiadurol o Adrodd ar Dlodi

Cyflwyniad

Roedd ein hymchwil cyfweld yn cynnwys siarad â 19 o newyddiadurwyr a golygyddion sydd yn gweithio yn Gymraeg ac yn Saesneg ar draws y cyfryngau darlledu, print ac ar-lein mewn amrywiaeth o sefydliadau newyddion yng Nghymru. Gofynnwyd i bob un o'n cyfranogwyr am eu gwerthoedd newyddiadurol a'u profiadau o adrodd ar dlodi, y ffordd yr oeddent yn deall ac yn graddio ei deilyngdod i gael ei gynnwys fel testun newyddion, y cyfleoedd, yr heriau a'r pwysau yr oeddent wedi eu hwynebu wrth adrodd ar y materion hyn a'u hymgysylltiad â'r trydydd sector yn y gwaith hwn.

    I ddilyn, ceir dadansoddiad thematig o'r cyfweliadau, sydd yn rhoi mewnwelediad o safbwyntiau gweithwyr proffesiynol y cyfryngau newyddion sydd yn gweithio yng Nghymru. Mae'r canfyddiadau wedi eu trefnu'n dri phrif gategori: Tlodi a'i Deilyngdod i Gael ei Gynnwys yn y Newyddion, Cynrychiolaeth ac Amrywiaeth, a Heriau Adrodd a Phrofiadau gyda'r Trydydd Sector.

Tlodi a'i deilyngdod i gael ei gynnwys yn y newyddion

Dealltwriaeth o dlodi

Soniodd newyddiadurwyr am eu dealltwriaeth o dlodi mewn ffyrdd gwahanol, gan ddyfynnu diffiniadau swyddogol ac ystadegau, ond fwyaf aml yn pwysleisio'r profiadau dynol a phersonol yr oeddent yn teimlo oedd yn cyfleu ystyr tlodi orau. Amlygodd rhai o'r cyfrifon hyn brofiadau pobl oedd yn methu cyrraedd eu costau byw sylfaenol. Er enghraifft:

Sut i ddyfynnu'r bennod hon:
Moore, K. 2020. *Adrodd ar Dlodi: Naratif y Cyfryngau Newyddion a Chyfathrebiadau'r Trydydd Sector yng Nghymru.* Tt. 59–84. Caerdydd: Gwasg Prifysgol Caerdydd. DOI: https://doi.org/10.18573/book5.d. Trwydded: CC-BY-NC-ND 4.0

mae'n byw islaw safon benodol a ... chael anhawster i gael dau ben llinyn ynghyd yn ei hanfod, yn d'ydy? Chi'n gwybod, mae llawer o bobl ddim yn byw yn foethus, nid oes ganddynt yr arian i dalu eu biliau i gyd, maent yn cael anhawster yn bwydo'r plant neu eu hunain ... hynny i mi, dwi'n credu, yw tlodi: pan nad ydych yn gallu fforddio talu eich biliau i gyd a chael rhyw fath o safon byw hefyd. (Golygydd newyddion print, Saesneg)

Am wn i, pobl sydd yn cael anhawster i gael dau ben llinyn ynghyd yn rheolaidd ac efallai'n gorfod mynd heb brydau neu'n gorfod cael dillad ail law i'w plant, y math hynny o beth. Efallai eu bod yn gorfod aberthu rhywfaint o gysuron bywyd, rhywbeth syml fel mynd i'r dafarn, prynu cludfwyd, pethau yr ydym ni'n eu cymryd yn ganiataol – nid yw'n digwydd i'r teuluoedd hynny ... gallai pobl gymryd mai pobl sy'n mynd i fannau sy'n bwydo'r digartref neu bobl sy'n byw ar y stryd ydyw, ond tlodi mewn gwirionedd ... mae pobl yn byw ar y raddfa honno hefyd. (Golygydd newyddion ar-lein, Saesneg)

Cafodd tlodi hefyd ei gyfleu fel mater mwy cymhleth, ac un nad yw bob amser yn amlwg. Fe wnaethant gysylltu tlodi â brwydrau bob dydd a rheoli pwysau bywyd cyfoes, gyda chael mynediad i gyfleoedd cymdeithasol, gyda diffyg pŵer a gobeithion cyfyngedig ar gyfer y dyfodol, a gwneud penderfyniadau â llawer o ganlyniadau wrth wynebu anawsterau ariannol:

Roedd tlodi'n arfer golygu nad oedd gennych ddigon o arian, felly nid oeddech yn gallu prynu unrhyw beth, ond mae'r cynnydd yn y credyd sydd ar gael am ddim bellach yn golygu nad yw bod yn dlawd, chi'n gwybod ... nid yw'n ymwneud â bod yn dlawd o ran incwm y gellir ei ddefnyddio bellach mewn gwirionedd, am eich bod yn gallu cael cerdyn credyd, efallai eich bod wedi gallu cael esgidiau rhedeg da iawn ... dillad i'ch plentyn, ond am fod gennych ddeng mil o bunnoedd ar gerdyn credyd ... Mae hynny'n fath cwbl wahanol o dlodi, mae'n llawer mwy anodd ei adnabod o ran ... y stereoteipiau ... chi'n gwybod, dillad carpiog a ... methu bwyta a'r math hynny o beth. (Golygydd newyddion print/ar-lein)

Y diffiniad ystadegol fyddai canran y bobl sydd yn byw islaw'r llinell dlodi, ond nid wyf yn credu mai dyma'r ffordd yr ydym yn edrych ar dlodi o ran y ffordd yr ydym yn rhoi sylw iddo. I ni, mae'n bobl sy'n defnyddio banciau bwyd, yn cael anhawster yn talu eu biliau ... sydd â mynediad cyfyngedig i dechnoleg a chyfleoedd sydd gan bobl eraill. Rwy'n credu mai dyma'r ffordd yr ydym yn edrych arno, am mai dyna'r ffordd y mae teuluoedd yn meddwl amdano, felly teuluoedd sydd yn cael anhawster i dalu am fwyd a biliau ac sy'n methu anfon eu plant ar dripiau ysgol am nad ydynt yn gallu fforddio talu amdanynt, a chi'n gwybod, cost gwisg ysgol. Rydym yn ceisio edrych ar dlodi o'r safbwynt hwnnw yn hytrach na'r un ystadegol am nad wyf yn credu bod hynny'n dweud unrhyw beth wrth ein gwrandawyr. (Golygydd newyddion radio)

Rhywun sydd heb ddigon o arian i ofalu am eu hunain a'u teulu … yn gyfforddus hyd yn oed, ond mewn ffordd dderbyniol, chi'n gwybod? I gadw'n gynnes, bwyd, dillad, i edrych yn smart hefyd er mwyn i rywun allu symud ymlaen mewn cymdeithas, mewn addysg, i wneud yr hyn y maent eisiau mewn bywyd. (Newyddiadurwr radio)

I mi'n bersonol, mae'n ymwneud â'r sefyllfa deuluol pan fydd teuluoedd yn gwneud popeth yn eu gallu i wneud eu gorau i'w plant ac ati, ond sydd yn dal ar ei hôl hi gyda'u rhent ac ar eu hôl hi gyda thaliadau ac yn methu mynd ar wyliau ac yn methu prynu gwisg ysgol ac esgidiau rhedeg ac ati. Pan fydd pobl yn ceisio gwneud eu gorau i wneud y gorau drostynt eu hunain, ond os oes gennych deuluoedd ar yr un incwm mwy na thebyg ond yn ei wario'n anghyfartal yn y teulu – bod y plant yn dioddef er mwyn iddynt gael teledu sgrin gwastad a noson yn y dafarn, neu beth bynnag. (Cynhyrchydd newyddion ar-lein, Cymraeg)

Roedd profiadau dynol yn ffocws canolog mewn adlewyrchiadau newyddiadurol ar ystyr tlodi a sut y dylid rhoi sylw iddo. Yn wir, roedd y rheiny gafodd gyfweliad yn adlewyrchu'n feddylgar ar natur tlodi *fel* newyddion yn eu cyfrifon. Mynegodd llawer y gred fod dealltwriaeth y cyhoedd o dlodi yng Nghymru yn debygol o fod yn wahanol i realaeth ar draws y wlad ac yn gyfyngedig o ran y polisïau a ddefnyddir i fynd i'r afael ag ef. Roeddent yn adlewyrchu'r ffordd, yn rhannol o leiaf, y gallai cyfyngiadau yn nealltwriaeth y cyhoedd fod yn gysylltiedig â natur, a bylchau posibl, yn y sylw y mae tlodi'n ei gael yn y newyddion. Roedd y pryderon a fynegwyd yn helaeth yn cynnwys y syniad fod cydnabod bod straeon am dlodi'n bodoli yn agos atoch yn syniad anghyfforddus yn ei hanfod. Fel y dywedodd un gohebydd darlledu Cymraeg wrthym, 'Nid wyf yn credu bod y gynulleidfa eisiau clywed am y rhain.' Mewn cyfrifon o'r fath, gallai teilyngdod tlodi i gael ei gynnwys yn y newyddion gael ei weld fel, 'a oes gan y darllenwyr flas amdano neu beidio' (newyddiadurwr print, Saesneg). Yn ogystal, fel yr esboniodd un newyddiadurwr radio, mewn amgylchedd lle mae llawer o bynciau a materion yn cystadlu am le ar agenda newyddion, gallai newyddion tlodi gael ei wasgu allan: 'mae straeon gwahanol yn gwthio'r agenda newyddion nag oedd bymtheg, deng mlynedd yn ôl'. Mewn gwrthgyferbyniad, roedd newyddiadurwyr eraill yn teimlo fod materion tlodi bellach yn fwy teilwng i gael eu cynnwys yn y newyddion, gydag un golygydd print yn pwysleisio, 'mae tlodi yn llawer uwch ar yr agenda newyddion nag y mae wedi bod erioed mwy na thebyg yn fy mhrofiad i'.

Ffactorau sy'n dylanwadu ar deilyngdod i gael ei gynnwys yn y newyddion

Roedd y ffactorau allweddol oedd yn cael eu hystyried i fod yn dylanwadu ar deilyngdod tlodi i gael ei gynnwys yn y newyddion yn cael eu gweld i fod yn cyflwyno 'ongl newydd' i'r sylw. Roedd y rhain yn caniatáu cynnwys oedd newydd ddod yn berthnasol, fel straeon am allgáu grwpiau agored i niwed yn ddigidol, fel yr henoed yn colli allan ar fuddion talu ar-lein a gostyngiadau mewn taliadau. Fel y dangosir gan yr adlewyrchiadau canlynol gan olygyddion newyddion ar y sylw i dlodi plant, amlygodd y rhan fwyaf o newyddiadurwyr bwysigrwydd 'ongl newydd':

> Gan fod Cymru'n wlad dlawd rydych yn cael cryn dipyn o straeon am dlodi a thlodi plant yn arbennig a beth os ydym yn gofyn y cwestiwn i ni ein hunain, 'Iawn, beth sy'n newydd yn y darn yma o ymchwil neu yn y datganiad i'r wasg hwn?' Felly gallwch ddweud rhywbeth nad ydych wedi dweud wrthynt o'r blaen. Mae'n rhaglen newyddion ac maent yn tueddu i ganfod bod y straeon yn dod o amgylch yn rheolaidd iawn, felly rydych yn gofyn y cwestiwn, 'Beth sy'n wahanol amdano? Beth ydyn ni'n mynd i weld neu glywed am y stori hon yn benodol?' (Golygydd newyddion darlledu)

> Mae rhai pethau penodol y gallwch eu nodi fydd yn gwneud stori dda: mae'n rhaid iddo gael 'bachyn' newyddion, mae'n rhaid iddo gael rhywfaint o ymchwil newydd neu rai ffigurau newydd, neu linell gref. Mae gan adroddiad yn edrych ar dlodi plant yng Nghymru bennawd cyffredinol iawn – sut ydym yn mynd i mewn i hynny, mae angen i linell ddweud 'bod yr adroddiad hwn wedi canfod …' er mwyn ei werthu i mi ac nid oes angen i hynny fod yn ystadegau, mae hynny'n un amlwg iawn, pan fydd elusennau'n gwneud ychydig o ymchwil ac yn cyflwyno ystadegau da er mwyn i ni feintioli'r broblem. Ond gall hefyd fod … Eu bod wedi llwyddo i gael ffigur proffil cymharol uchel i roi datganiad cryf am rywbeth, i alw am weithredu, neu maent wedi lansio gwasanaeth newydd, felly mae'n rhaid iddo gael rhywbeth newydd amdano. Ni all fod yn ail-greu rhywbeth yr wyf yn teimlo fy mod wedi clywed llawer amdano o'r blaen. Rwyf bob amser yn chwilio am rywbeth newydd, rheswm newydd dros wneud rhywbeth. (Golygydd newyddion darlledu)

Yn ôl y rheiny gafodd gyfweliad gyda ni, mae lleoliad stori dlodi ac a oes ganddi broffil amlwg yn dibynnu'n bennaf ar nifer o ffactorau, sydd yn amrywio yn ôl y math o ffynhonnell newyddion. Soniodd y rhan fwyaf o newyddiadurwyr am y syniad o roi 'ystyr' i'w cynulleidfaoedd penodol. Er enghraifft, ar gyfer papurau lleol, gallai 'ystyr' olygu a yw'n fater i'r 'dref gyfan' sy'n effeithio ar lawer o bobl mewn ardal, ac ar gyfer y cyfryngau rhanbarthol neu genedlaethol sydd wedi eu targedu, yn syniad mwy meintiol o, 'Faint o gynulleidfa fyddai'n uniaethu ag ef' (golygydd print/ar-lein, Saesneg). Yn wir, roedd y graddau yr oedd cynulleidfaoedd targed yn uniaethu gyda stori yn ganolog i ddealltwriaeth llawer o newyddiadurwyr o deilyngdod i gael ei gynnwys yn y newyddion:

> Gall fod yn stori am y defnydd o Fanc Bwyd yng ngogledd Cymru … gall fod am [ganolfan ranbarthol] byddem yn rhedeg hwnnw'n eithaf uchel, am ei bod yn orsaf deuluol rydym eisiau siarad â mamau am ei bod yn orsaf sy'n apelio at fenywod. Y person fydd yn gwneud y bwletin hwnnw fydd yn penderfynu. (Newyddiadurwr darlledu, Saesneg)

> Gwyddom fod Cymru yn wahanol iawn i rannau eraill o'r DU mewn sawl ffordd wahanol, yn sicr o ran ardaloedd difreintiedig a thlodi, dosbarth, er enghraifft. Felly byddem eisiau adlewyrchu'r portread yma yng Nghymru … I ni yr agenda Gymreig sy'n rheoli – y mwyaf Cymreig y gorau i ni! (Golygydd newyddion teledu, Saesneg)

Yn yr un modd, roedd rhai newyddiadurwyr sydd yn gweithio mewn radio trwy gyfrwng y Gymraeg yn teimlo ei fod yn arwydd o deilyngdod i gael ei gynnwys fel newyddion pan fydd straeon yn cael ymateb sylweddol gan eu cynulleidfa, gyda'r rheiny am Gymru a'r Gymraeg yn fwyaf tebygol o wneud hyn. Mewn newyddion ar-lein, gallai safbwyntiau am werth newyddion fod yn llawer mwy 'byw' ac ymatebol, gyda lleoliad stori yn newid yn dibynnu ar yr ymweliadau, fel yr esboniodd un cynhyrchydd cyfrwng Cymraeg:

> Dyweder ein bod yn cyflwyno stori – ailagor gwaith Dur Llanwern neu rywbeth – yr ail slot am saith y bore, a'ch bod yn gweld yn y ffigurau erbyn naw nad yw'n cydio efallai, byddwn yn ei newid ychydig bach, yn ei addasu, ei symud i'r pumed slot ac yn rhoi rhywbeth yn ei le, ac yn gweld beth sy'n digwydd, chi'n gwybod.

Adlewyrchodd eraill yn fwy amheus am y sylfaen hwn ar gyfer hybu neu reoleiddio straeon fel 'model clir ar gyfer newyddiaduraeth', gan nodi sut y gellir ei brofi fel pwysau ar newyddiadurwyr gydag effeithiau a allai fod yn niweidiol o ran ansawdd newyddion:

> Mae pobl yn ymwybodol bod disgwyliad arnynt i greu deunydd sydd yn mynd i gael clic a byddant yn gwneud hynny, ac rwy'n credu ei fod yn cael effaith ar y math o gynnwys sy'n cael ei greu. (Gohebydd print, Saesneg)

Fodd bynnag, roedd arwyddocâd technegau darlunio posibl i gynrychioli'r materion ac ymgysylltu cynulleidfaoedd gyda stori hefyd yn amlwg yn safbwyntiau newyddiadurwyr ar deilyngdod i gael ei gynnwys yn y newyddion. Er enghraifft, gallai lleoliad stori gael ei effeithio gan 'gryfder' neu hygrededd gwestai neu ffynonellau sydd yn llywio hyn, o ran eu safbwynt uniongyrchol ac wrth eu cyflwyno, er enghraifft mewn newyddion darlledu byw. Y straeon oedd yn cael eu hystyried fwyaf llwyddiannus yn aml oedd y rheiny oedd yn dangos profiadau pobl gyffredin er mwyn amlygu mater neu broblem economaidd-gymdeithasol ehangach:

> Os oes gennych rywun sydd â rhywbeth gwirioneddol i'w ddweud … sydd yn lleol, ac yna bod stori dda y tu ôl iddo … byddai hynny'n ei roi ymhellach ymlaen bob dydd i mi. (Golygydd newyddion print, Saesneg)

Yn hynny o beth, dywedodd newyddiadurwyr oedd yn gweithio ar draws y cyfryngau print, darlledu ac ar-lein bod ymgorffori astudiaethau achos yn ffordd 'bwerus iawn' o ymgysylltu cynulleidfaoedd gyda straeon am dlodi. Er bod ystadegau ac adroddiadau yn gallu rhoi bachyn ar gyfer y straeon hynny, roedd cynrychioli profiadau dynol a realaeth o ddydd i ddydd yn eu gwneud yn llawer mwy ystyrlon, gan ddangos perthnasedd ffeithiau a ffigurau ym mywydau pobl:

> Y wybodaeth sydd ei hangen arnom yw gallu cyfathrebu pethau trwy sgriptiau fel ffeithiau a ffigurau. Mae elusennau'n dda iawn gyda phethau fel hynny. Maent yn darparu pethau fel pecynnau'r cyfryngau a phethau sydd yn rhoi ac yn darparu gwybodaeth ac adroddiadau sydd yn fanwl gywir ac yn rhoi mwy o fanylder. Ond yr hyn sy'n ddiffygiol yw nad yw'r enghreifftiau yn dangos unrhyw beth – y bobl … Er mwyn gwneud rhaglen deledu ar [ddadfeddiannaeth] mae'n rhaid i ni naill ai siarad â rhywun sydd wedi cael ei ddadfeddiannu o'u cartref neu mae angen i ni ffilmio rhywun yn cael eu dadfeddiannu o'u cartref … am ei fod yn dangos y sefyllfa – sydd yn fwy pwerus – gweld rhywbeth yn digwydd a thrwy ddangos rhywbeth pwerus mae'n cyfathrebu'r neges … dangos yr effaith wirioneddol yn hytrach na dweud bod X i fyny 5% – trwy ddangos ei fod yn gryfach na'r ystadegyn. (Cynhyrchydd rhaglen, Cymraeg)

Felly, dyweder bod gostyngiad bach wedi bod yn nifer y plant sydd yn byw islaw'r llinell dlodi, iawn, a dyna'r datganiad i'r wasg … Nid yw hynny'n golygu unrhyw beth i unrhyw un mewn gwirionedd, chi'n gwybod … mae'n ystadegyn pwysig i Lywodraeth Cymru chi'n gwybod, mwy na thebyg, ond o ran cael eich pen o amgylch pethau fel darllenydd, nid oes gennych unrhyw beth i'w gymharu ag ef … nid ydych yn gweld hynny yn eich bywyd bob dydd. Ond chi'n gwybod, pe byddai gennych deulu oedd yn arfer … peidio gallu gwneud X, Y, Z, ond nawr … mae'r amgylchiadau wedi newid, bellach maent yn gallu, yna mae hynny ychydig yn fwy ystyrlon i ni o ran bod islaw y llinell dlodi. (Golygydd print/ar-lein, Saesneg)

Esboniodd newyddiadurwyr eraill y ffordd y gallai tystiolaeth arbenigol ddibynadwy gynnig techneg arall ar gyfer gwella teilyngdod stori i gael ei chynnwys ar y newyddion. Roedd hyn yn nodweddiadol wrth adrodd ar faterion llai adnabyddus neu sefydledig, er enghraifft, cartrefi sy'n gweithio sydd mewn tlodi, fel yr esboniodd un golygydd:

> Y llais arbenigol hwnnw yn y stiwdio gyda'ch cyflwynydd, yn arbennig os yw'n rhywbeth lle mae mwy i'w ddweud, pethau i'w codi ohono a phethau eraill i fynd ar eu trywydd, mae hynny'n ddefnyddiol iawn i helpu fel teclyn dweud stori. (Golygydd newyddion darlledu, Saesneg)

Wrth ofyn iddynt beth oeddent yn teimlo oedd y straeon 'mawr' neu arbennig o deilwng i gael eu cynnwys yn y newyddion yn ymwneud â thlodi yng Nghymru, soniodd llawer o newyddiadurwyr am refferendwm yr UE a/neu Brexit fel digwyddiadau sydd o bosibl yn llunio amodau economaidd a chymdeithasol tlodi mewn ffyrdd pwysig. Dywedodd straeon eraill am dlodi bod diwydiant, swyddi a diweithdra yn arwyddocaol, ac yn arbennig, roedd ffawd gwaith Tata Steel yn ne Cymru hefyd yn cyd-fynd â'r sylw a nodwyd yn ein hastudiaeth gynnwys. Fodd bynnag, soniodd y newyddiadurwyr hefyd am ystod o faterion eraill nad ydynt o reidrwydd yn cael eu hadlewyrchu mor dda yn y sylw a ddadansoddwyd gennym, yn cynnwys tlodi plant, banciau bwyd, siopau gwag, polisïau i leihau budd-daliadau, anghydraddoldeb tai, addysg a llygredd.

Un prif bryder, yn ymwneud â phortreadu straeon pwysig yn gywir, oedd nad yw'n hawdd cyfleu tlodi fel mater parhaus a systemig mewn newyddion. Os yw bob amser 'yno' ac felly byth yn gwbl 'newydd' yn hynny o beth, mae pryd a pham y mae tlodi'n dod yn ffocws fel 'newyddion' yn creu canlyniadau pwysig posibl i ddealltwriaeth y cyhoedd o'r mater. Amlygodd rhai newyddiadurwyr hyn fel prif densiwn o ran gwerthoedd: gallai cynnig darlun cywir o dlodi olygu rhoi sylw i straeon dro ar ôl tro, ond heb unrhyw beth 'newydd' iawn i'w adrodd:

> O ran tlodi ... mae'n rhywbeth sydd yno yn y cefndir, yr hyn sydd yn weddill, chi'n gwybod, ffenomen gymdeithasol nad yw'n newid mewn gwirionedd. Mae'n amrywio o ran lefelau tlodi, ond mae'n barhaus mewn gwirionedd, ac oherwydd natur newyddion – sy'n tueddu i roi sylw i bethau sydd yn newid neu'n newydd neu'n datblygu – gall anwybyddu rhai straeon pwysig iawn am eu bod – roeddent yno ddoe, byddant yno fory. (Golygydd newyddion print, Saesneg)

> Am ei fod yn fater parhaus ... nid ydym eisiau dweud bob chwe mis, 'gyda llaw, ydych chi'n cofio chwe mis yn ôl dywedasom wrthych fod yna bobl yn byw mewn tlodi? Wel, gyda llaw, maent yn dal yn byw mewn tlodi heddiw', heb fod yna broblem newydd neu ateb newydd i siarad amdano. Felly, os oes rhywbeth yn codi sydd yn gynllun newydd

… sy'n cael ei gyhoeddi yn y cymoedd i geisio targedu, chi'n gwybod, teuluoedd sy'n gweithio i'w helpu gyda gofal plant er mwyn i famau allu mynd yn ôl i'r gwaith, rhywbeth fel hynny, yna byddwn yn siarad am hynny, oherwydd mae'n ongl newydd arno, ond os yw'n ffigurau newydd sydd yn dangos bod yr un faint o bobl fwy neu lai yn byw mewn tlodi ag oedd y tro diwethaf i ni drafod y peth, mae'n mynd yn anodd iawn i ni siarad a chadw'r mater hwnnw ar yr agenda, er ei fod yn hynod bwysig. (Newyddiadurwr radio, Saesneg)

Mae'n newid gyda'r cylch newyddion i raddau, oherwydd rwy'n cofio gwneud llawer o straeon am forgeisi ac adfeddiannau a banciau bwyd er enghraifft. Fe wnaethom lawer o straeon … pan oedd y banciau bwyd yn dechrau ailymddangos ar ôl cyfnod pan nad oedd pobl yn siarad amdanynt, ond ar ôl tipyn rydych yn gwybod ein bod wedi cael banciau bwyd am 3, 4 blynedd ac felly mae pwynt lle'r ydym yn meddwl, 'beth arall y gallwn ei ddweud am fanciau bwyd nawr'? Chi'n gwybod, rydym yn teimlo ein bod wedi archwilio'r diriogaeth honno'n eang. Felly'n mae'n newid yn dibynnu ar yr amgylchiadau economaidd ar y pryd. (Golygydd newyddion darlledu, Saesneg)

Yn llai amlwg yn y cyfrifon hyn oedd adlewyrchiadau am y math o sylw yr oeddem yn ei weld amlaf yn ein hastudiaeth gynnwys – straeon yn cynnwys tlodi yn fwy achlysurol ac yn canolbwyntio'n bennaf ar faterion eraill, fel gwleidyddiaeth neu'r economi. Fodd bynnag, cyffyrddodd rhai newyddiadurwyr â'r anawsterau wrth greu cysylltiadau ystyrlon rhwng y gweithredoedd macro-economaidd neu wleidyddol sydd yn aml yn darparu'r 'bachau newyddion' ar gyfer straeon perthnasol, goblygiadau grymoedd o'r fath ym mhrofiad pobl o dlodi a chydnabod y rhain yn realaeth bywydau pobl:

Diweithdra, y gyllideb, y cynlluniau economaidd Ewropeaidd, ceir llawer o adroddiadau am dlodi plant oherwydd targedau Cynulliad Cymru … ac efallai adlewyrchu'r rhain, rwy'n credu, yw'r rhai anoddaf. Gall fod yn ddiddim, yr hyn yr ydych yn ei olygu am dlodi … efallai nad yw pobl yn ystyried eu hunain yn dlawd, neu'n byw mewn ardaloedd tlawd. Mae tlodi ym mhob man ond mae'n gudd hefyd. (Cynhyrchydd newyddion darlledu, Cymraeg)

Pan fyddwn yn cynnwys straeon fel argyfwng dur Tata trwy gynnwys y bobl sydd mor bryderus am eu swyddi, i raddau yr hyn rydym yn ei wneud yw amlygu perygl anweithgarwch economaidd iddynt. Sut y gallent droi'n sefyllfa economaidd eithaf anodd pe byddent yn gadael eu swydd. Felly rwy'n credu ein bod mewn gwirionedd yn adlewyrchu tlodi mewn rhai achosion pan nad ydym yn sylweddoli ein bod yn gwneud hynny. (Golygydd newyddion darlledu, Saesneg)

Mae straeon o'r fath hefyd yn cyfrannu at y naratif newyddion ar dlodi yng Nghymru mewn ffyrdd pwysig, yn cyfathrebu syniadau i gynulleidfaoedd am werth perthynol tlodi o ran newyddion a'i amlygrwydd o fewn 'darlun cyflawn' yr agenda gyhoeddus ehangach.

Cynrychiolaeth ac amrywiaeth

> Rwy'n credu bod tlodi yn fater sylweddol amlwg yng Nghymru ac mae'r dirwedd gymdeithasol ac economaidd yma'n golygu bod pobl yn tueddu i fod yn waeth eu byd nag yn Lloegr er enghraifft. Felly mae'n bwysig i ni adlewyrchu'r straeon hynny (Golygydd darlledu a digidol)

Er bod y newyddiadurwyr a'r golygyddion gafodd gyfweliad gyda ni wedi mynegi gwerthoedd, syniadau a dyheadau gweddol debyg am adrodd ar dlodi, nid oedd y rhain o reidrwydd yn cyd-fynd yn union â'r ystod o farnau a safbwyntiau a fynegwyd am adrodd yn ymarferol. Un ddelfryd allweddol oedd y dylai adrodd rhoi cynrychiolaeth deg o raddfa ac ystod y safbwyntiau a'r profiadau ar draws cymunedau amrywiol Cymru. Roedd pryder ynghylch cynrychioli'r amrywiaeth hwnnw'n gywir yn amlwg ymysg newyddiadurwyr a golygyddion p'un ai'n gweithio yn y cyfryngau print, ar-lein a darlledu wedi eu hariannu'n fasnachol neu'n gyhoeddus.

Pwysleisiodd rhai yn gryf cynrychioli amrywiaeth fel dyletswydd y dylid ei sefydlu mewn diwylliant sefydliadol. Er y gallai hyn fod yn amodol ar gylchoedd gorchwyl gwasanaeth cyhoeddus i rai darlledwyr, roedd amrywiaeth yn cael ei adnabod yn glir fel cyfrifoldeb:

> Mae angen i chi wneud hynny, [dyna] rôl darlledwr neu sefydliad newyddion sy'n cael ei ariannu'n gyhoeddus ... Mae gennym arbenigwyr a byddem yn disgwyl iddynt i gyd i ... gyflwyno amrywiaeth ar y sgrin fel rhan o'u briff a chael y cyswllt â chymunedau amrywiol fel rhan o'r briff er mwyn gwybod â phwy i siarad am dlodi fel rhan o'u briff. (Cynhyrchydd darlledu)

Fodd bynnag, cafodd diffyg amrywiaeth yn y proffesiwn ei nodi'n aml gyda phryder am y rhwystrau strwythurol wrth recriwtio, sut y mae 'amrywiaeth' yn cael ei ddeall a sut y gallai cefndiroedd newyddiadurwyr effeithio ar y ffordd y mae straeon am dlodi'n cael eu cynrychioli:

> Mae angen i ni weithio ar y mathau o bobl yr ydym yn eu cyflogi'n fewnol, oherwydd nid oes gennym y cysylltiadau hynny yn naturiol, o reidrwydd, os nad ydym yn cyflogi'r bobl iawn yma. Mae gwaith i'w wneud yna, felly mae rhywfaint o'r cyfrifoldeb hwnnw gyda ni. (Golygydd darlledu, Saesneg)

Natur y bobl sy'n gwneud newyddiaduraeth ddarlledu nawr … maent mwy na thebyg yn dod o gefndiroedd mwy cefnog nag y gwnaethant 30 mlynedd yn ôl … a chefndir mwy addysgol ac os oes yn rhaid i chi dalu am eich cwrs israddedig ac yna talu'r ffioedd … am flwyddyn o astudiaeth ôl-radd cyn gallu cael swydd (yn arbennig ym maes papurau newydd) … neu i fod yn un o'r miloedd o bobl sydd eisiau mynd i faes darlledu, mae hynny'n anodd iawn i'w wneud os ydych yn dod o gefndir difreintiedig eich hun. (Cynhyrchydd darlledu/golygydd, Saesneg)

Pan fyddwn yn sôn am amrywiaeth, yn eithaf aml byddwn yn sôn am ethnigrwydd, byddwn yn sôn am oed, byddwn yn sôn am ryw, byddwn yn sôn am rywioldeb, crefydd ac ati sydd i gyd yn wych, mae pawb yn gyfartal. Ond pa mor aml ydyn ni'n trafod a ydym yn dod o gefndir dosbarth gweithiol neu a ydym yn dod o gefndir cefnog iawn? Lle'r oedd ein rhieni'n gweithio mewn ffatrïoedd neu'n cael anhawster yn gweithio, chi'n gwybod, yn byw ar, chi'n gwybod, nawdd cymdeithasol neu beth bynnag, neu a oedd ein rhieni'n gyfreithwyr a, chi'n gwybod, yn feddygon – a pha mor aml nad ydym yn cael y sgyrsiau hynny mewn gwirionedd … ac rwy'n credu ein bod yn dioddef o hynny, rwy'n credu hynny o ddifrif. (Gohebydd newyddion darlledu, Saesneg)

Gan fod llawer o bobl sydd wedi gweithio yn y cyfryngau a'r wasg yn bobl dosbarth canol … maent yn ysgrifennu ac yn gwneud rhaglenni am y pethau y maent eisoes yn gwybod amdanynt … lle, wrth gwrs, mae angen i ni wneud mwy am bobl o gymunedau gwahanol … fel pobl dlawd sydd â phroblemau cymdeithasol ac mae angen i ni wneud mwy am raglenni am bethau fel hynny. (Cynhyrchydd darlledu, Cymraeg)

Nid oedd rhai newyddiadurwyr yn credu bod tlodi'n cael ei esgeuluso'n fwy nag unrhyw stori arall. Ond, roedd eraill yn credu nad oedd profiadau o dlodi'n cael eu hadrodd mor aml ag y dylent, gyda'r teimlad bod rhai grwpiau demograffig, yn cynnwys cymunedau Mwslimaidd, cymunedau du a lleiaf-rifoedd ethnig (BAME), a ffoaduriaid yn cael eu tangynrychioli'n sylweddol mewn newyddion tlodi:

Yng Nghymru … rydym wedi arfer â dadleuon ieithyddol a phob math o bethau fel hynny, ond mae cymunedau cyfan o bobl o gefndiroedd ethnig hefyd nad ydynt yn cael sylw. Mae pethau'n newid ychydig erbyn hyn, ond mae hynny hefyd yn rhywbeth sydd wedi cael ei anwybyddu dros y blynyddoedd, ac mae'n gymaint o ddadl erbyn hyn bod pobl yn dechrau meddwl 'Wel, beth sy'n digwydd yn y gymuned? (Golygydd newyddion print)

Adlewyrchodd llawer o newyddiadurwyr ar brofiadau grwpiau arbennig o agored i niwed (plant yn arbennig) a allai hefyd fod yn cael eu tangynrychioli mewn sylw yn ymwneud â thlodi, yn rhannol oherwydd ystyriaethau moesegol ychwanegol ac anawsterau posibl yn eu cynnwys:

Yn amlwg, os ydych yn blentyn 13 oed … yn byw mewn tlodi, yna gallai eich rhieni ddweud ei fod yn iawn i chi fynd ar y teledu i ddweud eich stori, mae hynny'n iawn. Ond mae'n rhaid i ni ystyried pethau'n ymwneud â hynny: bod yn rhaid i blentyn fynd i'r ysgol y diwrnod canlynol a chael ei fwlio am eu bod yn dlawd ac yn methu fforddio gwneud pethau, ac mae hynny'n fater y mae'n rhaid i ni ei ystyried hefyd – bod yn deg yn foesegol. (Golygydd newyddion darlledu, Saesneg)

Rwy'n credu bod ysgolion ac addysg, pobl yn yr ardaloedd difreintiedig hynny, yn rhywbeth nad ydym yn gweld digon ohono. A phlant, mae astudiaethau achos yn ddigon anodd, ond astudiaethau achos pan fydd pobl yn sôn am dlodi plant a'r hyn y mae'n ei olygu i fod yn blentyn sydd yn tyfu i fyny yn un o'r cartrefi hynny, a ydynt yn cael digon i fwyta a'r holl bethau hynny, nid ydym yn gweld hynny o gwbl. (Golygydd darlledu, Saesneg)

Soniodd fwy nag un newyddiadurwr am broblemau y mae pobl ifanc mewn tlodi'n eu hwynebu, yn cynnwys cam-drin cyffuriau a hunanladdiad, fel straeon sy'n tueddu i fod 'heb eu dweud' oherwydd heriau yn cael caniatâd moesegol a mynediad at gyfranogwyr astudiaethau achos:

Mae'n anodd iawn … cael caniatâd i gyfweld â phobl o dan 16 oed, am resymau derbyniol a phwysig. Ond rwy'n gwybod bod criw o ferched ifanc yn yr ardal lle rwy'n byw yn cymryd methadone yn aml ac yn dwyn, ac mae eu bywydau mewn darnau, ac maent yn 13/14 oed. Ac ymddengys nad oes unrhyw un yno … a'r amser a'r egni i'w helpu, p'un ai'n rieni neu athrawon neu beth bynnag. Nid wyf yn dweud am eiliad mai bai'r athro yw hynny, ond rwy'n credu bod problem gyda chyffuriau a phobl ifanc, ac mae'n anodd iawn dweud y stori honno oherwydd eu hoed. Ni fyddwch byth yn cael caniatâd eu rhieni, mae'n anodd dod dros hynny. (Newyddiadurwr darlledu, Saesneg)

Mae graddau cam-drin cyffuriau yn y cymoedd yn eithaf uchel mwy na thebyg … o bosibl graddfa hunanladdiad efallai ymysg pobl ifanc … rwy'n credu ei fod yn deg dweud ei fod yn peri pryder oherwydd nid yw pobl yn teimlo bod ganddynt … fywydau digonol, cyflawn … mae'n drist iawn sut daethom i'r sefyllfa hon … mae angen astudiaeth achos arnoch o rywun sydd yn mynd trwy hynny er mwyn gallu ei esbonio, ac ... oni bai y gallwch gael hynny mae'n stori anodd iawn i'w dweud (Gohebydd darlledu, Saesneg)

Roedd grŵp allweddol arall y teimlwyd eu bod yn cael eu tangynrychioli yn cynnwys y rheiny sydd yn byw mewn ardaloedd gwledig yng Nghymru, yn rhannol oherwydd yr amharodrwydd a welir gan bobl o gymunedau bach i siarad am yr anawsterau a wynebir ganddynt. Teimlwyd bod lleoliad sefydliadau'r cyfryngau (ac felly'r rhan fwyaf o newyddiadurwyr) yng Nghaerdydd ac ardaloedd trefol mawr eraill yn gwaethygu problemau o'r fath yn cael gafael ar straeon gwledig:

Gall fod unigolion hefyd sydd yn byw mewn ardaloedd tlawd o Brydain neu Gymru nad ydynt yn cael sylw'r cyfryngau ... os edrychwch chi ar y cymoedd yn arbennig ac ardaloedd gwledig o Gymru, nid yw'r cyfryngau yn cyrraedd mor bell â hynny ac mae'r papurau newydd yng Nghaerdydd hefyd – ychydig mwy yn y gorllewin ac ychydig yn y gogledd ond dim llawer i bobl sy'n byw yng nghanolbarth Cymru ... nid oes pobl yno i wneud y straeon ... hefyd cyfran y cymunedau sydd yn barod i rannu eu straeon a'u profiadau, fel Mwslimiaid, yr henoed efallai, pob sydd yn swil efallai ... nid ydynt mor hygyrch. (Cynhyrchydd darlledu, Cymraeg)

Yn ddaearyddol, gall fod yn anodd iawn rhoi sylw i dlodi gwledig ... yn aml iawn, nid ydym yn gallu anfon gohebydd i sir Benfro i siarad ag un person am eu profiadau o dlodi, am ei fod yn cymryd gormod o amser. Felly, mae gennym un gohebydd wedi ei leoli yn ne Cymru, ac ni allwch bob amser gyfiawnhau'r amser hynny i siarad ag un person, oherwydd wedyn mae'n rhaid i chi geisio rhoi gweddill y pecyn gyda'i gilydd, a gallai hynny gymryd hyd at ddiwrnod cyfan yn gweithio ar un stori, sydd i ni, yn ymarferol, yn amhosibl. Felly mae tlodi gwledig yn rhywbeth yr ydym yn cael anhawster yn rhoi sylw iddo rwy'n credu ... rydym yn aml iawn yn gofyn i bobl wneud cyfweliadau dros iPhone. Felly byddwn yn eu ffonio, byddant yn cofnodi eu sylwadau ar eu ffôn, eu ffôn clyfar, ac yn eu hanfon yn ôl atom, a byddwn yn defnyddio'r sain hwnnw ar yr awyr wedyn. Yn unol â natur tlodi, yn aml, nid oes gan y bobl (yr astudiaethau achos) yr ydym yn ceisio cysylltu â nhw – fynediad i'r dechnoleg honno, ac os oes, maent yn poeni a fydd yn gostus iddynt anfon negeseuon e-bost atom ... 'Oes gennych chi Skype?' 'Wel na, nid oes gennym fand eang am nad ydym yn gallu ei fforddio.' Rwy'n gwybod mai cyffredinoli yw hynny, ond mae'n eithaf anodd ar adegau i gael yr astudiaethau achos, ond mae'n rhywbeth yr hoffem gael ychydig mwy ohono. (Newyddiadurwr radio, Saesneg)

Awgrymodd newyddiadurwyr newyddion print a darlledu y gallai demograffeg cynulleidfaoedd targed chwarae rhan yn y mathau o grwpiau y mae cynnyrch newyddion yn eu gwasanaethu orau. Tra bod newyddion sydd yn canolbwyntio ar Gymru yn amlwg yn bwysicach ac yn cael ei nodi amlaf gan newyddiadurwyr, ar gyfer y cyfryngau rhanbarthol a lleol roedd 'perthnasedd' y cynnwys hefyd yn cael ei gyflyru gan y pryderon a welwyd gan gynulleidfaoedd targed yn seiliedig ar ddaearyddiaethau penodol. I'r perwyl hwn, soniodd y newyddiadurwyr am fuddsoddiad rhai sefydliadau newyddion mewn gohebwyr arbenigol ac ardal (e.e. 'gohebydd y cymoedd') i wasanaethu eu 'cynulleidfa fro'. Roedd hyn, dywedasant wrthym, yn hwyluso straeon rheolaidd oedd yn deilwng i gael eu cynnwys yn y newyddion oedd yn, 'fwy llwyddiannus pan fod gennych rywun yn byw yn y lle ac yn gweithio yn yr ardal' (cynhyrchydd newyddion darlledu/golygydd, Saesneg).

Cydnabuwyd bod ffactorau demograffig eraill, fel rhyw ac oed, yn chwarae rhan yn y sylw yr oedd disgwyl i newyddiadurwyr ei greu yn dibynnu ar gynulleidfa darged sianeli penodol:

> Rwy'n credu ein bod yn llawer gwell yn cynrychioli pobl hŷn a'u materion a'u problemau am fod ein rhaglen yn gyffredinol yn gwyro tuag at y gynulleidfa 55 oed ac yn hŷn. (Golygydd ar-lein, Saesneg)

Esboniodd eraill sut y gallai demograffeg arferol cynulleidfaoedd targed, mewn gwrthgyferbyniad, fod yn gymharol gefnog gyda diddordeb mewn tlodi'n cael ei ysgogi gan sylw at faterion cymdeithasol neu bolisi yn hytrach na phrofiadau uniongyrchol o dlodi:

> Pobl o ddosbarth cymdeithasol uwch a ... phobl sydd yn weithredol mewn cymdeithas sifil ... sydd yn mynd i fod â mwy o ddiddordeb efallai yn y math o straeon ystadegol neu'n seiliedig ar ystadegau, na'r bobl eu hunain hyd yn oed sydd wedi eu heffeithio gan y tlodi. (Gohebydd newyddion print, Saesneg)

Yn olaf, teimlwyd yr her o greu newyddion cynrychioliadol yn arbennig o ddwys gan y rheiny sydd yn gweithio yn y cyfryngau newyddion Cymraeg. Roedd y rheiny oedd yn cael cyfweliad yn amlygu bod 'prinder' siaradwyr Cymraeg yn gwneud yr heriau y mae newyddiadurwyr yn eu hwynebu yn waeth:

> Mae'n gwneud ein gwaith yn anodd weithiau pan fyddwch eisiau gwneud stori ond nad oes unrhyw siaradwyr Cymraeg yn gysylltiedig ... Yn y cymoedd er enghraifft, mae hynny wedi bod yn broblem wirioneddol i ni am nad oes llawer o Gymraeg yn cael ei siarad yno. Efallai nad ydym yn gwneud digon yn y cymunedau difreintiedig hyn oherwydd prinder y Gymraeg. (Gohebydd darlledu, Cymraeg)

> Mae canran fawr o unigolion Cymraeg eu hiaith yn bobl dosbarth canol wyddoch chi. Mae wedyn mor anodd ag erioed i gael enghreifftiau o

bobl o gymunedau gwahanol i siarad am eu problemau. (Cynhyrchydd rhaglen, Cymraeg)

Pan fydd elusennau'n cysylltu â ni, gan ddweud, 'O rwyf wedi codi … tynnu eich sylw at y stori benodol hon am dlodi', ac yna rydych yn dweud 'O, a oes gennych rywun i fynd i siarad?' 'O na, nes i ddim meddwl am hynny, O gall hwn a hwn ei wneud' 'Na, nid yw ef/hi yn siarad Cymraeg', 'O, Cymraeg? O diar, mmm …' ac mae'r holl ymwybyddiaeth hwnnw'n dod i mewn i bethau chi'n gwybod? Roedd yna adeg pan nad oeddent yn darparu ar gyfer y Gymraeg, nid oeddent yn meddwl am y Gymraeg wrth anfon datganiadau ac wrth baratoi adnoddau ymlaen llaw. Ond, erbyn hyn, mae'r sefyllfa wedi gwella cryn dipyn. (Cynhyrchydd ar-lein, Cymraeg)

Roedd y trafodaethau hyn yn ymwneud â heriau o ran cynrychioli amrywiaeth yn aml yn datblygu'n adlewyrchiadau oedd yn rhoi materion yn ymwneud â gwaith newyddiadurwyr ar dlodi mewn cyd-destun pellach, sut roedd y materion hyn yn cael eu trin neu eu goresgyn a'r ffordd yr oedd y berthynas gyda'r trydydd sector yn cyd-fynd ag ymarfer newyddiadurwyr.

Heriau adrodd a phrofiadau gyda'r trydydd sector

Ffocws allweddol arall o'n cyfweliadau oedd y disgwyliadau sydd gan newyddiadurwyr a'r rheiny sy'n gyfrifol am gyfathrebiadau'r trydydd sector ar dlodi am rolau ei gilydd wrth greu newyddion. Yn arbennig, roedd gennym ddiddordeb mewn archwilio'r ffordd y mae posibiliadau a heriau ymarfer ei gilydd yn cael eu deall, sut mae'r syniadau hyn yn chwarae rhan mewn perthnasau gwaith a'r ffordd y mae newyddion am dlodi'n cael ei adrodd yn y pen draw. Mae'r adran hon yn canolbwyntio ar safbwyntiau newyddiadurwyr a golygyddion, tra bydd safbwyntiau ymarferwyr cyfathrebiadau'r trydydd sector yn cael eu harchwilio yn adran olaf Pennod 4.

Profodd pob newyddiadurwr gafodd gyfweliad gyfathrebiadau'r trydydd sector ar ryw ffurf fel rhan o'u gwaith yn adrodd ar dlodi. I rai, roedd hyn, yn bennaf, yn cynnwys derbyn datganiadau i'r wasg neu gyswllt arall gan gyrff anllywodraethol. Fodd bynnag, i eraill, roedd cysylltu'n rhagweithiol gyda sefydliadau'r trydydd sector, naill ai'n rheolaidd neu'n achlysurol, yn nodwedd o'u hymarfer.

Ar draws cyfrifon newyddiadurwyr, roedd honiadau cadarnhaol a negyddol am, a phrofiad o ymgysylltu â, sefydliadau'r trydydd sector, yn nodwedd. Fodd bynnag, yn gyffredinol, roedd syniad cyffredinol o ewyllys da a bod yn agored i ymgysylltu â'r trydydd sector yn dal yn thema gyffredin, glir. Roedd hyn yn amlwg o'r cyfrifon yn mynegi uchelgais ar gyfer ymgysylltu'n fwy effeithiol ag elusennau a sefydliadau'r trydydd sector. Mynegodd llawer o newyddiadurwyr hefyd gred bod y trydydd sector yn ymdrechu i ddeall anghenion newyddiadurwyr, ac yn ceisio cynnig syniadau ar gyfer straeon y maent yn dychmygu fydd yn ddefnyddiol:

> Gall swyddog y wasg mewn elusen benodol newid ac, mewn gwirionedd, gall hyn wneud gwahaniaeth enfawr oherwydd, chi'n gwybod, gall swyddogion y wasg sy'n 'deall' y darlun ac yn deall y trosiant cyflym, a hyd yn oed y rhai yr ydych yn eu ffonio gyda chais byr rybudd ac yn dweud 'rydym yn gwneud y stori hon, unrhyw siawns y gallwch helpu' ac rydych yn gwybod y byddant yn mynd allan ac yn helpu, mae hynny'n gwneud gwahaniaeth mawr. (Golygydd darlledu, Saesneg)

Nid yw hyn o reidrwydd yn golygu, fodd bynnag, bod ymgysylltu â'r trydydd sector bob amser yn cael ei weld fel rhywbeth cynhyrchiol. Yn wir, nododd newyddiadurwyr nifer o faterion yn ymwneud â *pherthnasedd* y wybodaeth sydd yn cael ei chynnig iddynt yn ogystal ag amrywiadau o ran ei amseroldeb, ei ansawdd a'i benodolrwydd fel ffactorau pwysig.

Cyfeiriodd y rhan fwyaf o newyddiadurwyr at weithio i gyfyngiadau amser caeth fel rhan o natur swydd cynhyrchu newyddion. Nododd llawer yr adnoddau cynyddol gyfyngedig ar gyfer bodloni'r gofynion hyn. Er bod rhai sefydliadau newyddion yn gwneud rhai gohebwyr yn gyfrifol am faterion busnes neu economaidd, nid oedd gan lawer o ohebwyr faterion cymdeithasol penodol gyda chylch gorchwyl i adrodd ar faterion tlodi neu 'ardal' lle gallai straeon am dlodi gael eu rhagweld yn aml:

> Cyhyd ag ydw i yn y cwestiwn, penderfynodd rhywun mai dim ond y swm yma o arian sydd gennym ar gyfer gohebwyr a dyma'r pedwar neu bum swydd bwysicaf ... Felly mae [adrodd ar dlodi] yn swydd i bawb mewn gwirionedd, er mwyn dod â'r straeon yma ac amlygu pethau diddorol. (Newyddiadurwr radio, Saesneg)

> Nid wyf yn credu ei fod yn lleol rhagor, mae'r cyswllt lleol hwnnw wedi mynd ... mae'r rhan fwyaf o'r straeon sydd yn dod i mewn ... yn cael eu gwneud o Gaerdydd gan newyddiadurwyr sydd, ie, yn gwneud straeon digon gweddus, ond sydd yn bell cyhyd â bod y bobl leol yn y cwestiwn ... nid ydynt yn gwybod pwy ydynt, erioed wedi clywed amdanynt o'r blaen, erioed wedi eu gweld, nid ydynt yn byw yno ... nid yw'r dyn lleol neu'r fenyw leol yn ... bodoli. (Gohebydd darlledu, Saesneg)

> Nid wyf yn credu ein bod yn cael yr enghreifftiau crai o, 'dyma beth yw tlodi' am nad yw lefel ... llawr gwlad newyddiaduraeth yn cael cyswllt gyda'r bobl y mae wedi ei gael. (Cynhyrchydd cyfres ddarlledu, Saesneg)

Yn fwy cyffredinol, gan fod yr ystafell newyddion yn cyflogi llai o bobl nag yn y gorffennol, mae angen i lawer o newyddiadurwyr wneud mwy: bod yn aml-fedrus, gweithio'n gyflymach a gwneud ystod ehangach o rolau wrth gynhyrchu cynnwys o'r dechrau i'r diwedd. Mae rhai'n dadlau bod y pwysau hyn wedi rhwymo newyddiadurwyr yn fwy at eu desgiau, yn dibynnu ar ffynonellau gwybodaeth y gellir eu cael yn hawdd ar-lein, i'r graddau, fel y dywedodd un newyddiadurwr print wrthym, 'yn bennaf, nid yw pobl yn mynd allan'. Mae'r pwysau hyn hefyd, mae rhai yn dadlau, wedi cynyddu dylanwad ac ailgynhyrchu anfeirniadol cynnwys cysylltiadau cyhoeddus mewn newyddiaduraeth, neu 'Churnalism' (Davies, 2011). Mynegodd rhai newyddiadurwyr bryder am dueddiadau tuag at rolau 'swyddfa' ar gyfer newyddiadurwyr, oedd yn eu hymbellhau oddi wrth brofiadau 'gwirioneddol' pobl. Roedd newyddiadurwyr eraill yn hiraethu am golli'r 'traddodiadol' i 'swyddi tebycach i flogio' gan fynegi pryder bod 'dim llawer ohonom sydd yn gwneud y pethau mwyaf difrifol y dyddiau hyn' (newyddiadurwr print, Saesneg).

Mewn cysylltiad â'r tueddiadau hyn, roedd rhai gwahaniaethau rhwng y ffordd yr oedd newyddiadurwyr yn siarad am ddatganiadau i'r wasg o'r trydydd sector a'u rôl yn gwneud newyddion. Er bod datganiadau i'r wasg yn cael eu derbyn yn ehangach ac yn cael eu gwerthfawrogi'n gyffredinol, roedd rhai newyddiadurwyr, yn arbennig y rheiny sy'n gweithio mewn materion cyfoes yn hytrach na'r newyddion, yn mynnu bod mynd 'allan' eu hunain yn dal yn hanfodol, gyda datganiadau i'r wasg, ar y gorau, yn ymylol i'w hymarfer.

Soniodd llawer o newyddiadurwyr am y doreth o ddatganiadau i'r wasg a dderbyniwyd gan sefydliadau newyddion, gan adlewyrchu ar ganlyniadau eu canologrwydd mewn newyddiaduraeth:

> Yr hyn y maent yn ei wneud yw ailgyhoeddi datganiadau i'r wasg. Felly, yn wrthnysig, mae llais y corff anllywodraethol – yn gryfach mwy na thebyg, am eu bod yn llenwi gwactod gwybodaeth drefnus mewn ffordd nad yw'r cyfryngau cymdeithasol yn ei wneud am nad yw'n cael ei hidlo ac nid yw hynny'n wir am newyddiaduraeth gymunedol, am nad yw yno bellach. (Cynhyrchydd cyfres ddarlledu, Saesneg)

Yng ngoleuni pwysau amser y mae newyddiadurwyr yn ei wynebu, rhoddodd rai'r pwyslais ar swyddogion y wasg i gyflwyno gwybodaeth ddibynadwy, wedi ei dilysu a/neu glir:

> Mae'r adroddiadau fel arfer yn cynnwys ystadegau manwl wedi eu tarddu ... mae rhywun yn cymryd y bydd y ffeithiau wedi cael eu gwirio cyn i'r adroddiadau gael eu cyhoeddi ... Byddai'n gyhuddiad digon trist i sefydliad trydydd sector neu elusen pe byddent yn cynhyrchu adroddiadau yn seiliedig ar ystadegau amheus ... Rwy'n credu bod honiad cyffredinol, pan fyddwch yn cael adroddiad gan gorff sydd â rhywfaint o statws ac sy'n cael ei barchu, bod yr ystadegau y mae'n

eu creu a'u defnyddio yn yr adroddiad … i ddod i gasgliad penodol, yn gywir … Nid oes gennych yr amser i wirio'r ystadegau hynny felly byddwch yn ymddiried ynddynt. (Newyddiadurwr print, Saesneg)

Mae bob amser yn ddefnyddiol pan fydd datganiad i'r wasg sydd yn cael ei anfon drwodd ac mae'n dadansoddi'r ystadegau allweddol i chi. Weithiau anfonir gwybodaeth atoch sydd yn dablau a siartiau di-rif felly mae'n rhaid i chi feddwl at bwy yr ydych yn anelu'r stori – hynny yw mae casgliad o bobl yn yr ystafell newyddion sydd yn brysur iawn, sydd yn gorfod gwneud penderfyniadau eithaf cyflym am bethau. Os nad yw wedi ei osod allan ar eich cyfer gyda phennawd clir i'r stori, yna bydd yn mynd ar goll. Mae hyn yn swnio ychydig yn ddiog, ond os ydych yn gofyn i bobl fynd trwy'r math hynny o wybodaeth yn y manylder hwnnw, ni fyddant yn gwneud hynny mwy na thebyg achos mae'n rhaid gwneud penderfyniadau cyflym, ond os oes pennawd clir i'r stori a rhai ffeithiau allweddol i'w defnyddio … mae hynny'n ddefnyddiol. (Golygydd ar-lein, Saesneg)

Eiriolodd eraill safbwynt mwy agored tuag at ddatganiadau i'r wasg â llai o sglein arnynt mewn rhai amgylchiadau, gan bwysleisio eu gwerth posibl fel deunydd ffynhonnell grai:

Cyhyd â'i fod yn ymgysylltu … yna gwych, byddwn yn ei ail-weithio. Weithiau, byddwch yn cael datganiad i'r wasg ac nid yw'n werth y gwaith y mae'n rhaid ei wneud. Chi'n gwybod, i gyrraedd y safon yr ydych yn ei ddymuno … mae'n rhaid i chi edrych arno weithiau ac er nad ydynt yn sefydliad mawr, ni fyddant weithiau'n rhoi gymaint o bwyslais ar ddatganiadau i'r wasg … weithiau gall y rhai llai fod yn well am nad oes ganddynt gymaint o strwythur … ac maent yn ceisio cyfleu eu pwynt sydd, chi'n gwybod, weithiau yn well na'r sefydliad mwy. (Newyddiadurwr print/golygydd, Saesneg)

Fodd bynnag, mynegodd eraill fwy o rwystredigaeth am ansawdd gwybodaeth mewn rhai datganiadau i'r wasg, lefelau amrywiol o arbenigedd ymysg swyddogion y wasg a'u dealltwriaeth o anghenion newyddiadurol:

Y broblem yw, wrth gwrs, bod digon o elusennau yn bodoli'r dyddiau hyn ac … mae'r adroddiadau hyn yn gyson. D'wn i ddim ble mae'r bobl hyn yn cael amser i ysgrifennu'r holl adroddiadau! Ac wedyn, mae llawer o'r adroddiadau hyn yn cwympo rhwng dwy stôl a ddim yn cael sylw. Ac efallai bod pobl wedyn yn dweud 'Tlodi, o dim eto!' Mae datganiadau i'r wasg yn fy ngwneud yn grac iawn am ei fod yn fy synnu cymaint ohonynt sydd yn cyrraedd a'r graddau y mae pobl yn methu ysgrifennu, a chymaint sy'n methu tynnu sylw yn y paragraff agoriadol … nid ydynt yn gallu dod o hyd i'r llinell newyddion yn eu hadroddiadau eu hunain. (Cynhyrchydd ar-lein, Cymraeg)

Mae ystod eang – mae rhai datganiadau i'r wasg yn well nag eraill. Mae'r arbenigedd yno os ydych yn eu cwestiynu. Maent yn credu unwaith yr ydych wedi anfon y datganiad i'r wasg, dyna ni. Nid ydynt yn deall bod mwy iddynt ei wneud ac i'w ddarparu. Mae angen dealltwriaeth well arnynt o'n gofynion a'n hanghenion. Byddwch yn gweld, os yw newyddiadurwr yn mynd i weithio iddyn nhw, rydym yn gweld gwahaniaeth mawr yn y cymorth yr ydym yn ei gael a'r mynediad yr ydym yn ei gael. (Cynhyrchydd darlledu, Cymraeg)

Tra bod ansawdd ysgrifennu ac eglurder y pennawd yn fater allweddol, cododd elfennau eraill yn ymwneud â pherthnasedd a phenodolrwydd gwybodaeth mewn trafodaethau hefyd. Nodwyd bod penodolrwydd ffeithiau a ffigurau i Gymru, yn hytrach na'r DU yn gyffredinol, mewn datganiadau i'r wasg yn hanfodol, ond yn aml yn ddiffygiol neu'n annigonol:

Un peth sy'n digwydd cryn dipyn byddwn i'n dweud, sy'n ei wneud yn anodd i mi, yw yn aml bydd gan elusennau [swyddfa] Cymru a'r DU/ Prydain a byddant yn gwneud ymchwil ystadegol, ond arolwg ar draws y DU fydd hwn. Yna maent yn allosod ffigurau Cymru o hynny, ac wrth edrych arnynt, mewn gwirionedd, mae maint y sampl ar gyfer Cymru mor bitw! … Felly, er mwyn gwneud iddo deimlo fel stori Gymreig ddilys, rydych yn sôn am ymchwil sy'n seiliedig ar sampl mor fach mae'n mynd yn anodd … Rydych yn cwestiynu ansawdd yr ymchwil … ac efallai ddim yn pwysleisio'r rhan honno o'r stori ac yn ceisio meddwl am rywbeth arall, am na fyddai'n iawn mynd ymlaen i bennawd mawr … rwy'n credu bod hynny'n rhywbeth, yn ddealladwy, mae elusennau'n gwneud cryn dipyn oherwydd, yn amlwg, mae'n ddrud gwneud ymchwil. (Golygydd newyddion teledu, Saesneg)

Rhwystredigaeth arall a amlygwyd oedd diffyg ymatebolrwydd ar ran sefydliadau'r trydydd sector i gefnogi datblygiad straeon yr oedden nhw wedi tynnu sylw newyddiadurwyr atynt:

Un peth y byddwn yn ei ddweud, sydd yn swnio'n hurt ond mae'n digwydd cryn dipyn, yw straeon sydd wedi eu gwahardd tan ddiwrnod arbennig pan nad yw pobl ar gael. Felly rydych eisiau gwneud y stori, ac rydych yn ffonio a maent yn dweud, 'Mae'n ddrwg gen i nid ydynt ar gael ar gyfer y diwrnod hwnnw!' Byddech yn synnu pa mor aml y mae hynny'n digwydd. Neu nid yw'r astudiaeth achos ar gael ar y diwrnod hwnnw. Felly maent eisiau i chi ffilmio hynny ar ddiwrnod gwahanol, ac mewn gwirionedd mae'n anodd iawn gwneud hynny i gyd. Felly bydd yr holl bethau hynny'n ei wneud yn fwy anodd i gael y darn hwnnw ymlaen am ei fod yn mynd yn jygl mawr. (Golygydd darlledu, Saesneg)

Yn weddol reolaidd, yn amlach nag y byddech yn disgwyl … mae datganiadau i'r wasg yn dod i mewn, rydym yn siarad â'r sefydliad, ac nid oes unrhyw un ar gael i siarad â ni ar y diwrnod y maent wedi anfon y datganiad i'r wasg hwnnw atom, neu ar y diwrnod y gwaharddwyd y datganiad i'r wasg ar ei gyfer, neu nid ydynt yn gwybod am astudiaethau achos, neu maent wedi meddwl am astudiaethau achos ond byddant yn mynd i ffwrdd ac yn gwneud galwadau ffôn. Yn weddol reolaidd, rydym yn gweld straeon yn marw oherwydd y sefydliad ei hun – sydd mwy na thebyg wedi gwario miloedd o bunnau ac efallai wedi treulio wythnosau lawer, misoedd efallai, ar syniad am stori, neu hwb cyhoeddus – yna maent yn methu cyflawni ar y diwrnod. (Cynhyrchydd darlledu, Saesneg)

Ar y llaw arall, cydnabu rhai newyddiadurwyr, pan maent yn cysylltu ag elusennau ei fod yn gallu bod yn 'funud olaf', gan roi gofynion heriol neu afrealistig ar sefydliadau i greu gwybodaeth ddefnyddiol:

Ie, ie, mae hynny'n ddigon teg. Nid wyf yn siŵr beth yw'r ateb i hynny, yn hytrach na gallu dyblu'r cyllidebau ar raglenni, sydd ddim yn mynd i ddigwydd yn fuan! (Newyddiadurwr darlledu, Saesneg)

[Mae'n chwerthin] Rwy'n siŵr fy mod … rhywbryd yn ystod yr holl flynyddoedd. Mae hynny'n … mae'n anodd, ond rwy'n gwybod cyn i mi wneud yr alwad ffôn fy mod yn cymryd siawns mawr. (Cynhyrchydd ar-lein, Cymraeg)

Rwy'n credu o'u safbwynt nhw mai munud olaf ydyw. O'n safbwynt ni, rydym yn galw cyn gynted ag y byddwn yn cael stori, felly nid munud olaf ydyw. O'n safbwynt ni, mae terfynau amser yn fyr iawn, iawn, yn arbennig ar gyfer darlledu, ac mae'r cyfryngau cymdeithasol wedi gwneud hynny'n fyrrach byth. Felly, os oes ffigurau'n cael eu cyhoeddi fel, dyweder, mae Llywodraeth Cymru'n darparu ffigurau newydd ar rywbeth yn ymwneud â thlodi, bydd y rhain yn dod allan yn y bore. Byddwn yn gweld gwleidyddion, byddwn yn dechrau siarad amdanynt, bydd elusennau yn dechrau siarad amdanynt ar y cyfryngau cymdeithasol ac yna bydd hynny'n hidlo drwodd i'n cynulleidfa erbyn y prynhawn, ac os nad ydynt yn dod i'r stori honno ar yr awyr y diwrnod nesaf, bydd pobl yn dweud, 'O, dwi wedi gweld hynny ar Facebook yn barod, darllenais erthygl am hynny ddoe!' Felly mae'r cyfryngau cymdeithasol wedi gwneud y broses honno yn llawer cyflymach a byddwn yn dweud cyn gynted ag y bydd gennym e-bost neu y byddwn yn gweld stori, byddwn yn cysylltu â'r elusen yr ydym eisiau siarad â hi cyn gynted â phosibl. Y terfyn amser i ni fel arfer yw tua diwedd y dydd hwnnw, felly yn aml iawn dim ond tua thair neu bedair awr bydd ganddynt i ddod at ei gilydd. (Newyddiadurwr darlledu, Saesneg)

Roedd hygyrchedd, amseroldeb a chydweithrediad wrth ddatblygu straeon yn themâu y soniwyd amdanynt yn aml wrth gyfeirio at astudiaethau achos. Nodwyd bod astudiaethau achos yn 'gwbl hanfodol' (golygydd newyddion darlledu, Saesneg), lle, hebddynt, byddai straeon yn cael eu hystyried yn fwy anodd yn gyffredinol ac yn llai tebygol o gael lle ar agenda newyddion:

Yn fwy aml na pheidio … byddem yn chwilio am astudiaeth achos, oherwydd ar ddiwedd y dydd, rydym yn y busnes o ddweud straeon. Felly, mae angen straeon pobl arnoch i'w dweud. Dyna'r unig ffordd, mewn gwirionedd, y gallwch gyfleu'r neges ac mae stori llawer mwy pwerus yn uniongyrchol. (Golygydd newyddion darlledu, Saesneg)

I gael llais ffres a safbwynt ffres … rhywun oedd wedi ei effeithio – dyna'r rydym eisiau bob amser o stori, ond rydym yn cydnabod yr hyn yr ydym ei eisiau o'r testun hwn – ni allwch gael hynny bob amser. Ond os oedd astudiaeth achos yn cael ei gynnig ar y math hwnnw o stori, byddem yn fwy tebygol o'i derbyn. (Newyddiadurwr darlledu/cynhyrchydd, Saesneg)

Roedd rôl y trydydd sector yn hwyluso cyfarfodydd gyda thestun astudiaethau achos posibl yn cael ei nodi'n helaeth gan newyddiadurwyr fel rhywbeth defnyddiol iawn. Fel y trafodwyd eisoes, roedd pryder eang y gellid anwybyddu 'enghreifftiau craidd' o dlodi am nad oedd newyddiadurwyr yn cael digon o gyswllt â phobl yn eu cymunedau neu ar 'lawr gwlad'. Codwyd gwerth siarad wyneb yn wyneb â phobl dro ar ôl tro – yn arbennig mynediad wedi ei hwyluso gan gysylltiadau rheolaidd mewn elusennau neu felinau trafod yr oedd eu harbenigedd ar dlodi a sgiliau cyfathrebu yn cael ei werthfawrogi a'i barchu:

Gwnes raglen ychydig flynyddoedd yn ôl ar bobl ifanc sy'n dod allan o'r carchar ac roedd menyw ifanc o gefndir ethnig yng Nghaerdydd. Daeth i mewn i'r stiwdio i siarad am y profiad o gael ei hanfon i'r carchar yn eu harddegau. A chafodd y cyfle i bwyntio bys at rywun arall yn y stiwdio oedd â'r grym, neu mewn sefyllfa i wneud rhywbeth i atal y cylch o dorri'r gyfraith ymysg pobl ifanc oedd o gefndiroedd tlawd, neu oedd â phroblemau amrywiol. Ac ateb y gwleidydd hwnnw oedd bod angen bod yn llymach … a'i hymateb oedd, 'Na mae angen i chi aros a gwrando ar bobl fel fi', ac roedd yn effeithiol iawn … Roedd yr enghraifft yn wych, roedd yn bwerus iawn. (Golygydd newyddion darlledu)

Cafodd pwysigrwydd natur ddethol mynediad at gyfranogwyr astudiaethau achos ei amlygu hefyd, gyda newyddiadurwyr yn ffafrio enghreifftiau penodol wedi eu dewis ar gyfer rhaglenni gwahanol, hyd yn oed yn yr un sefydliad newyddion:

> Byddwn yn sicr yn dweud, o ran astudiaethau achos, y byddai'n llawer gwell gennym gael astudiaeth achos sydd ond yn cael ei gynnig i'n rhaglen ni. Os ydym yn gwybod bod y person hwnnw wedi siarad â llawer o sefydliadau, mae'n teimlo weithiau bod y stori eisoes wedi cael ei dweud felly rydym yn hoffi gallu dweud, rydym yn hoffi gwybod bod y stori'n cael ei dweud am y tro cyntaf ar ein rhaglenni ni. Byddwch yn gweld yn aml, chi'n gwybod, un person yn cael ei gyflwyno ar gyfer cyfweliad ar y cyfryngau i gyd ... gallai'r stori honno fod wedi bod yn rhedeg drwy'r dydd. Mae stori'r person hwnnw eisoes wedi cael ei dweud. Felly, beth rydym yn ei gynnig mewn gwirionedd i'r gynulleidfa sydd yn newydd ar y stori benodol hon? Gall hynny ladd diddordeb.
> (Golygydd newyddion teledu, Saesneg)

Cafodd gwerth cysylltiadau'r trydydd sector yn deall blaenoriaethau newyddiadurol o'r fath ei gydnabod yn rheolaidd.

Soniodd newyddiadurwyr hefyd am gysylltu ag elusennau yn rhagweithiol ar gyfer cynnwys defnyddiol. Roedd hyn yn arbennig o wir yn y newyddion cyfrwng Cymraeg, a/neu pan oedd heriau penodol yn cael eu hwynebu, fel creu straeon am faterion a chyd-destunau dramor. Fodd bynnag, rhybuddiodd rhai newyddiadurwyr y gallai cysylltiadau rheolaidd yn seiliedig ar berthynas ddibynadwy hefyd olygu mai'r 'un lleisiau' oedd yn cael eu clywed, gan effeithio o bosibl ar rychwant syniadau a phrofiadau oedd yn cael eu cynnwys yn y sylw. Nodwyd pwysigrwydd cynnal annibyniaeth o sefydliadau'r trydydd sector er budd perthnasedd ac ansawdd newyddiadurol hefyd, yn arbennig o ran y detholiad a'r asesiad o enghreifftiau o astudiaethau achos:

> Byddwn eisiau i'n desgiau newyddion neu'n cynllunwyr siarad â nhw er mwyn cael dealltwriaeth wirioneddol o'r person hwnnw. Ai nhw yw'r person iawn ar gyfer y stori? Yn anochel, gall fod gan elusennau – yn arbennig os yw elusennau yn gwthio stori arbennig arnom – rywun sydd yn addas at eu dibenion neu (rwy'n siŵr eu bod mor brysur â ni o ran gweithgareddau'r cyfryngau), felly gallent roi'r person cyntaf y maent yn dod ar eu traws i ni, neu efallai mai dyna'r unig berson sydd ganddynt: maent yn ceisio cael y stori honno ar yr awyr, felly bydd y person hwnnw yn 'gwneud y tro'. Yn newyddiadurol, rwyf eisiau gwneud rhywbeth, sydd yn newyddiaduraeth i ni ein hunain – i ddeall pwy yw'r person mewn gwirionedd, pa stori maent yn ei dweud? A yw'r stori'n wir? A yw'n cyd-fynd â'r hyn yr ydym yn ei ddeall fel y mater ehangach?
> (Golygydd darlledu/cynhyrchydd, Saesneg)

Yn wir, er bod rôl elusennau fel hwyluswyr astudiaethau achos yn cael ei gydnabod yn eang, pwysleisiodd llawer o newyddiadurwyr hoffter o weithio gyda phobl yn uniongyrchol ar straeon posibl, gan werthfawrogi'r cyfle i ddefnyddio eu sgiliau newyddiadurol yn fwy rhydd i gael mynediad i ffynonellau a datblygu enghreifftiau heb ymyriadau gan sefydliadau porthora:

Rwy'n credu eich bod yn cael darlun mwy gonest o newyddiaduraeth os ydych yn mynd allan ac yn ei gael eich hun. (Golygydd ar-lein/print, Saesneg)

Y teimlad yw, pe byddem yn mynd trwy'r elusennau y byddent yn ymyrryd gormod neu'n ceisio bod yn rhy ofalus am yr hyn y gallwn ei wneud ... Rydym yn teimlo ein bod yn gweithredu'n gyfrifol, ond rwy'n siŵr eu bod yn meddwl yn wahanol. Gall hyn fod yn rhwystredig iawn pan fyddwn yn gwneud pethau gydag oedolion ac rydym yn credu ein bod yn broffesiynol heb yr angen am ymyrraeth gan unrhyw un arall. (Gohebydd newyddion darlledu, Cymraeg)

Ein pwyslais yn newyddiadurol fyddai dod o hyd i'r bobl hyn er mwyn iddynt allu rhoi eu tystiolaeth i ni yn uniongyrchol, yn hytrach na dibynnu ar bobl eraill, swyddogion y wasg neu beth bynnag neu bobl sydd yn rhan o'r elusennau i holi pobl er mwyn i ni allu cyhoeddi rhywbeth. Rydym yn tueddu i beidio gwneud hynny, mae'n well gennym holi'r bobl hyn ein hunain, oherwydd wrth gwestiynu rhywbeth, gallwch fynd ar ôl y cwestiwn hwnnw eto a chael lliw gwahanol neu un mwy gwreiddiol a mwy teyrngar ... i'n newyddiaduraeth. (Golygydd print, Cymraeg)

Roedd angen rhywbeth arnom ar alcoholiaeth a digartrefedd a daethom i gysylltiad ag un elusen sydd yn gweithio yn y de a dywedasant fod ganddynt dri siaradwr Cymraeg ac y byddent yn gofyn i'r unigolion hynny a'r ateb oedd na ... ac mae hynny'n digwydd yn rheolaidd ... a dyna ni ... gallem fod wedi cyfarfod â'r unigolion yn gyntaf ond na oedd yr ateb i'r cwestiwn hwnnw hefyd, felly mae'n anodd iawn ... gwybod beth yw'r ymdrechion ... Nid wyf yn cwestiynu eu hymdrechion nhw ond pe byddent wedi gofyn ar e-bost yna mae'n hawdd dweud na wrth hynny, ond os ydym yn cyfarfod wyneb yn wyneb ac yn treulio hanner awr yn trafod ... os ydych yn mynd i fynd â chyfarfod rhywun ac yn gallu siarad â nhw am y rhaglen, ac yna maent yn dweud na ... ond yn dal eisiau gwneud y rhaglen a dyna'r hyn yr ydym eisiau ei glywed gan yr unigolyn ... gallwn gael llawer o wybodaeth gan yr unigolion trwy siarad â nhw – nid gwybodaeth i gael ei defnyddio ar y teledu ond gwybodaeth sydd yn creu mwy o stori yn ein meddyliau ni ac rydym wedi cael mynediad i siarad yn uniongyrchol â'r unigolion gydag astudiaethau achos. (Cynhyrchydd rhaglenni, Cymraeg)

Roedd ymwybyddiaeth amlwg o dlodi fel mater sensitif iawn i roi sylw iddo yn amlwg yng nghyfrifon llawer o newyddiadurwyr. Roedd hyn yn arbennig o berthnasol mewn adlewyrchiadau ar gynnwys profiadau uniongyrchol o dlodi ac astudiaethau achos o effaith amddifadedd ar fywydau pobl. Soniodd newyddiadurwyr am anawsterau yn sicrhau cyfrifon uniongyrchol oherwydd amharodrwydd i ymddiried mewn newyddiadurwyr i ymdrin â'u straeon yn dda. Roeddent hefyd yn adlewyrchu ar rwystrau eraill, yn cynnwys y stigma cymdeithasol sy'n gysylltiedig â thlodi, teimladau pobl o gywilydd o'u hamgylchiadau, ofn dialedd cyhoeddus am hawlio budd-daliadau lles a hyd yn oed sancsiynau'r llywodraeth am siarad am eu hamgylchiadau:

Rwy'n credu ein bod i gyd yn ymwybodol o broblemau – yn arbennig gyda straeon am astudiaethau achos tlodi oherwydd yn aml, mae'r bobl sydd yn y sefyllfa honno yn teimlo embaras ac nid ydynt eisiau mynd ar y teledu i siarad am y peth. (Golygydd newyddion darlledu, Saesneg)

Mae yna deuluoedd sy'n gwneud eu gorau ond yn ei chael hi'n anodd, ac maent yn rhy falch i rannu'r stori … mae yna bobl sydd, trwy anlwc, yn y sefyllfa y maent ynddi, ac am eu bod yn Gymraeg ac yn falch, nid ydynt eisiau rhannu eu stori yma. (Cynhyrchydd darlledu, Cymraeg)

Efallai eich bod eisiau … siarad â rhywun sydd wedi ei effeithio'n uniongyrchol gan rai o'r toriadau hyn ac … efallai fod gennych y wybodaeth ystadegol a gallech fod eisiau rhoi cig ar yr asgwrn trwy siarad â rhywun sydd wedi ei effeithio. Gall hyn fod yn fwy problematig ac yn fwy anodd, yn rhannol am fod llawer o bobl – er eu bod wedi eu heffeithio gan benderfyniadau sy'n cael eu gwneud – nid ydynt eisiau mynegi eu barn … Weithiau mae'n ymwneud â balchder – nad ydynt eisiau cael eu portreadu fel rhyw fath o ddioddefwr, ond rwyf hefyd yn credu bod rhai pobl yn ofni os byddant yn mynegi eu barn, a'u bod yn hawlio budd-daliadau, y byddant yn cael eu targedu a bydd y budd-daliadau yn dod i ben … felly gall hynny fod yn broblem. (Newyddiadurwr newyddion print, Saesneg)

Pan fyddwn yn gwneud straeon banciau bwyd byddwn bob amser yn gofyn a fydd eu cwsmeriaid rheolaidd, fel petai, yn fodlon cael sgwrs gyda ni … ac yn aml iawn nid yw pobl eisiau siarad am y peth. Felly mae grwpiau fel hynny'n anodd iawn i'w cyrraedd ac yn aml iawn nid yw pobl eisiau siarad am y rheswm pam y maent yn eu defnyddio, am eu bod yn teimlo bod stigma, chi'n gwybod, nad ydynt efallai yn darparu ar gyfer eu teulu neu'r math o stigma tabloid, sef 'maent yn grafwyr ac yn hawlio budd-daliadau'. Nid ydynt eisiau gwneud eu hunain yn agored, maent ychydig yn ofnus ohonom i ryw raddau, oherwydd effaith 'Benefit Street' … Rwy'n credu bod pobl ychydig yn ofnus am siarad

am eu profiadau ohono, a bod yn agored. (Newyddiadurwr darlledu/
cynhyrchydd, Saesneg)

Fodd bynnag, roedd newyddiadurwyr eraill yn awyddus i bwysleisio sut y
gellir lleddfu sensitifrwydd o'r fath, trwy ddefnyddio technegau penodol wrth
adrodd. Fe wnaethant hefyd bwysleisio pwysigrwydd ymagweddau o'r fath er
mwyn rhoi sylw i'r grwpiau mwyaf agored i niwed:

> Mae gennym sawl ffordd wahanol bellach o gynnal cyfweliadau yn
> ddienw, mae'n eithaf cyffredin i ni ddefnyddio ailymgorfforiadau
> erbyn hyn. Yn aml iawn, rydym yn ffilmio cysgodion pobl yn lle eu
> hwynebau, byddwn yn aml yn cael actorion i wneud lleisiau'r bobl os
> ydynt eisiau bod yn gwbl anhysbys. Felly, rydym yn ceisio mynd i'r
> afael â'r problemau sy'n dod gyda straeon sensitif fel amddiffyn plant.
> (Golygydd newyddion darlledu, Saesneg)

Yn wir, roedd goresgyn amharodrwydd cyfranogwyr astudiaethau achos
posibl yn fater y gwnaeth sawl newyddiadurwr adlewyrchu arno'n feddylgar:

> Rwy'n ymwybodol … ein bod yn dwyn perswâd ar unigolion i gymryd
> rhan mewn rhaglenni am lawer o resymau ac nid wyf yn dweud
> bod newyddiadurwyr … ond mae'r pwysau yno i gael y stori a chael
> enghraifft. Yn naturiol, weithiau mae'n mynd i fod fel rhyw fath o
> frwydr. (Cynhyrchydd darlledu, Cymraeg)

> Mae'n rhaid i chi ganfod pam y byddent eisiau cymryd rhan mewn
> rhaglen … a dyna ein gwaith ni fel newyddiadurwyr … esbonio iddynt
> … Mae'n debygol iawn eu bod yn mynd i ddweud na ond os byddwch
> yn siarad â nhw am yr hyn ddigwyddodd ac yna, wel, gallech ddweud y
> gallai rhannu eu stori helpu pobl eraill … Mae hyn wedyn yn eu helpu
> i gymryd rhan ac mewn gwirionedd gallent helpu deg o bobl eraill
> sydd yn werthfawr i'r unigolyn perthnasol … ac maent yn byw yn y
> gobaith y bydd eu colled a'u poen yn helpu pobl eraill. (Cynhyrchydd
> darlledu, Cymraeg)

Mae adlewyrchiadau o'r fath gan newyddiadurwyr yn amlwg yn dangos
ymwybyddiaeth o fuddiannau unigolion yn cymryd rhan mewn astudiaethau
achos. Fodd bynnag, gallant hefyd amlygu sut y gallai blaenoriaethau
newyddiadurol ganolbwyntio ar ganfod ffordd o wneud i'r buddiannau hynny
gyd-fynd â rhai'r stori.

Profiadau newyddiadurol: crynodeb

Mae'r tebygrwydd a'r gwahaniaethau rhwng y syniadau a'r ymagweddau
a amlinellir yn ein cyfweliadau gyda newyddiadurwyr nid yn unig yn

nodweddiadol o adrodd ar dlodi yn eu cyd- destunau newyddion penodol, ond hefyd maent yn adlewyrchu'n fwy cyffredinol delfrydau a gwerthoedd proffesiynol, arferion, diwylliannau a heriau gwahanol mewn ymarfer newyddiadurol cyfoes. Roedd y gweithwyr newyddion proffesiynol gafodd gyfweliad yn dod o drawstoriad o sefydliadau newyddion, yn gweithio yn Saesneg, y Gymraeg ac yn ddwyieithog, gyda syniadau a chredoau wedi eu cyflyru gan eu profiadau penodol a gofynion penodol eu rolau. Yn gyffredinol, roedd ein hymatebwyr yn ymwybodol iawn o arwyddocâd cymdeithasol syniadau ar dlodi a chyfraniad posibl newyddion a materion cyfoes i'r syniadau hynny, pwysigrwydd cynrychioli'r ystod o brofiadau o dlodi yng Nghymru yn deg ac o ddwyn polisïau a chynigion y llywodraeth i gyfrif. Yn amlwg, fodd bynnag, credwyd bod nifer o heriau yn cyfyngu ar gywirdeb ac ystyrlondeb sylw i dlodi yn y newyddion. Roedd y rhain yn cynnwys anhawster cyffredinol cynrychioli mater parhaus 'fel newyddion' – problem sydd (fel newid hinsawdd, er enghraifft) yn gallu arwain at o'n cael ei ynysu o naratif newyddion, er gwaethaf ei amlygrwydd parhaus a'i effeithiau dwys ar fywydau pobl. Yn hytrach nag arwain stori, un manylyn yw tlodi yn aml, neu'n is-destun mewn adroddiad – sydd yn aml yn canolbwyntio ar faterion gwleidyddol neu economaidd ac efallai na fydd yn cael ei dynnu allan yn benodol fel ongl newyddion. Yn hyn o beth, efallai nad yw symudiadau ystyrlon ar y lefel macro bob amser wedi eu cysylltu'n dda â realaeth ffordd o fyw pobl ar lawr gwlad. Er bod cytundeb cyffredinol ymysg y rheiny oedd yn cael eu cyfweld bod tlodi'n cael ei wneud yn fwy ystyrlon i gynulleidfaoedd trwy archwilio profiadau pobl gyffredin, nid yw gwneud i hyn ddigwydd yn hawdd mewn ystafell newyddion sydd yn symud yn gyflym lle mae adnoddau'n brin. Roedd adlewyrchu ar y gostyngiad mewn gohebwyr arbenigol neu 'ardal' yn awgrymu datgymaliad rhwng gweithwyr newyddion proffesiynol mewn dinasoedd mawr a realaeth wironeddol tlodi mewn cymunedau ar draws y wlad. Yn yr un modd, gallai'r arbenigedd sy'n ofynnol gan newyddiadurwyr fel cyffredinolwyr fod wedi golygu colli dealltwriaeth fanwl o dlodi, ystyrlondeb straeon posibl a chyfyngiadau pellach ar waith archwilio ar lawr gwlad. Mynegodd rhai newyddiadurwyr bryderon am y diffyg amrywiaeth cymdeithasol yn y diwydiant yn gwaethygu anawsterau o'r fath ymhellach. Tra bod newyddiadurwyr materion cyfoes sydd yn gweithio i raddfeydd amser hirach yn sôn am eu swyddi mewn ffordd ychydig yn wahanol, gan ddewis datblygu straeon, a datblygu'r berthynas angenrheidiol a dealltwriaeth o'r materion eu hunain, roedd teimlad amlwg mewn newyddiaduraeth newyddion bod pellter allai beri problem o straeon pobl gyffredin. Roedd y berthynas â'r trydydd sector, i ryw raddau felly, yn ffordd o ailgysylltu newyddiadurwyr â straeon am dlodi ar lawr gwlad, gan roi gwybodaeth fanwl trwy adroddiadau a mynediad i astudiaethau achos o'r gwaith rheng flaen gyda chymunedau yng Nghymru. Lle'r oedd gofynion a heriau creu newyddion wedi ei ddeall yn dda gan gysylltiadau mewn sefydliadau trydydd sector, roedd y berthynas yn cael ei gwerthfawrogi'n dda ac yn cael ei thrafod o ran gwella adrodd ar fuddiannau dynol a chynrychiolaeth ystyrlon o dlodi. Fodd bynnag, roedd cyfrifon newyddiadurwyr hefyd yn awgrymu bod tensiynau yn dod gyda pherthynas o'r fath, a chamargraffiadau ac y gallai fod yn rhwystr i greu adroddiadau o ansawdd.

Yn y bennod nesaf, byddwn yn troi at safbwyntiau gweithwyr proffesiynol y trydydd sector tuag at eu harferion cyfathrebu â'r cyfryngau ar dlodi, yn cynnwys eu nodau, eu profiadau a'u heriau yn ymgysylltu â'r cyfryngau newyddion yng Nghymru.

Profiadau'r Trydydd Sector o Gyfathrebu Tlodi

Cyflwyniad

Roedd ein hymchwil cyfweld yn cynnwys siarad ag 16 o weithwyr proffesiynol yn gweithio ar draws ystod o sefydliadau'r trydydd sector yng Nghymru oedd yn ymgysylltu â thlodi mewn ffyrdd gwahanol. Roedd y rhain yn cynnwys cymdeithasau tai, elusennau digartrefedd, banciau bwyd, sefydliadau cymorth cymunedol a gwirfoddol, sefydliadau eiriolaeth cydraddoldeb, grwpiau crefyddol a chyrff anllywodraethol rhyngwladol. Er bod rhai o'n cyfranogwyr yn gweithio mewn rolau wedi eu neilltuo'n ffurfiol i, neu'n gyfrifol am, gyfathrebiadau'r cyfryngau, roedd eraill yn ymgysylltu â'r cyfryngau yn llawer mwy achlysurol fel rhan o'u gwaith. Gofynnwyd i bob cyfranogwr am eu safbwyntiau am y sylw y mae tlodi'n ei gael yn y cyfryngau, eu profiadau a'u syniadau eu hunain am ymgysylltu â sefydliadau'r cyfryngau newyddion a'r cyfleoedd, y pwysau a'r heriau a wynebir yn cyfleu eu neges ar y materion sydd yn bwysig iddynt. Yn dilyn, ceir dadansoddiad thematig o'r cyfweliadau, gyda mewnwelediad ar safbwyntiau gweithwyr proffesiynol y trydydd sector sydd yn gweithio yng Nghymru. Trefnir y canfyddiadau yn dri brif adran: Nodau ac Arbenigedd Cyfathrebu, Cynrychiolaeth a'i Heriau a Pherthynas â'r Cyfryngau.

Nodau ac arbenigedd cyfathrebu

Roedd ein cyfranogwyr yn cynrychioli ystod o sefydliadau y mae eu hymgysylltiad â'r cyfryngau newyddion yn gwahaniaethu'n sylweddol o ran rheoleidd-dra ac uniongyrchedd. Roedd rhai sefydliadau mwy yn cyflogi personél wedi eu neilltuo i ymdrin â chyfathrebu cyhoeddus. Soniodd y bobl hyn gafodd gyfweliad yn hyderus am eu gwaith cyfathrebu a nodau strategol

Sut i ddyfynnu'r bennod hon:
Moore, K. 2020. *Adrodd ar Dlodi: Naratif y Cyfryngau Newyddion a Chyfathrebiadau'r Trydydd Sector yng Nghymru.* Tt. 85–118. Caerdydd: Gwasg Prifysgol Caerdydd. DOI: https://doi.org/10.18573/book5.e. Trwydded: CC-BY-NC-ND 4.0

i ddylanwadu ar bolisi a/neu safbwynt cyhoeddus. Roedd sefydliadau eraill yn canolbwyntio mwy ar gyflwyno gwasanaethau rheng flaen, gan gefnogi cleientiaid yn uniongyrchol a/neu geisio dylanwadu ar wneuthurwyr polisïau yn fwy uniongyrchol. Yn hynny o beth, nid oedd y sefydliadau hyn o reidrwydd yn rhoi blaenoriaeth i gyfathrebiadau'r cyfryngau nac yn meddu ar rolau ar gyfer pobl sy'n uniongyrchol gyfrifol amdano ac yn tueddu i gael cyswllt llai rheolaidd â newyddiadurwyr.

Roedd rhai o'r rheiny gafodd gyfweliad wedi bod yn newyddiadurwyr yn eu swyddi blaenorol ac yn teimlo bod hyn wedi eu galluogi i gyflwyno dealltwriaeth o ofynion a phwysau'r cyfryngau newyddion i'w swyddi. Roedd hyn yn cynnwys sut i greu datganiadau effeithiol i'r wasg a sensitifrwydd i'r pwysau amser ac adnoddau yr oedd newyddiadurwyr yn ei wynebu:

> Ar ôl gweithio yn y cyfryngau Cymraeg ... rwy'n credu eu bod i gyd yn eithaf teg ac rwy'n credu bod perthynas dda yno. Rwy'n gwybod beth yw eu hagenda – meant eisiau straeon da, fy agenda i yw hysbysu pobl, felly mae'n rhaid i ni chwarae eu hagenda nhw trwy geisio eu hysgrifennu mewn ffordd fydd yn cyrraedd y papurau. Efallai fod hynny'n golygu rhoi pennawd cryf iddynt ... neu geisio dod o hyd i lawer o astudiaethau achos neu bethau y gallant eu holrhain ... rwy'n deall y pwysau sydd arnynt – yn arbennig newyddiaduraeth print – ac nid oes ganddynt yr adnoddau oedd ganddynt ar un adeg ac mae'n anochel bod camgymeriadau'n digwydd, ac rwy'n credu ein bod mewn oes lle mae'n rhaid anwybyddu llawer o hynny am ein bod yn gwybod pa mor anodd yw pethau. (Cynghorydd cyfathrebu/swyddog y cyfryngau)

Adlewyrchodd rhai ar y gwahaniaethau rhwng newyddiaduraeth a rolau CC/ cyfathrebu gan amlygu materion fel arbenigedd proffesiynol a gwerthoedd. Er enghraifft, nododd un swyddog y cyfryngau y gallai'r ffordd y mae gwrthrychedd a chydbwysedd yn cael eu deall mewn stori ddibynnu ar raddfa'r wybodaeth fanwl am y materion sydd gan yr awdur – safbwynt oedd hefyd yn rhoi gwrthbwynt i rai o honiadau'r newyddiadurwyr am ddylanwad negyddol posibl CC ar ansawdd newyddiaduraeth:

> Pan oeddwn yn ohebydd gallech wneud deg stori wahanol y dydd, ond os oeddech ym maes CC, roeddech yn gweithio, mewn gwirionedd, ar un neges trwy straeon amrywiol drwy'r amser ... sydd yn rhoi mwy o foddhad i mi am eich bod yn datblygu dyfnder a gwybodaeth, ac yn cael cyfle i ddeall y darlun cyflawn. Ac, mae'n dangos i chi fel y mae newyddiadurwyr aeddfed, caled yn credu eu bod yn gwybod am stori benodol, ond rydych yn sylweddoli, mewn gwirionedd, 'nid wyt yn gweld y darlun cyflawn!' Maent yn cael un ochr ar ei gyfer, maent yn credu eu bod yn gwybod y ffeithiau i gyd, ond rydych yn canfod, mewn gwirionedd, nad ydynt yn gwybod llawer. Mae wedi fy ngwneud

yn amheus iawn o'r hyn yr wyf yn ei ddarllen mewn papurau newydd nawr hefyd. Rydych yn meddwl, 'mae stori arall yn fan 'na!' Mae'n anodd iawn ysgrifennu stori heb fod yn rhagfarnllyd a heb gael agenda ac rwy'n credu bod newyddiadurwyr yn ceisio gwneud hynny, ond mae'n anodd iawn, iawn. (Cynghorydd cyfathrebu/swyddog y cyfryngau)

Roedd y rheiny mewn swyddi wedi eu neilltuo i gyfathrebu yn sefydliadau mwy, cenedlaethol neu ryngwladol y trydydd sector yn tueddu i fod â phrofiad helaeth o weithio ym maes cysylltiadau cyhoeddus a/neu'r cyfryngau. Disgrifiwyd cyfuniad o strwythurau cymorth ffurfiol ac ymreolaeth oedd yn eu galluogi i gynllunio ymlaen a chreu neges wedi ei theilwra'n ofalus ar gyfer y gynulleidfa Gymreig fel rhan o'u hymarfer bob dydd:

Yn ei hanfod, maent fel ystafell newyddion yn Llundain ... felly rydym yn cael drafft y DU o'r datganiad i'r wasg, yna, fel tîm cyfathrebiadau eiriolaeth yr ydym yn rhan ohono, rydym yn gweld sut y gallwn addasu'r datganiad i'r wasg i weithio yng Nghymru – mae gennym y rhyddid i wneud hynny. Ond fel arfer, rydym yn cadw'r un neges oherwydd dyna yw'r pennawd fydd yn mynd i lawr y llinellau ... ac yna byddwn yn gweithio ar addasu'r datganiadau i'r wasg, eu llofnodi dros bennaeth ein cwmni yma, a hefyd eu hanfon i Lundain i gael eu cymeradwyo hefyd ... Os yw'n ymgyrch fawr, bydd angen astudiaeth achos arnom i fynd gyda'r stori ... gan ddod o hyd i astudiaeth achos ymhell cyn y dyddiad lansio ... trwy ein gwaith rhaglen yn bennaf. (Rheolwr y cyfryngau a chyfathrebu)

Teimlwyd bod cymhwysedd ieithyddol mewn amgylchedd dwyieithog yn cael effaith sylweddol ar y sylw yr oedd ymgyrchoedd yn eu cael. Disgrifiodd rhai y ffordd yr oedd gweithio'n ddwyieithog yn effeithio ar lefelau disgwyliad a'r gofynion a roddir ar weithwyr cyfathrebu proffesiynol yn eu swyddi:

Y ddadl bob amser yw eich bod yn ymestyn y rhychwant – bob tro os oes gennym rywbeth ar gyfer y cyfryngau Cymraeg a Saesneg, ac ar gyfer radio leol byddwn [ni] yn tueddu i wneud cyfweliadau gefn wrth gefn yn Gymraeg a Saesneg ... mae'n mynd allan yn y ddwy iaith wedyn. (Rheolwr y cyfryngau a chyfathrebu)

Nid yw'n broblem, ond mae'n rhywbeth y gellid ei godi yng Nghymru yn benodol am ei bod yn wlad ddwyieithog. Mae gennych y cyfryngau dwyieithog, ond nid oes gennych arbenigwyr dwyieithog o reidrwydd, felly mae i fyny i ni yn aml iawn ... os ydym yn digwydd bod yn siaradwyr Cymraeg, i'w wneud ac weithiau rydym yn dweud, 'Rwyf ond yn ei wneud os yw'n cael ei recordio ymlaen llaw!' (Rheolwr y cyfryngau a chyfathrebu)

Dywedodd eraill sut, trwy eu profiad, eu bod wedi deall y pwysau amser ac adnoddau yr oedd newyddiadurwyr yn eu hwynebu ac wedi dysgu beth fyddai wedi gwneud eu straeon yn fwy tebygol o gael eu defnyddio:

> Rhoi un neu ddau o eiriau allweddol iddynt sef 'dyna'r stori, dyna'r ongl y gallwn ei roi i'r math hynny o bennawd', a gallant roi sglein arno ac ychwanegu dyfyniadau ac maent yn rhedeg y stori heb lawer o waith. Felly, ar gyfer straeon gyda'r datganiad i'r wasg, rydym wedi canfod po fwyaf o waith y gallwn ei wneud iddynt, yr agosaf yr ydym i gael erthygl y gallant ei lanlwytho a'i chyhoeddi, y mwyaf tebygol y bydd o gael sylw – sydd yn gallu bod yn feirniadaeth ar y diwydiant newyddiadurol yn gyffredinol ar hyn o bryd, ond dyna fel mae pethau. (Swyddog cyfathrebu)

> Rydym yn byw mewn byd cystadleuol ac nid oes gan newyddiadurwyr lawer o amser, maent yn gweithio i derfynau amser caeth. Felly, rydych yn ceisio teilwra rhywbeth fel ei fod yn waith codi a gosod weithiau. (Rheolwr CC a chyfathrebu)

Mewn gwrthgyferbyniad, nid oedd gan sawl un a gafodd gyfweliad unrhyw gefndir yn y cyfryngau a hyfforddiant ffurfiol cyfyngedig mewn cyfathrebu. Fe wnaethant adlewyrchu ar y ffordd y gallai hyn effeithio ar eu dealltwriaeth o'r hyn yr oedd newyddiadurwyr yn edrych amdano a chyfradd llwyddiant eu datganiadau i'r wasg:

> Byddwn yn dweud nad ydym, mwy na thebyg, wedi bod mor dda yn ei wneud ag y gallem fod am nad oes gennym unrhyw un â chefndir yn y cyfryngau, chi'n gwybod, felly nid oes gennym adran CC nac unrhyw beth fel hynny. Mae'n rhywbeth yr ydym yn ei wneud ynghyd â phopeth arall yr ydym yn ei wneud. (Rheolwr gweithredol)

> Mae llawer ohonynt heb gael eu defnyddio mewn gwirionedd ... Mae'n llawer mwy anodd torri i mewn i'r wasg mewn gwirionedd, felly mae'n golygu canfod yr hyn sydd angen i ni ei wneud ar eu cyfer. Ydy, mae'n llawer mwy anodd am nad oes gennym y cysylltiadau mewn gwirionedd y dylem feddu arnynt er mwyn canfod sut y gallwn wneud hynny'n well. (Swyddog gwybodaeth a chyfathrebu)

Dywedodd y rheiny gafodd gyfweliad y ffordd yr oedd rhoi cynnig arni a dysgu 'wrth wneud y gwaith' ac oddi wrth 'gydweithwyr uwch' yn llunio eu hymarfer. Er bod hyfforddiant cyfathrebu â'r cyfryngau yn cael ei ystyried yn beth da yn gyffredinol, ar gyfer sefydliadau llai, roedd costau'n aml yn cael eu hystyried fel rhwystr:

Rwyf wedi gwneud y swydd bellach ers rhyw bedair blynedd ... Rwy'n gwneud pethau fy ffordd fy hun ac efallai nad dyna'r ffordd orau. Mae llawer o hyfforddiant pellach yr hoffwn ei wneud ac mae llawer mwy ar gael, ond ni allwn [ei] fforddio. (Swyddog gwybodaeth a chyfathrebu)

Mae hyfforddiant yn dda, ond eto, pan fyddwch yn gweithio i sefydliad y trydydd sector, nid oes llawer o arian ar gael i dalu am y pethau hyn. (Swyddog cyfathrebu)

Disgrifiodd rai pobl gafodd gyfweliad eu cyfrifoldeb am gyfathrebiadau o fewn cylch gorchwyl rolau llawer ehangach, gydag asiantaethau CC allanol yn cael eu defnyddio weithiau i gefnogi gwaith cyfathrebu:

Pethau yr ydym eisiau canolbwyntio arnynt ac mae ein hasiantaeth CC yn ein helpu ni gyda hynny nawr. Felly, bob mis neu ddau byddwn yn creu'r negeseuon yr ydym eisiau eu cyfleu a byddant yn defnyddio eu harbenigedd i benderfynu pa bethau sydd yn werth eu gwneud, yna'n ein helpu ni i gael straeon rheolaidd allan yno, a gwneud yn siŵr bod pobl yn gwybod yn fras beth sy'n mynd ymlaen a phethau ar y cyfryngau cymdeithasol. Bydd yr asiantaeth CC yn gwneud ychydig o hynny ond byddant hefyd yn gwneud darnau wedi eu targedu'n fwy. (Rheolwr gwybodaeth a mewnwelediad)

Roedd nodau a strategaethau cyfathrebu'r rheiny gafodd eu cyfweld gennym yn amrywio'n sylweddol. Er bod rhai yn glir iawn ac yn canolbwyntio ar eu hamcanion, i eraill, nid oedd y rhain mor glir. Fodd bynnag, ar gyfer bawb gafodd eu cyfweld, roedd herio amgyffrediad negyddol y cyhoedd o'r rheiny oedd yn dioddef tlodi yn cael ei ystyried yn ganlyniad dymunol o'u gwaith:

Nid yw'n golygu bod yn wynebau pobl, na bod yn enwog neu'n adnabyddus. Mae'n ymwneud ag effaith y stori ar ymagwedd y cyhoedd yn gyffredinol. (Cyfarwyddwr sefydliad)

Mae pobl allan yno o hyd â'r delwedd bod banciau bwyd yn bwydo pobl ddiog, anniben a 'phe byddent ond yn codi oddi ar eu penolau a chael gwaith'. Felly, y ffordd fwyaf effeithiol o wrthbwyso'r safbwynt a'r diffyg gwybodaeth hynny, mewn gwirionedd, yw straeon. Felly pan fyddwch yn gallu dweud y stori y tu ôl i'r wynebau ... mae'n cael llawer mwy o effaith, felly rydym yn dechrau gwneud hynny. (Rheolwr gweithredol)

Fodd bynnag, i rai, roedd herio agweddau negyddol agendâu newyddion a'r drafodaeth ehangach ar dlodi yn nod gymharol newydd, mwy ymylol neu eilaidd. Roedd cael sylw ehangach yn y cyfryngau yn llai pwysig i'w strategaethau, oedd, yn lle hynny, yn canolbwyntio ar gyfathrebu amcanion ymgyrchoedd, cyrraedd gwneuthurwyr polisiau yn uniongyrchol a/neu amlygu gweithgareddau llwyddiannus i noddwyr:

> Yr hyn sy'n bwysig i ni, am wn i, yw'r hyn yr wyf yn ei alw'n fusnes i fusnes. Felly mae angen ein partneriaid cyllid i wybod ein bod yn gwneud gwaith da, ac nid yw hynny'r un peth â rhoi gwybod i'r cyhoedd bob amser. (Rheolwr gwybodaeth a mewnwelediad)

> Yr unig stori y gwnaethom ei rhoi allan oedd pan ddaeth prif weinidog Cymru ar ôl Brexit i sicrhau mudwyr bod croeso iddynt yma o hyd. Ond roedd wedi ei ysgogi gan Lywodraeth Cymru. Roeddent eisiau dangos bod pobl yn cael eu sicrhau. O'n safbwynt ni, nid oeddem yn poeni am yr ongl newyddion, roeddem eisiau i'n pobl ifanc siarad allan a chael eu clywed gan brif weinidog Cymru mewn sefyllfa wyneb yn wyneb. O'n safbwynt ni, roedd y cyfryngau yno i roi tic ym mlwch Llywodraeth Cymru – i ddangos bod y gwleidyddion yn gwneud rhywbeth. Felly i ni, y budd oedd bod y plant yn cael llais. Nid trwy eu portread yn y cyfryngau, er y byddai portread yn y cyfryngau wedi helpu i greu awyrgylch cadarnhaol gobeithio. (Cyfarwyddwr sefydliad)

> Nid oes gennym strategaeth gyfathrebu ehangach o ran siarad â'r cyfryngau neu adrannau o'r cyfryngau. Mae'n rhywbeth yr ydym yn edrych arno ac yn rhoi cynnig arno. Yn hanesyddol, nid yw'n rhywbeth yr ydym wedi canolbwyntio arno am nifer o resymau: maint y tîm, y math o waith yr ydym yn ei wneud, llawer o resymau mewn gwirionedd. (Swyddog polisi a materion allanol)

Er, am ryw reswm, roedd gwaith cyfathrebu yn canolbwyntio mwy ar ddiwydiant neu noddwyr, roedd y bobl hyn gafodd eu cyfweld yn sôn yn aml am y ffordd yr oedd cyllidebau cyfyngedig ac wedi eu rhagnodi yn golygu nad oedd gwaith cyfathrebu â'r cyhoedd yn rhywbeth yr oedd eu sefydliadau yn gallu rhoi blaenoriaeth neu ymrwymo adnoddau iddo:

> Nid dyma'r hyn y dylem fod yn gwario ein harian elusennol arno o reidrwydd. (Rheolwr gwybodaeth a mewnwelediad)

> Mae gweithwyr prosiect yn gyfyngedig yn yr hyn y gallant ei wneud. Mae popeth y maent yn ei wneud yn gorfod cael ei gyfeirio tuag at beth bynnag yr ydym wedi dweud y byddwn yn ei wneud pan fyddwm yn cael yr arian, felly maent yn gyfyngedig iawn ... Nid oes ganddynt yr amser i fwydo gwybodaeth yn ôl atom ac mae'n rhaid i ni fynd atynt i wneud yn siŵr bod y straeon yn cael eu rhannu. (Swyddog gwybodaeth a chyfathrebu)

Mynegodd eraill bryderon nad oedd sylw yn y cyfryngau bob amser yn ddefnyddiol i'w hachosion, ac y gallai fod rheswm da dros osgoi cyhoeddusrwydd mewn rhai cyd-destunau:

Nid ydym yn edrych am stori enfawr, am fod sylw mawr yn y cyfryngau bob amser yn gallu [creu] gwrthdaro ac argraff negyddol. Felly rydym yn cadw draw wrth straeon mawr ac yn ceisio gwneud straeon bach am wirfoddoli neu gyfraniadau cyffredinol ar lefel leol. (Cyfarwyddwr sefydliad)

Roedd y rheiny oedd yn ceisio cynyddu'r sylw yr oedd eu neges yn ei gael yn y newyddion yn aml yn adlewyrchu ar amgylchedd cystadleuol y trydydd sector a'r gwaith sylweddol oedd yn rhan o greu enw da fel ffynhonnell newyddiadurol dda ar gyfer straeon am dlodi:

Mae'n rhywbeth sydd yn ein strategaeth hir dymor mewn gwirionedd. Bod yn un o'r ffynonellau cyntaf ... Ar gyfer sefydliad bach gyda rhywfaint o enw da fel ni, mae'n gwella. (Rheolwr polisi)

Pan fydd rhywun yn edrych o gwmpas ac yn dweud, 'iawn mae angen i ni wneud y darn o waith hwn, pwy sy'n gallu helpu?' mae angen iddynt wybod pwy ydym a beth ydym a'n bod yn gallu gwneud hynny iddynt. Felly mae angen i ni sicrhau bod hynny bob amser ym meddyliau pobl. (Swyddog gwybodaeth a chyfathrebu)

Rwy'n credu bod yn rhaid i ni weithio i wneud mor dda, yn sicr, yn codi ein proffil o ran materion penodol yr ydym yn eu cynnwys, er mwyn dod yn bobl y gellir 'mynd atynt'. (Rheolwr y cyfryngau a chyfathrebu)

Mae angen i ni roi ein hunain mewn sefyllfa llawer gwell. Rwy'n credu pan fydd straeon penodol yn dod allan, mae yna ddisgwyliad bob amser ... mae rhai sefydliadau yn mynd i adweithio iddo am ei fod yn ymwneud â nhw. Nid wyf yn credu, chi'n gwybod, ein bod ar frig rhestr unrhyw un. (Swyddog Gwybodaeth a Chyfathrebu)

Soniodd llawer o sefydliadau am effeithio ar safbwynt y cyhoedd trwy'r cyfryngau newyddion fel un nod strategol ymysg llawer, eraill yn cynnwys dangos gwerth i noddwyr, cyfathrebiadau partner mewnol neu rwydwaith a dylanwadu ar wneuthurwyr penderfyniadau:

Mae un yn ymwneud â chodi ymwybyddiaeth am ein sefydliad – felly ymwybyddiaeth brand, datblygu brand. Y llall yw datblygu ymwybyddiaeth ar gyfer ein haelodau a helpu i godi ymwybyddiaeth am y gwaith y maent yn ei wneud. Y trydydd yw codi ymwybyddiaeth ymysg y cyhoedd am y materion yr ydym yn sôn amdanynt – i herio'r mythau a dangos i bobl realaeth yr hyn sydd wedi newid, beth wnaeth wella, beth wnaeth waethygu. A'r pedwerydd un – yw herio prif wneuthurwyr penderfyniadau a gwleidyddion er mwyn iddynt allu gweld ble mae angen i ni weithredu. Felly, os byddwn yn mynd at Aelod o'r Cynulliad a dweud bod angen i ni weithredu er mwyn i gartrefi gofal beidio mynd i'r wal, os dim ond ni sy'n dweud hynny, bydd yn flaenoriaeth isel. Os ydym wedyn yn dweud ei fod ar BBC Cymru hefyd, mae'n fwy tebygol o lwyddo. Weithiau byddwn yn gwneud un, fydd yn gwneud bob un o'r pedwar, ac ar adegau eraill byddwn yn fwy tebygol o roi stori allan amdano a rhoi mwy o amser ac ymdrech iddo. (Rheolwr polisi)

Rwy'n credu bod cyfrifoldeb i ddweud stori'r bobl yr ydym yn gweithio gyda nhw – i ddangos nad cysgu ar y stryd yn unig yw digartrefedd a hefyd i ddangos yr angen am sefydliad fel ein un ni yng Nghymru. P'un ai o safbwynt dangos ei hangen i'r cyhoedd a chael rhywfaint o ymgysylltu mewn cymunedau lleol lle, chi'n gwybod, gallem agor hostel rhywle, a bydd rhywfaint o adwaith gwael i hynny yn lleol. Yn amlwg, os gallwn wneud rhywfaint o waith rhagweithiol, cadarnhaol cyn hynny, yna rydym yn cael ein derbyn yn well mewn cymunedau. Ond hefyd, o safbwynt ariannu hefyd – mae i gyd yn rhan o'r un darlun mewn gwirionedd: dim ond dangos ein hangen, dangos ein canlyniadau a pharhad ein gwasanaeth wedyn am gyhyd â bod angen iddo fod yno. (Swyddog cyfathrebu)

Roedd thema allweddol arall yn cynnwys cael cydbwysedd yn y gwaith rhwng adweithio i ofynion y cyfryngau ac ymagweddau mwy rhagweithiol i gyfathrebu syniadau am straeon i newyddiadurwyr. Roedd gwahaniaethau clir yn amlwg rhwng y ffordd yr oedd sefydliadau sy'n seiliedig ar newid polisi, darparwyr gwasanaethau llawr gwlad a sefydliadau rhwydweithio/mantell yn sôn am gynllunio a rheoli eu strategaethau yn ymwneud â'r cyfryngau:

Rydym yn ymateb i geisiadau gan newyddiadurwyr wrth iddynt gyrraedd, ac yn yr un modd, rydym yn mynd atynt gyda straeon pan fydd straeon penodol yn codi. Felly nid oes unrhyw gynllun ffurfiol felly. (Cyfarwyddwr sefydliad)

Mae man terfyn, mae nod yr ydym yn gweithio'n ôl oddi wrtho: felly sut ydych yn cyrraedd yno, sut ydym yn cael yr adwaith hwnnw neu'r newid polisi hwnnw, neu beth bynnag yw'r nod … ac rydym yn cynllunio'n ôl o hwnnw i wneud yn siŵr ac asesu effaith hyn ac a ydym wedi cyrraedd y pwynt hwnnw. (Rheolwr y cyfryngau a chyfathrebu)

Mynegodd llawer ddymuniad i newid y cydbwysedd o fod yn adweithiol yn bennaf i waith cyfryngau mwy rhyngweithiol er mwyn lleoli eu sefydliadau a/ neu gyfathrebu eu neges yn fwy effeithiol:

> Gallwn fod yn eithaf adweithiol ac rwy'n credu bod angen i ni fod ychydig yn fwy rhyngweithiol. Mae angen i ni wybod am bethau sy'n mynd i fod yn digwydd ymlaen llaw a pharatoi datganiadau. Rwy'n credu bod llawer o sefydliadau eraill yn dda yn gwneud hynny, bod ganddynt gysylltiadau yn y mannau iawn a'u bod yn gwybod pa faterion sydd yn codi trwy'r Cynulliad neu lywodraeth leol a'u bod yn gallu paratoi ar gyfer hynny a chael eu datganiad yn barod, neu gallant gael dyfyniad yn y stori wrth iddi ddod allan (Swyddog gwybodaeth a chyfathrebu)

> Roeddem o'r farn y byddai'n ddiddorol symud o fod yn sefydliad adweithiol iawn lle'r ydym yn llythrennol yno i ymdrin ag ymladd y problemau, a bod yn sefydliad sydd yn gallu dechrau cael ychydig mwy o lais moesol, chi'n gwybod, mewn cymdeithas ehangach, a hefyd cael safbwynt yn y cyfryngau am faterion fel tlodi a materion cymdeithasol cenedlaethol. Rydym eisiau gallu cael y negeseuon allan yno, yn hytrach na bod yn fwy adweithiol. (Swyddog cyfathrebu)

Er bod rhai wedi disgrifio targedu adegau yn ystod y flwyddyn galendr pan mae sylw yn y cyfryngau'n cael ei ystyried yn fwy tebygol, disgrifiodd eraill eu hamserlen fel un wedi ei harwain yn bennaf gan flaenoriaethau ymgyrch a'r adnoddau sydd ar gael:

> Mae Awst yn adeg eithaf da am fod llawer llai o straeon gwleidyddol ar gael ac felly maent ychydig yn fwy tebygol o gynnwys straeon cadarnhaol neu straeon penodol sydd wedi cael eu rhoi i'r naill ochr nad ydym wedi llwyddo i'w cael allan yno eto, ond rydych yn anfon datganiad i'r wasg ac yn gobeithio'r gorau. (Swyddog cyfathrebu)

> Nid ydym yn cynllunio o amgylch cylch newyddion y cyfryngau. Rwy'n gwybod am rai sefydliadau newyddion sy'n gwneud hynny, ac yn ceisio targedu pan fydd newyddion yn mynd yn ddiflas. Ond mewn gwirionedd, mae ein sector yn symud mor gyflym na fyddai ceisio cynllunio ymlaen am flwyddyn gyfan o ran y cyfryngau yn gweithio. Felly'r hyn yr ydym yn tueddu ei wneud yw chwilio am ddau neu dri phrif beth y byddwn yn canolbwyntio arnynt y flwyddyn honno, eu rhoi yn y calendr ac yna gobeithio y bydd yn cael sylw. Mae sefydliadau mwy na thebyg sydd yn gallu addasu'n haws, ond mae gennym lai o adnoddau, sydd mwy na thebyg yn wir ar draws y sector cyfan. (Rheolwr polisi)

Er mai sianeli'r cyfryngau prif ffrwd oedd prif ffocws llawer o sefydliadau o hyd, soniwyd am y cyfryngau cymdeithasol (Twitter yn bennaf), gan bron pawb gafodd gyfweliad fel sianel bwysig ar gyfer cyfeirio ymgyrchu, rhwydweithio yn y sector neu gyda newyddiadurwyr, neu reoli cyfathrebiadau'r cyfryngau:

> Fy mlaenoriaeth o hyd yw'r cyfryngau prif ffrwd am fy mod yn credu bod ganddynt fwy o bŵer nag sydd gennym fel sefydliad i gyrraedd pobl. Er enghraifft, rydych yn cael eitem ar *Wales Today*: ai 100,000 o bobl sydd yn gwylio hwnnw? Rydych yn cael rhywbeth ar *Good Morning* ac yna wrth gwrs mae'n mynd ar-lein. Os gallwn gael cyfweliadau ar *Good Morning Wales*, yn sydyn rydych yn cyrraedd mwy o bobl nag y mae'n bosibl i ni eu cyrraedd trwy ein cyfathrebiadau ein hunain. (Cynghorydd cyfathrebu/swyddog y cyfryngau)

> Rwy'n credu ein bod yn ceisio targedu papurau cenedlaethol yn hytrach na rhai rhanbarthol ond efallai ar gyfer rhai pethau dylem fod yn targedu'n rhanbarthol hefyd. Yn bersonol, nid wyf yn darllen papurau newydd. Rwyf i o genhedlaeth lle nad wyf yn teimlo eu bod mor bwysig, ond maent yn bwysig i bobl eraill mwy na thebyg felly mae'n rhywbeth y mae angen i ni ei dargedu ychydig mwy, mwy na thebyg. (Swyddog gwybodaeth a chyfathrebu)

> Rwy'n credu bod y cyfryngau cymdeithasol – mae'n amlwg yn newid pethau o ran gwneud pethau fel ymgyrchu ar lawr gwlad. Ac i ni, fel sefydliad mwy, [rydym] mewn gwirionedd ond yn dechrau mynd i'r afael â'r ffaith ein bod yn gallu defnyddio'r cyfryngau cymdeithasol i wneud pethau fel hyn i ddylanwadu. Hyd yn oed ar lefel ar draws y DU, nid ydynt yn ei wneud llawer mewn gwirionedd. (Rheolwr y cyfryngau a chyfathrebu)

> Mwy a mwy, mae elusennau a sefydliadau yn sefydlu cyfrifon Twitter, yn arbennig cyfrifon Twitter preifat, ac yn gwahodd newyddiadurwyr i fod yn rhan o'r math hynny o grŵp. Ac maent yn anfon gwaharddiadau allan ar gyfer datganiadau i'r wasg trwy'r cyfrif Twitter yn hytrach na negeseuon e-bost am eu bod yn mynd ar goll mewn negeseuon e-bost ... ac yna, mae'r newyddiadurwyr hyn, maent yn cael eu rhan nhw o'r clwb egsgliwsif hwn sydd yn cael y wybodaeth ymlaen llaw ac rydych yn cael eich gwahodd i'r cyfrifon hyn. (Rheolwr y cyfryngau a chyfathrebu)

Er gwaethaf y pwysigrwydd a roddodd llawer o'r rheiny gafodd gyfweliad i gyfathrebiadau cyhoeddus, y tu hwnt i'r sefydliadau mwyaf, roedd asesu neu roi cyfrif am ei effeithiolrwydd yn mynd i'r afael â nodau sefydliadol yn gyfyngedig yn bennaf. Roedd hyn wedi ei briodoli'n bennaf i gyfyngiadau o ran amser ac adnoddau, er y teimlwyd bod y defnydd o'r we a dadansoddiadau'r cyfryngau cymdeithasol yn hwyluso mwy o fonitro:

> Mae gennym wasanaethau monitro'r cyfryngau, Press Data, am eu bod yn casglu'r darn Cymraeg i ni ac uned y cyfryngau yn Llundain. Felly rydym yn cael bwletin newyddion bob dydd a chasgliad gan y wasg ... Mae Llundain fel arfer yn casglu ar-lein (*Wales Online*) ond gyda'r gwasanaeth Press Data sydd ganddynt yma, byddant yn casglu o *Golwg* a gwasanaethau Cymraeg hefyd, felly gallwn fonitro'r sylw yr ydym yn ei gael wrth iddo ddod i mewn. Rydym fel arfer yn sefydlu neu'n gwneud y cyfweliadau ar gyfer eu darlledu er mwyn i ni wybod pan fyddwn wedi gwneud y rheiny; radio leol – mae'r rheiny'n cael eu codi gan Lundain hefyd, ac yna rydym yn eu recordio. Er mwyn i ni allu edrych yn ôl ar ôl ymgyrch mawr a chrynhoi, am fod Llundain fel arfer eisiau gwybod faint sydd yn ymddangos yn y cyfryngau. (Rheolwr y cyfryngau a chyfathrebu)

> Nid oes gennyf amser mewn gwirionedd ar gyfer gormod o ddadansoddi'r ffordd y mae pethau'n cael eu codi neu beidio. (Cynghorydd cyfathrebu/ swyddog y cyfryngau)

> Rwy'n cadw golwg rheolaidd ar ymweliadau â'r wefan a manylion y cyfryngau cymdeithasol yn wythnosol ac yn fisol, yn ogystal â Facebook, ond mewn gwirionedd, nid wyf yn tueddu i olrhain straeon yn unigol, ac efallai y dylwn wneud hyn. (Rheolwr gwybodaeth a chyfathrebu)

> Gallwch weld pa drydar sy'n cael ei ail-drydar fwyaf ac mae dadansoddiadau Twitter yn dangos i chi sawl gwaith mae eich tudalen wedi cael ei gweld. Gwyddom ei fod yn bodoli, ond nid yw'n rhywbeth yr ydym yn ei fesur. Yr un peth gyda Facebook: y prif gyfyngiad yw amser. (Cyfarwyddwr sefydliad)

Cynrychiolaeth a'i heriau

Cynigiodd llawer o'r rheiny o'r trydydd sector gafodd eu cyfweld safbwyntiau ar gynrychiolaeth y cyfryngau newyddion o dlodi yng Nghymru, yn ogystal â'u profiadau a'r heriau a wynebwyd yn chwilio am sylw i'w hachosion. Bwydodd ystod eang o faterion i mewn i'r themâu eang hyn, o adlewyrchiadau ar safbwynt cyhoeddus a'r cyd-destun cymdeithasol/gwleidyddol ar gyfer cynulleidfaoedd i arbenigedd newyddiadurwyr, maint a math y sylw, teilyngdod i gael ei gynnwys yn y newyddion a mynegi negyddol.

Yn gyffredinol, roedd llawer yn teimlo bod y rhan fwyaf o newyddiadurwyr yng Nghymru yn onest a bod eu bwriad yn deilwng o ran eu hymagwedd tuag at roi sylw i dlodi, gan nodi'r gwahaniaeth i gyfryngau cenedlaethol y DU ac nad oedd 'agenda *dabloid*' ar dlodi yn nodwedd fel arfer:

Nid wyf yn teimlo hyn yn arbennig yn y cyfryngau yng Nghymru fel hynny. Rwy'n credu eu bod yn mynd gyda rhywfaint o … naratif am dlodi … rhywfaint ohono, ychydig yn negyddol ond … llai rwy'n credu felly pethau lleol mewn gwirionedd. (Rheolwr gwybodaeth a mewnwelediad)

Fy argraff i yw … nad ydynt yn rhy debyg i'r cyfryngau *tabloid* … nid ydynt yn asgell dde iawn. Byddant yn adrodd arno mewn ffordd deg a chywir ac mewn ffordd sympathetig. (Cynghorydd cyfathrebu/swyddog y cyfryngau)

Am wn i, nid yw'n enghraifft o Gymru ond wrth edrych ar raglenni teledu fel Benefits Street … nid wyf yn siŵr bod hynny'n beth da o gwbl. Nid wyf yn siŵr ei fod … yn gynrychiolaeth deg o'r bobl hynny neu fod y bobl hynny'n gwybod yn union yr hyn yr oeddent yn cytuno i'w wneud pan wnaethant hynny ac mae'n dangos i bobl mewn tlodi yr hyn mae'n dangos ond … mae'n eu gwneud yn agored i bob math o … feirniadaeth a chraffu ac rwy'n … falch nad yw Cymru wedi dilyn yn hynny o beth. (Swyddog cyfathrebu)

Nid wyf yn credu bod gwahaniaeth mawr rhwng cyfryngau Cymru a'r DU wrth feddwl am y peth … rwy'n credu bod [sefydliad y cyfryngau] yn gwneud y math hynny o stori cymaint ag unrhyw *dabloid* arall am wn i achos mae'n stori hawdd iawn, chi'n gwybod, 'dyma berson sy'n twyllo i gael budd-dal a chafodd ei anfon i'r llys' a … bydd llawer o glicio ar hwnnw a byddwch yn cael llwyth o sylwadau blin … oherwydd dyma'r hyn y mae pobl yn mynd yn flin amdano yn gyflym iawn. (Swyddog gwybodaeth a chyfathrebu)

Adlewyrchodd sawl un o'r bobl gafodd gyfweliad ar y newidiadau penodol a gyflwynwyd gan amgylchedd y cyfryngau yng Nghymru, yn cynnwys newyddion darlledu cymysg o'r DU a Chymru a diffyg papur newydd cenedlaethol Cymreig, yn ogystal â'r amgyffrediad bod rhychwant eang darllenwyr papurau *tabloid* cenedlaethol y DU yn cael dylanwad negyddol ar safbwynt y cyhoedd ar dlodi:

Y papurau newydd sy'n gwerthu fwyaf yng Nghymru mwy na thebyg yw'r *Sun*, nid y *Western Mail* na'r *Daily Post* na'r *Evening Post*. Felly mae safbwyntiau pobl o fod yn dlawd [yn cael eu dylanwadu] gan bapurau newydd Saesneg yng Nghymru. (Cynghorydd cyfathrebu/swyddog y cyfryngau)

Y 'red tops' ... mae pobl yn eu darllen – ac yn cael sylw i Gymru ynddynt, mae hynny'n fater gwahanol iawn. Yn yr Alban mae ganddynt gyfryngau cenedlaethol ... ac mae pobl yn prynu i mewn iddo. Nid oes gennym hynny yng Nghymru ... ac rwy'n credu mewn gwirionedd bod canlyniad refferendwm yr UE a phethau fel hynny, mae llawer o faterion yn gysylltiedig â hynny ... mae'n rhywbeth y mae'n rhaid i ni ymdrin ag ef ac mae'n rhaid i ni frwydro yn ei erbyn mewn ffordd. (Rheolwr y cyfryngau a chyfathrebu)

Felly nid oes gennym bapur cenedlaethol Saesneg neu Gymraeg mewn gwirionedd yn cynnwys Cymru gyfan ... felly er mwyn cael sylw da ... yn fy mhrofiad i mae'n rhaid i chi fynd am y papurau wythnosol lleol ... mae'n fwy anodd ond dyma un o'r ffyrdd mwyaf effeithiol. Mae'n llawer mwy o waith caled na mynd i'r *Guardian* a dweud allwch chi redeg hwn a byddant yn gwneud hynny a byddwch yn gwybod ei fod gennych. (Rheolwr y cyfryngau a chyfathrebu)

Rhan o'r broblem yng Nghymru yw nad oes gennym le i gwestiynu'r materion hyn. Mae gennym newyddion Cymreig, ond mae *Newsnight* gennym o hyd. Weithiau, gallai fod yn well pe byddem yn cael gwared ar *Newsnight*, felly peidiwch â'i ddangos yng Nghymru a chanolbwyntiwch ar eich un eich hun. Rydym yn ceisio gwneud y ddau. Pe byddai gennym un mawr sydd yn archwilio'r materion yn iawn, gallai hynny fod yn well. (Rheolwr polisi)

Roedd gwerthfawrogiad hefyd y gallai'r sylw i dlodi yn y cyfryngau newyddion fod wedi ei effeithio gan drafodaethau'r cyhoedd am dlodi a/neu ystyriaethau masnachol:

Rwy'n credu y byddai newyddiadurwyr yn hoffi bod yn fwy gonest ac yn fwy llym wrth siarad am dlodi ond maent yn wynebu'r un rhwystrau ... am y sensitifrwydd a'r ... dirwedd wleidyddol o amgylch y mater ... Mae pawb eisiau newid sefyllfa, nid yw'n iawn fod cymaint o blant yn byw mewn tlodi yng Nghymru ond mae'n anodd iawn cyfleu'r neges onest, ddeifiol honno sydd hefyd, yn anffodus, yn dal yn anghyfforddus iawn i'r cyhoedd. Mae llawer o bobl yn dweud nad yw tlodi yn bodoli mwyach. (Rheolwr y cyfryngau a chyfathrebu)

Mae pobl yn amcangyfrif yn rhy uchel y bobl ar fudd-daliadau a faint o bobl sydd yn hawlio budd-daliadau yn dwyllodrus, ond rwy'n credu eu bod efallai yn amcangyfrif yn rhy isel ... y bobl sydd mewn tlodi ... Os ydych ar incwm isel iawn nid wyf yn siŵr a fyddai pobl yn ystyried eu hunain mewn tlodi. (Swyddog gwybodaeth a chyfathrebu)

Rwy'n credu ei fod yn ymwneud â beth sy'n gwerthu a ie, mae yna agwedd ddynol yn hynny ac mae hefyd yn ymwneud â chyflawni (roeddwn yn mynd i ddweud myth) ond cyflawni safbwyntiau ideolegol eich darllenwyr … rydych yn gwybod beth ydynt ac rydych yn ysgrifennu tuag at hynny. (Swyddog polisi a materion allanol)

Roedd eraill yn teimlo bod amgylchedd y cyfryngau yng Nghymru hefyd yn cael ei gyfaddawdu, gan arwain at ymagwedd llai beirniadol a chwestiynu'r materion yn annigonol, oherwydd agosrwydd y rheiny sy'n gweithio yn y cyfryngau a'r llywodraeth a chyrff anllywodraethol, gydag amharodrwydd ar ran sefydliadau'r trydydd sector i feirniadu asiantaethau sydd yn gyfryngau cyllid iddynt:

Mae maint Cymru ac agosrwydd y cyfryngau a'r llywodraeth … mae'n eithaf anodd gwneud gwaith newyddiadurol deifiol – i'r newyddiadurwyr yn arbennig ond i'r cyrff anllywodraethol … mae pobl yn ofalus iawn i beidio beirniadu'r llywodraeth na chael eu gweld yn beirniadu'r llywodraeth neu'n herio oherwydd mae eu swyddi yn dibynnu ar hynny, neu mae eu sefydliad yn dibynnu ar gyllid ganddynt. Mae'r agosatrwydd hynny yn gryfder ac yn wendid yng Nghymru. (Rheolwr gwybodaeth a mewnwelediad)

Fel y trafodwyd yn flaenorol ynghylch y cyfweliadau newyddiadurol, mynegodd rhai o'r trydydd sector a gafodd gyfweliad bryderon am amrywiaeth y newyddiaduraeth fel proffesiwn, a'r graddau yr oeddent yn gallu cynrychioli poblogaeth amrywiol yn effeithiol:

Nid wyf yn credu bod pobl mewn gwirionedd, bod y cyfryngau mewn gwirionedd yn deall tlodi yn iawn. Mae llawer o hynny'n ymwneud â phwy yw'r newyddiadurwyr: mae newyddiaduraeth yn yrfa dosbarth canol iawn o hyd … Nid oes llawer o blant tlawd yn mynd yn newyddiadurwyr. Ymddengys bod llawer o rwystrau i newyddiaduraeth fod yn gorff cynrychioliadol ac amrywiol. Nid yw hynny'n helpu'r ffordd y mae tlodi'n cael ei gynrychioli. (Cyfarwyddwr sefydliad)

Hoffwn weld mwy o leisiau amrywiol yn gysylltiedig â materion fel tlodi. (Swyddog cyfathrebu)

Rwy'n credu yng Nghymru bod pwyslais mawr ar ddwyieithrwydd, sydd yn dda, rwyf yn ei gefnogi, ond rwy'n credu ei fod yn ychwanegu mwy o rwystrau i amrywiaeth o ran dosbarth ac ethnigrwydd. Felly mae mwy o bobl wyn, dosbarth canol yn fwy tebygol o siarad Cymraeg na Mwslim dosbarth gweithiol, neu berson du. Ond mae hynny ond yn wir yn ystadegol. Mae llawer o newyddiadurwyr yng Nghaerdydd yn arbennig o adran benodol o gymdeithas ac nid yw hynny, o reidrwydd, yn drawstoriad da. (Cyfarwyddwr sefydliad)

Thema a nodwyd yn gyffredin oedd y sylw a roddir i dlodi yng nghyfryngau Cymru, gyda'r rheiny gafodd gyfweliad yn meddu ar safbwyntiau gwahanol o ran pa mor gywir yw'r portreadau, a sut maent yn teimlo y dylent fod. Amlygodd rhai fynychder profiadau o dlodi, gan bwysleisio ansicrwydd o ran cyflogaeth ac amrywiaeth y bobl sy'n wynebu caledi economaidd. Nododd eraill y duedd i or-gyffredinoli am dlodi yng Nghymru:

> Ymddengys bod llawer mwy yn y newyddion ... nid wyf yn siŵr a yw hynny am fy mod yn talu sylw iddo am fy mod yn gweithio yn y maes hwnnw neu a yw'n gwella mewn gwirionedd. Ymddengys i mi ... wel mae'n fater llawer mwy, yn arbennig ... ers y dirwasgiad yn amlwg mae wedi bod yn fater llawer mwy cyffredin i siarad yn ei gylch ... tlodi plant, tlodi tanwydd, llawer o fathau gwahanol o dlodi, mae pobl hŷn wedi bod yn fater mawr hefyd. (Swyddog gwybodaeth a chyfathrebu)

> Rwy'n credu'r hyn fyddai'n wych yw pe byddent yn gallu amlygu ... mae gennym broblemau gwirioneddol gyda thlodi yng Nghymru ac ... mae'n gwaethygu yn hytrach na gwella. Pe byddech wedi dweud deng mlynedd yn ôl y byddai'r holl fanciau bwyd hyn o amgylch ac y byddai ein holl amser yn cael ei dreulio ... yn ceisio rhoi digon o fwyd i bobl ei fwyta byddech byth wedi dychmygu y byddai hyn wedi digwydd yn y wlad hon. (Cynghorydd cyfathrebu/swyddog y cyfryngau)

> Mae wedi cael cryn dipyn o sylw, ond nid wyf yn credu bod y cysylltiadau'n cael eu gwneud yn effeithiol iawn. Rwy'n credu weithiau bod y cyfryngau yn portreadu Cymru gyfan fel gwlad dlawd, y perthynas tlawd, bod tlodi yn broblem ar hyd a lled Cymru ... Mae digon o bobl yng Nghymru yn gefnog iawn. (Cyfarwyddwr sefydliad)

> Rwyf wedi gweithio mewn gofal cymdeithasol o ryw fath am fwy o flynyddoedd nag y gallaf gofio ac rwy'n credu bod wyneb tlodi wedi newid yn sylweddol yn y cyfnod hwnnw ... roedd llawer o 'nhw a ni' ... a nawr mae'r bobl sy'n defnyddio'r gwasanaethau o ddemograffeg llawer ehangach nag oeddent bryd hynny ... ac rwy'n credu bod angen i'r cyfryngau sicrhau eu bod yn adlewyrchu hynny. (Rheolwr gweithredol)

> Rwy'n credu yn sicr yng Nghymru bod y straeon yr wyf wedi eu gweld ... maent wedi bod yn ehangach a p'un ai bod hynny'n ymwneud â'r straeon yr ydym yn bwydo'r cyfryngau â nhw ac efallai ein bod yn dod yn well yn cyfleu'r neges honno ... neu a yw hynny am fod y cyfryngau yn ei gydnabod o ddifrif ac yn dewis adlewyrchu hynny, d'wn i ddim

... gallai fod yn unrhyw un, gallai fod yn chi, eich cymydog, gallai fod yn unrhyw un yr ydych yn ei adnabod ac i gyfleu hynny i bobl ... po fwyaf y gallwn wneud hynny, y mwyaf effeithiol y gallwn fod. (Rheolwr gweithredol)

Rwy'n credu bod llawer o dlodi cudd fel petai ... yn ei hanfod, gall teulu ... gall y ddau riant fod yn gyflogedig yn gweithio'n llawn amser ... cyflog isel ond yn llawn amser ... a gallant ... o'r arwyddion allanol fod â chartref, sefydlogrwydd ond mewn gwirionedd nid oes ganddynt ddigon i dalu am eu ... costau sylfaenol ac mae'n ... frwydr ddyddiol, maent yn dod i ben ac mae'r math yna o dlodi, rwy'n credu, yn anweledig ac rwy'n credu ei fod yn mynd yn fwy a mwy cyffredin ... Mae bod ar ymyl pethau yn anodd iawn felly rwy'n credu weithiau bod tlodi'n cael ei gynrychioli o enghreifftiau eithafol ... bod heb yr un geiniog goch ... gallech fod 'yna' un diwrnod, ond mewn gwirionedd rydych ond ychydig daliadau a biliau gwael i ffwrdd o fod ar y pegwn arall ac mae'n fodolaeth llawn straen ac rwy'n credu nad ydych bob amser yn cael y ddealltwriaeth honno o'r ansefydlogrwydd a'r straen sy'n gysylltiedig â thlodi. (Swyddog cyfathrebu)

Roedd llawer o'r rheiny gafodd gyfweliad yn teimlo bod diffyg cyd-destun yn cael ei ddarparu yn llawer o'r sylw oedd yn cael ei roi i dlodi, gydag archwiliad annigonol o'r achosion a'r anawsterau y gallai pobl eu cael a materion cymdeithasol cysylltiedig:

Mae bron yn dabŵ yn dydy? ... Pan fydd y cyfryngau yn adrodd ar ddigartrefedd ... yn arbennig yr agwedd o ffilmio, mae'n tueddu i fod yn un ffordd – mae fel hyn ... 'o edrychwch ar y person hwn ar y stryd!' ac yna'r person hwnnw ydyw bob amser, y person trist gyda chi ... ac yna nid yw'n turio'n ddyfnach i'r rheswm pam y mae'r person hwnnw fel hynny a pha mor hawdd y gallai fod i ... chi neu fi fod [yn y sefyllfa honno]. (Rheolwr CC a chyfathrebu)

Pan sonnir am Islamoffobia yn y cyfryngau rydych yn gwybod mai ... rhywun ar y stryd yn galw rhywun yn Paki ydyw ac nid y math o faterion cymdeithasol ehangach sydd yn llawer mwy niweidiol ac yn fwy andwyol i gymdeithas ydyw. Felly, rwy'n credu bod angen edrych ar hynny hefyd pan fyddwn yn siarad am yr hyn y mae tlodi'n ei olygu ... nid all gael ei wahanu oddi wrth yr holl fathau eraill o wahaniaethu y mae pobl yn eu hwynebu. (Swyddog cyfathrebu)

Er nad oedd amgyffrediad sefydliadau'r trydydd sector o'r hyn sydd yn deilwng o gael ei gynnwys yn y newyddion yn rhy wahanol i rhai'r newyddiadurwyr gafodd gyfweliad gennym, roedd llawer yn ymwneud â'r ffordd yr oedd rhai testunau neu brosiectau yr oeddent wedi ceisio eu cyfleu wedi cael eu hanwybyddu, neu'n dweud bod straeon y byddent yn hoffi eu gweld yn ymddangos yn y cyfryngau yn annhebygol o gael sylw. Er bod rhai o'r gwahaniaethau hyn wedi eu pennu'n glir gan negeseuon eu hymgyrchoedd penodol a/neu'r cynulleidfaoedd targed yr oeddent yn ceisio eu cyrraedd, cafodd materion mwy cyffredinol eu nodi hefyd. Yn gyffredinol, fel y gwnaeth rhai newyddiadurwyr gydnabod, codwyd natur annymunol tlodi fel testun hefyd a'r syniad nad oedd pobl eisiau clywed amdano:

Rydym [yn sôn am] dlodi ond wrth gwrs nid yw tlodi ... yn ddeniadol ac rwy'n credu pan fyddwch yn edrych ar dlodi rydych hefyd yn edrych ar y ffordd y maent yn adrodd ar gyfoeth – ac mae hynny'n cael llawer iawn o sylw, yn dydy, trwy enwogion, trwy ... bethau grymus ... dyna'r hyn sy'n denu pobl, dyna'r hyn y mae pobl eisiau darllen amdanynt. Efallai ei fod yn dod yn ôl i'r ffaith nad ydym eisiau darllen newyddion drwg am [bobl drist]. (Cynghorydd cyfathrebu/swyddog y cyfryngau)

I'r gwrthwyneb, fodd bynnag, mae llawer hefyd yn adlewyrchu ar y ffordd y mae 'newyddion da' yn tueddu i gael ei anwybyddu neu ei weld fel rhywbeth llai teilwng i gael ei gynnwys yn y newyddion:

Weithiau, mae'n teimlo fel nad oes eisiau newyddion cadarnhaol – mae fel hyn ... 'rydym eisiau diflastod ac rydym eisiau adrodd ar yr ochr hynny', yr elfen drist o bethau am mai hynny y mae pobl eisiau ei ddarllen ac mae'n ... eithaf trist mewn gwirionedd, a chi'n gwybod y gallai eich stori newyddion cadarnhaol gael ei gollwng. (Rheolwr CC a chyfathrebu)

Mae'n llawer anoddach gwerthu stori am rywbeth da sy'n digwydd oherwydd ... y pethau da sy'n digwydd ... ddylai fod yr elfen arferol o bethau. (Swyddog gwybodaeth a chyfathrebu)

Nid yw newyddion da yn gwerthu ac rwy'n credu bod hynny'n drueni ... rwy'n credu bod sylweddoliad ... ymwybyddiaeth nad yw pobl eisiau darllen newyddion negyddol drwy'r amser ... byddai gobeithio o fudd i ni. (Cynghorydd cyfathrebu/swyddog y cyfryngau)

Roedd adlewyrchu ar anawsterau eraill gyda gwerthoedd newyddion yn canolbwyntio ar gyffrogarwch a'r syniad bod straeon diddorol ond nid anarferol yn tueddu i gael eu hanwybyddu gyda'r canlyniad nad yw realaeth tlodi'n cael ei bortreadu'n gywir. Ymysg enghreifftiau eraill oedd yn cyd-fynd â chyfrifon newyddiadurwyr oedd y syniad nad yw natur tlodi fel mater parhaus fel arfer yn cael ei gynrychioli:

Gyda phethau unigryw, mae'r cyfryngau bob amser yn dweud bod Cymru'n profi lefelau uchel o dlodi ac nad oes unrhyw beth wedi newid.

A yw'n beth mawr os yw Cymru bob amser yn cael ei thrafod a thlodi? Felly pethau sy'n tueddu i gael sylw yn y newyddion yw'r newidiadau mawr, mentrau newydd sydd yn unigryw. (Rheolwr polisi)

Ar draws y DU, roedd cynnydd yn y plant sy'n byw mewn tlodi yn ôl yr ystadegau, ond yng Nghymru roedd gostyngiad o 2% o'r flwyddyn flaenorol. Felly fe wnaethom ymateb iddo beth bynnag, am ei fod yn dal yn ddwy ran o dair – bron dau draean o'r plant yng Nghymru sy'n byw mewn tlodi ... oherwydd nad oedd yn gynnydd rwy'n credu bod rhai o'r papurau newydd ... wedi gafael yn stori'r DU yn lle hynny am ei fod yn fwy o beth am wn i, ond ni wnaethant afael yn yr ongl Gymreig. (Rheolwr y cyfryngau a chyfathrebu)

Yn aml iawn, mae'r bobl yr ydym yn eu cefnogi ... yn dal ar daith, maent ymhell o fod wedi gorffen, ond byddwn yn dadlau nad yw hynny'n ddiddorol i newyddiadurwr. Maent eisiau'r person sydd wedi profi 'gwael-gwell-da' ... y fformiwla hynny ... rwy'n credu ei fod ychydig yn ddiangen weithiau ... nid yw pawb yn stereoteipio fel hynny. (Rheolwr CC a chyfathrebu)

I rai, y straeon pwysig yr oeddent yn teimlo oedd yn cael eu hanwybyddu oedd y rheiny ag agweddau mwy arbenigol neu dechnegol, er enghraifft, o ran polisi tai, ei ganlyniadau a'i gysylltiadau â cherrynt economaidd ehangach:

Byddwch weithiau'n cael y naratif ei fod yn creu swyddi ac y bydd yn helpu'r ... economïau micro lleol ... ac rwy'n credu fel sector rydym yn parhau i fynd ar drywydd y naratif hwnnw. Felly bydd gan y rhan fwyaf o adeiladwyr tai ar gyfer y sector cymdeithasol becyn buddion cymunedol sydd yn gytundeb ... gyda'r adeiladwyr tai ... am gyflogi nifer benodol o unigolion ... o'r gymuned leol neu'n cynnig prentisiaethau neu gynlluniau hyfforddiant. Felly mae rhywbeth sydd yn ddiriaethol sydd yn mynd yn ôl i'r gymuned honno ond nid ydym yn clywed am hynny yn y cyfryngau byth ac mae hynny'n eithaf diddorol ... nid yw tai ... yn y cyfryngau rhyw lawer fyddwn i'n dweud. (Swyddog polisi a materion allanol)

Mewn ardaloedd tai cymdeithasol, fel tai â chymorth, sydd yn brosiect tai sy'n cefnogi pobl ag anghenion ychwanegol. Ar hyn o bryd, nid oes unrhyw gap yn berthnasol iddynt. Mae San Steffan yn awgrymu capio'r gyfradd honno, rwy'n gwybod bod hynny'n eithaf technegol ond yr hyn mae'n ei olygu yw, yn sydyn, na fyddai'r sefydliadau hynny yn gallu cael arian ychwanegol gan awdurdodau lleol, felly byddai'r holl lety â chymorth hynny'n mynd. Felly byddai'r effaith yn drychinebus. Ond nid yw'n ymddangos unrhyw le yn y cyfryngau. Byddai'n cael effaith sylweddol ar dlodi yng Nghymru. Mae'n dechrau cael ei drafod ychydig, ond y broblem yw ei fod ychydig yn rhy gymhleth i'w esbonio. Felly ni fydd unrhyw beth sy'n cymryd mwy na deg eiliad i'w esbonio, ni fydd yn cael ei gynnwys. (Rheolwr polisi)

Roedd dylanwadau eraill ar deilyngdod stori i gael ei chynnwys yn y newyddion a'r hyn sy'n 'mynd allan' yn cyd-fynd yn agos ag adlewyrchiadau newyddiadurwyr. Roedd y rhain yn cynnwys pellter – yn arbennig o ran dangos perthnasedd penodol stori y DU ehangach ar gyfer Cymru:

Mae'n rhaid Cymreigio straeon. (Cynghorydd cyfathrebu/swyddog y cyfryngau)

Am ein bod yn gweithio gyda Llundain a gwledydd datganoledig eraill hefyd, mae'n effaith eithaf mawr yn arbennig os yw'n stori ar draws y DU ... felly ein gwaith ni yma yw ceisio cael ongl Gymreig i stori ar draws y DU a gwneud iddo weithio ... i'r cyfryngau yn y fan hon felly dyna ein her. (Rheolwr y cyfryngau a chyfathrebu)

Am resymau tebyg, teimlwyd bod y straeon am elusennau dramor a/neu gymorth tramor yn tueddu i gael eu hanwybyddu gan y cyfryngau yng Nghymru, oni bai y gellid cynnwys rhyw fath o ongl Gymreig. Nodwyd bod cyfuniad o elfennau penodol, fel ystadegau cadarn wedi eu cefnogi gan deimlad o frys neu emosiwn yn ymwneud â mater o dlodi yn gwella teilyngdod straeon i gael eu cynnwys yn y newyddion:

Mae ystadegyn da fel arfer yn cyrraedd y penawdau ac yna rydych yn ychwanegu at yr ystadegyn hwnnw gyda'ch astudiaeth achos neu stori efallai – yn dibynnu beth arall sydd yn digwydd ... fel arfer mae angen rhyw fath o ymateb emosiynol i'r mater i'w wneud yn llwyddiannus ... ac os yn bosibl rhyw fath o frys hefyd ... mae angen rhywbeth arnoch y mae pobl yn mynd i deimlo'n gynhyrfus yn ei gylch er mwyn i'r newyddiadurwyr sylwi arno yn ogystal â'i wneud yn stori fawr rwy'n credu. (Rheolwr y cyfryngau a chyfathrebu)

Fodd bynnag, i bobl eraill, weithiau roedd y rhesymau dros stori naill ai'n cael ei defnyddio neu ei hanwybyddu yn anodd ei hadnabod a gallai ymddangos yn eithaf mympwyol:

Mae'n anodd iawn gwybod pa rai sy'n mynd i weithio pan fyddwch yn gwneud hynny. Felly mae un na wnaeth oedd yn syndod mewn gwirionedd, oherwydd ... roeddwn yn credu bod popeth ynddo yn stori bwerus ac y byddai darllenwyr cyffredinol yn poeni am hyn ac ni chafodd ei defnyddio ... Efallai fod rhywbeth arall yn digwydd y diwrnod hwnnw, efallai nad oedd yn ddigon clir … Weithiau pan na fyddwch yn ei ddisgwyl, yn sydyn mae gennym hwb mawr, yna ar adegau eraill, rydych yn ennyn diddordeb ac yn cael dim byd. (Rheolwr polisi)

Ni allwn orfodi … mae fyny iddyn nhw ddilyn eu hagenda ac wrth gwrs, ewyllys y cynhyrchydd penodol … golygyddion penodol ar y pryd pa straeon y maent yn eu dewis … ac wrth gwrs rydym yn gwybod ein bod yn cystadlu yn erbyn ein gilydd. Mae llawer ohono yn fympwyol – dyna'r hyn yr ydym yn delio ag ef. Nid oes rheolau cadarn a phendant … a gallwch ysgrifennu'r datganiad i'r wasg gorau posibl ac un diwrnod bydd yn cael ei gynnwys ac yn cael y dudalen flaen a bydd ar *Wales Today* ac ar ddiwrnod arall bydd yn cael ei anwybyddu'n llwyr, mae'n dibynnu beth arall sydd [i mewn]. (Cynghorydd cyfathrebu/swyddog y cyfryngau)

Trafododd rai, fodd bynnag, fod cyfyngiadau cyfreithiol fel enciliad cyn etholiadau, neu bryder cyffredinol na fyddai cael safbwynt gwleidyddol amlwg ar faterion y dydd yn ddefnyddiol, yn cyfyngu'r math o sylw yr oedd sefydliadau'r trydydd sector eu hunain yn ceisio ei gael. Er enghraifft, o ran refferendwm yr UE a Brexit:

Ni wnaethom ddweud unrhyw beth amdano ar ôl darllen rheolau'r comisiwn elusennol/comisiwn etholiadol – roeddem yn credu ei fod yn haws aros allan o bethau. Fodd bynnag, cyn gynted ag y penderfynwyd ar y refferendwm, y diwrnod nesaf, gwnaethom ddatganiad cryf iawn – nid yn condemnio'r canlyniad, ond yn dweud ein bod yn siomedig gyda'r canlyniad ac yna sôn am oblygiadau'r canlyniadau … bydd yn parhau i effeithio ar bobl. Rydym wedi dod allan yn gryf iawn yn ei erbyn ar ôl hynny ond ni wnaethom ddweud unrhyw beth cyn hynny oherwydd … fel elusen wedi ei hariannu'n gyhoeddus, ni allwn gael ein gweld yn dylanwadu ar bleidleisiau pobl … mae rhai o'r pethau hynny … ychydig yn anodd ar adegau … pan fydd materion mawr iawn rydym yn teimlo y dylem fod yn rhoi sylw arnynt, ond rydym yn methu, mae'n rhaid i ni ddal yn ôl ychydig bach. (Swyddog gwybodaeth a chyfathrebu)

Am ein bod yn cael arian gan y llywodraeth nid wyf yn credu y byddwn wedi dweud gair amdano mewn gwirionedd ac rwy'n credu os oes byth amser i siarad am dlodi, yn ystod Brexit y dylai hynny fod wedi bod. Felly rwy'n siomedig iawn ar lefel bersonol … rwy'n credu bod yr ymgyrch dros aros wedi gwneud gwaith ofnadwy yng Nghymru … os oedd byth amser i edrych ar ardaloedd sydd yn ddifreintiedig yn gymdeithasol ac edrych ar yr hyn y mae arian Ewrop wedi ei roi i ni, dyna oedd yr adeg … yna rwy'n credu y gallem fod wedi gwneud tro â straeon deifiol, amlwg, ond ni ddigwyddodd hynny ac ar ôl hynny nawr

mae pobl yn dweud, 'a, ie rydym yn cael arian yr UE felly mae'n hunllef'.
(Rheolwr CC a chyfathrebu)

Yn olaf, o ran cynrychiolaeth, er bod y rhan fwyaf yn derbyn y dylai safbwyntiau gwahanol ar dlodi gael eu cynnwys yn y newyddion, soniodd llawer am rym cyfleu negyddol yn y cyfryngau fel rhywbeth oedd yn cael ei gamddefnyddio a rhywbeth oedd yn niweidiol, yn aml yn amlygu rhaglenni dogfen a sylw niweidiol yn y newyddion yng nghyfryngau'r DU. Roedd eraill yn gwrthwynebu yn benodol hefyd i'r pethau yr oeddent wedi eu gweld pan oedd newyddiadurwyr yng Nghymru yn 'cyfleu' stori, trwy gyflwyno cwestiynau ensyniadol, neu greu mythau am dlodion 'haeddiannol' a rhai 'anhaeddiannol':

> Mae pob neges yr ydym yn ei chael yn cael ei hidlo drwy'r cwestiynau y maent yn eu gofyn a sut maent yn cyfleu'r mynegiannau hynny ... Gofyn cwestiwn ynghylch beth i'w wneud am bobl ddigartref ar gyffuriau: y math hynny o gyfleu, ar gyfer pob person sydd yn gwrando, mae ganddynt y syniad bellach fod pobl yn ddigartref oherwydd cyffuriau. Felly mae'r hyn yr ydym yn dweud wedyn yn mynd yn negyddol. Yr hyn fyddai'n dda yw pe byddent yn gofyn cwestiynau niwtral. Os ydym yn ceisio bod yn ochelgar yna byddwch mor ymwthiol ag y dymunwch, ond os yw'r stori newyddion yn gadarnhaol, fel menter newydd i helpu pobl sy'n cysgu ar y stryd, nid oes angen y cwestiwn hwnnw, sydd yn elyniaethus bron, arnom ... os ydynt yn parhau i'w gyfleu yn y ffordd honno, bydd empathi pobl ar gyfer pobl mewn tlodi yn cael ei niweidio. (Rheolwr polisi)

Felly byddai'r person sy'n cyfweld yn dweud, 'Felly, beth am bobl sydd yn dweud nad yw rhai pobl ddigartref yn haeddu cymorth?' Ac efallai mai ffordd dwyllodrus o ofyn y cwestiwn ydyw. Mae'r cwestiwn cyfan yn derbyn y rhagosodiad bod yna bobl nad ydynt yn haeddu cymorth. Ac mae hynny'n treiddio i mewn i lawer o erthyglau, a bod tlodion haeddiannol a thlodion anhaeddiannol ... Byddai'n well gen i ddweud ar y cyfweliad radio, 'na mae pob person tlawd yn haeddu cymorth', ond nid ydych eisiau taflu'r cyfweliad oddi ar y cledrau felly yn lle hynny rydych yn dweud, 'na, nid mwyafrif y bobl yw hynny, mae'r rhan fwyaf o bobl ddigartref wedi dod ar draws amser caled'. Felly rwy'n credu mai ffordd y cyfryngau ydyw o gyfleu'r cwestiynau, sydd yn eich gwthio i lawr llwybr penodol sydd yn anodd ei gywiro. (Rheolwr polisi)

Yr hyn sy'n ddiddorol yn ymwneud ag anabledd yw'r naratif yn ei gylch sydd yn syrthio i ddwy garfan. Mae gennych y bobl dlawd, anabl haeddiannol, 'onid ydyn nhw'n dlawd!' ac mae'n ddadrymusol iawn, ac yna mae, 'o wel, nid ydych yn ddigon anabl felly ni ddylech fod yn cael yr arian a chrafwyr ydych chi!' (Swyddog polisi a materion allanol)

Mae'r testun yn anodd. Gallwn ddefnyddio ffeithiau i wrthsefyll mythau digartrefedd, gallwn ddweud, 'na, nid yw'n wir, tor-perthynas ydyw', neu 'nid yw pob person digartref yn gyn-droseddwyr'. Rwy'n credu pan fyddwch yn sôn am fudd-daliadau, mae pobl yn anwybyddu unrhyw ffeithiau – felly'r ffaith yw mai pensiynau yw'r rhan fwyaf o fudd-daliadau, ond eto rydym yn treulio ein hamser i gyd yn sôn am anabledd, lwfans diweithdra. Mae hynny'n mynd dan fy nghroen. (Rheolwr polisi)

Er bod y canlyniadau o ran safbwynt ac empathi'r cyhoedd wedi eu nodi'n glir i fod mewn perygl yn yr adlewyrchiadau hyn, cafodd effeithiau negyddol mwy uniongyrchol trafodaethau negyddol yn y cyfryngau (a gwleidyddol) ar dlodi ar y rheiny oedd angen cymorth gan y trydydd sector eu trafod hefyd:

Er mwyn cael pobl i ddod ymlaen i helpu gyda budd-daliadau … pan maent yn cael eu dangos yn y cyfryngau fel 'crafwyr i gyd', mewn gwirionedd pan mae'r gwleidyddion eu hunain yn dweud 'maent yn grafwyr, yr unig beth sydd angen i chi ei wneud yw gweithio'n galed a byddwch yn iawn' rydych yn gwybod bod pobl sydd yn methu gwneud hynny a phan mae graddfa twyll budd-daliadau yn 0.1% ond mae amgyffrediad y cyhoedd ohono … mewn ffigurau dwbl … ond mae pobl angen … dod atom ni i gael cymorth i wneud cais am y budd-daliadau hynny oherwydd mae eich siawns o wneud hynny ar ben eich hun yn eithaf bach. Mae'r siawns o wneud hynny gyda ni yn uchel iawn … Rwy'n credu yn gyffredinol na ddylai pobl fod â chywilydd o wneud cais am fudd-daliadau ond dyna'r … argraff y maent yn ei gael, rwy'n credu, o'r cyfryngau prif ffrwd. (Swyddog gwybodaeth a chyfathrebu)

Perthynas â'r cyfryngau

Roedd y rheiny gafodd gyfweliad yn adlewyrchu'n helaeth ar y ffordd yr oedd adweithio ac ymateb i ofynion y cyfryngau yn ffurfio rhan o'u gwaith. Roedd ymgysylltu â cheisiadau newyddiadurwyr fel arfer yn cael ei ysgogi gan y syniad y gellid herio syniadau negyddol am dlodi trwy hybu straeon mwy cynrychioliadol, straeon cywir am bobl a/neu ganlyniadau cadarnhaol eu gwaith. Fodd bynnag, roedd pryder na ddylid peryglu blaenoriaethau ymgyrch a gwerthoedd sefydliadol yn amlwg iawn ac roedd yr anawsterau rheoli ymatebion i newyddiadurwyr ynghyd â gwaith achos yn thema gref hefyd yn y cyfrifon hyn. Soniodd llawer, er enghraifft, am y pwysau amser i newyddiadurwyr, ond hefyd yng ngwaith rheng flaen eu sefydliadau eu hunain, a'r ffordd yr oedd hyn yn effeithio ar ddod o hyd i astudiaethau achos:

Os oes … straeon newyddion mawr, fel yr adeg pan wnaethom anfon ein hystadegau blynyddol allan er enghraifft, ni fydd y pwynt cyswllt i

Gymru yn aml iawn, felly rwyf yn cael cryn dipyn o alwadau ffôn gan newyddiadurwyr sydd eisiau stori, gyda chleient yn ddelfrydol, yn yr hanner awr nesaf os gwelwch yn dda! Felly mae pwysau amser o hyd, ac rwy'n deall hynny, ac mae galw bob amser am gleient, oherwydd yn amlwg, os oes gennych berson rydych yn gwybod ei fod yn gwneud y stori'n haws i'w gwerthu am wn i. (Rheolwr gweithredol)

Nid yw cael y straeon hynny oddi wrth y gweithwyr prosiect yn syml bob amser, oherwydd eu baich achosion yn syml … Mae ganddynt ateb gwych ar gyfer un o'u cleientiaid – un maent wedi ei gymeradwyo: 'gwych, symud ymlaen i'r nesaf'. Mae ganddynt tua ugain arall! Ond nid oes ganddynt yr amser i fwydo'r stori honno yn ôl wedyn – dim ond cael y stori allan. (Swyddog gwybodaeth a chyfathrebu)

Weithiau maent yn chwilio am rywun ac nid yw'r cyfnod amser yn ymarferol. I ddechrau, efallai na fyddaf yn gallu ymateb i fater am ychydig oriau ac yna mae'n rhaid i chi chwilota. Felly, os ydynt yn chwilio am rywun ac yna'n ceisio argyhoeddi'r person hwnnw … nid oes gennym berson amser llawn ar gyfer y cyfryngau, felly mae'n tueddu i fod yn rhywbeth anodd iawn, iawn, am fod pawb yn gwneud diwrnod o waith … Hyd yn oed y bobl y maent eisiau cyfweld â nhw neu siarad â nhw – mae ganddyn nhw ddiwrnod gwaith hefyd … Weithiau mae angen ychydig ddiwrnodau o leiaf arnom i gael pethau i symud a ie, rydym wedi colli ambell i gyfle am nad ydym yn gallu ymateb mor gyflym â nhw. (Swyddog cyfathrebu)

Pwysleisiodd eraill yr anhawster yn bodloni ceisiadau penodol iawn gan newyddiadurwyr, yn arbennig ar fyr rybudd a chydag adnoddau cyfyngedig:

Weithiau mae'n benodol iawn yr hyn y maent yn chwilio amdano hefyd, ac rydych yn meddwl, mae hynny'n faes rhy gyfyng, chi'n gwybod, mae hynny'n hurt! (Rheolwr CC a chyfathrebu)

'A oes gennych astudiaeth achos ar gyfer y prynhawn yma? Rwy'n cyfweld â'r Comisiynydd Plant ar dlodi, ac rwy'n gwybod eich bod yn gweithio ar dlodi. A oes gennych deulu [chwerthin] ar gael y prynhawn yma tua chwech?' 'Wel, na, wrth gwrs!' (Rheolwr y cyfryngau a chyfathrebu)

Os dyweder, mae newyddiadurwr darlledu yn ein ffonio ac yn dweud, 'mae'r stori hon yn mynd allan yfory, a oes gennych rywun y gallwn ei gyfweld? Mae angen i ni fod yno mewn dwy awr ac mae angen iddyn nhw ddweud hanes eu bywyd wrthym ni', mae hynny'n anodd iawn, ac weithiau yn Gymraeg hefyd, sydd bob amser yn 'na' am ei fod, chi'n gwybod, yn drindod sanctaidd yn dod o hyd i rywun sydd ar gael, yn fodlon siarad am eu stori ac yn Gymraeg, neu yn yr ardal. (Swyddog cyfathrebu)

Awgrymwyd strategaethau amrywiol ar gyfer rhagweld, rheoli ac ymateb i geisiadau o'r fath gan y rheiny gafodd gyfweliad, o ddweud na yn syml a/neu awgrymu eraill a allai ymateb, paratoi deunyddiau y gellid eu rhannu ar-lein i newyddiadurwyr eu defnyddio, a pharatoi 'banciau' o astudiaethau achos yn rhagweithiol fel rhan o'u gwaith prosiect:

> Rydym efallai'n cael rhyw ddau y mis yn gofyn, ond, fel y dywedais, mae fel arfer ar fyr rybudd, yn weddol benodol, ac nid yw'n rhywbeth yr ydym yn gallu helpu'n uniongyrchol ag ef. Ond eto, byddaf yn hapus i'w hanfon ymlaen i sefydliadau yr wyf yn gwybod bydd yn gallu helpu. (Swyddog gwybodaeth a chyfathrebu)

> Rwy'n credu mai un peth yr ydym wedi ei ddysgu yw os yw newyddiadurwr yn dod atom ac mae'n … dynn iawn, iawn, dywedwch na o'r dechrau. Oherwydd, un peth yw y gallem roi cynnig arni ac yna mae pawb yn mynd i ffwrdd yn anhapus am ein bod wedi gwneud ymdrech a heb ddod o hyd i rywun ac maen nhw'n teimlo ein bod wedi eu siomi … rwy'n credu bod hynny'n llawer tecach na … dweud y gallai fod rhywun, 'dewch i mi weld' ac yna dod yn ôl ar ôl 24 awr a dweud, 'na, does neb'. (Swyddog cyfathrebu)

> Bob rhyw fis neu ddau, yr hyn y mae adran y cyfryngau – mae dau ohonynt [chwerthin] – yn dweud yw, 'cadwch straeon y cleientiaid yn eich pennau fel rhywbeth yr ydym ei eisiau yn barhaus'. Felly, maent yn defnyddio'r rheiny ar gyfer pob math o bethau, ac rydym yn dechrau gwneud hynny ar ein gwefan i'w wneud yn fwy ystyrlon, a'i wneud yn fwy real. Felly, y syniad yw, mae ganddynt fanc o straeon y gallant eu defnyddio ac nid ydynt yn rhedeg o gwmpas yn ceisio dod o hyd i rywun – dyna'r syniad. (Rheolwr gweithredu)

> Yr hyn yr ydym yn ceisio ei wneud yw datblygu banc o bobl sydd yn barod i siarad â'r cyfryngau, felly pan fyddwn yn cael y galwadau hynny, rydym yn eu ffonio ac yn dweud, 'a fyddai gwahaniaeth gennych wneud cyfweliad i'r BBC y prynhawn yma?' (Rheolwr y cyfryngau a chyfathrebu)

Nodwyd astudiaethau achos (pobl yn barod i rannu eu straeon yn gyhoeddus) yn helaeth fel un o'r elfennau pwysicaf sydd yn gwneud stori, sy'n cael eu cynnig yn rhagweithiol i'r cyfryngau, yn fwy tebygol o gael eu dewis gan newyddiadurwyr. Fodd bynnag, roedd rhai pobl gafodd eu cyfweld yn awyddus i esbonio bod ennyn diddordeb y cyfryngau mewn astudiaethau achos yn un cam yn unig mewn proses sydd angen ei rheoli'n ofalus:

> Os oes ymgyrch ar y gorwel, mae ein hastudiaeth achos yn ei le, yna mae dau ddiwrnod cyn hynny: rwy'n ffonio o gwmpas gan anfon y datganiad i'r wasg allan o dan waharddiad ac yn ei wneud yn glir bod gennym astudiaeth achos i fynd gyda'r stori. Bwm! Mae'r ffôn yn canu'n syth am ei fod yn becyn ... Anfon y stori allan, os gallwn, dau ddiwrnod, tri diwrnod cyn hynny, er mwyn rhoi digon o amser i'r darlledwyr fynd allan a chyfweld â'r astudiaethau achos – yn arbennig os yw'n stori penwythnos sydd yn barod ar gyfer bore dydd Llun – mae yn y bag wedyn. Ac rydych wedi ceisio rhoi digon o amser i'r teulu hwnnw hefyd, am y bydd ITV, BBC, y *Western Mail*, gorsafoedd radio i gyd eisiau siarad â'r astudiaeth achos hwnnw ... Mae'n stori buddiannau dynol, nhw yw'r bobl bwysig. Gallwn roi llefarwyr i mewn unrhyw bryd yn ddigon hyblyg, ond y stori buddiannau dynol, dyna'r hyn sy'n gwneud y stori'n fyw onid e? Felly, ceisio cynnwys digon o amser fel nad ydynt yn cael eu llethu ... Rwyf wedi bod mewn sefyllfa lle mae'r BBC wedi mynd i mewn, mae gennyf ITV ar drothwy'r drws yn barod i ddod i mewn, a rhes o newyddiadurwyr yn barod i fynd at y teulu y tu mewn, ac roedd yn fater o'u cadw ... fel system aros. Rydym yn ceisio peidio cyrraedd y sefyllfa honno – i geisio gwneud un yn y bore efallai, un yn y prynhawn, a'r lleill [yn nes ymlaen]. (Rheolwr y cyfryngau a chyfathrebu)

Cafodd rheoli ymagweddau newyddiadurwyr er mwyn diogelu cleientiaid rhag agweddau o sylw'r cyfryngau a allai fod yn niweidiol ei amlygu mewn sawl cyfrif. Roedd y rheiny gafodd gyfweliad yn ymwybodol iawn o'u cyfrifoldebau moesegol a'u dyletswydd gofal tuag at y bobl agored i niwed yr oeddent yn eu cynrychioli neu eu cefnogi yn eu gwaith. Roeddent hefyd yn ymwybodol iawn o'r peryglon y gallai stori oedd wedi ei thrin yn wael eu cyflwyno i enw da eu sefydliad neu hyd yn oed y sector ehangach. Roedd y pryderon hyn yn ategu rhesymeg gref dros gadw cyswllt agos â chyfranogwyr yr astudiaeth achos, eu paratoi ar gyfer y profiad a goruchwylio'r rhyngweithio yr oeddent wedi ei hwyluso gyda newyddiadurwyr. Roedd y rhagofalon hyn ar gyfer diogelu pobl oedd wedi cytuno i gyfleu eu profiadau o dlodi wedi eu cydbwyso yn erbyn yr hyn yr oedd y rheiny oedd yn cael eu cyfweld yn ei weld fel gwerth posibl y gwaith hwn:

> Mae ein gwaith gyda'r cyfryngau yn tueddu i fod yn ymwneud â chael pobl i gysylltu â'r astudiaethau achos iawn. Nid yw mor bwysig i ni eu bod yn gwybod pwy [ydym ni], ond eu bod yn gwybod bod digartrefedd yng Nghymru yn gweithio, eu bod yn cael astudiaethau achos a bod y neges yn cael ei chyfleu. Weithiau bydd yr astudiaeth achos anghywir

yn cael ei gyflwyno, neu bydd y neges anghywir yn cael ei chyfleu. Felly, rydym bob amser yn ceisio sicrhau pan fyddant yn mynd ar y radio neu'r newyddion eu bod yn dweud y peth iawn ac yn diogelu'r hyn y mae'r sector yn ceisio sefyll drosto. (Rheolwr polisi)

Ni allwn eu tynnu allan o'u bywydau mewn awr neu ddwy a chyflwyno rhifau a dweud, 'ie, ffoniwch y person yma, gofynnwch iddynt sut brofiad yw byw mewn tlodi'. Mae'n fater sensitif wrth gwrs, onid yw, ond rydych yn gweithio gyda theuluoedd sydd ddim o reidrwydd yn gwybod eu bod yn byw mewn tlodi. Sut ydych yn mynd ati i wneud hynny? (Rheolwr y cyfryngau a chyfathrebu)

Rwy'n credu ein bod yn weddol ofalus o ran y ffordd yr ydym yn ymdrin â ffilmio yn arbennig. Po fwyaf yr wyf yma y mwyaf yr wyf yn deall hynny am fod gan y bobl yr ydym yn ymdrin â nhw faterion gwahanol ac maent yn agored i niwed ac mae gennym ddyletswydd gofal – mae'n foesegol ac yn foesol – a, chi'n gwybod, ni fyddwn eisiau bod yn sefydliad sydd yn rhoi ein pobl ar y teledu er mwyn cael sylw, nid wyf yn credu ei fod yn werth hynny. (Rheolwr CC a chyfathrebu)

Maent fel petaent yn cymryd un elfen ac eisiau dangos hwnnw ac rydych yn meddwl, 'wel, nid yw hynny'n adlewyrchiad gwirioneddol, a pham byddem yn rhoi mynediad i chi i'n staff a defnyddwyr y gwasanaeth er mwyn i chi wneud hynny?' Mae gennym ddyletswydd gofal hefyd am ein bod yn cael cyllid gan Lywodraeth Cymru a gallwch ddychmygu … mae gennym berthynas dda gyda nhw ac nid ydym eisiau camu ar y ffiniau hynny chwaith, felly mae cryn dipyn yn y fantol wrth feddwl am yr hyn yr ydym yn barod i'w roi allan. (Rheolwr CC a chyfathrebu)

Cydnabu'r rhai gafodd gyfweliad y gallai fod yn anodd dod o hyd i bobl sydd yn barod i rannu eu straeon gyda'r cyhoedd, hyd yn oed pe gallai'r straeon hynny ddangos materion ehangach, pwysig:

Nid yw pobl sydd yn defnyddio'r gwasanaethau eisiau gwneud hynny'n gyhoeddus o reidrwydd. Nid ydynt eisiau i bawb wybod eu bod yn hawlio Taliadau Annibyniaeth Bersonol am nad ydynt yn gallu gweithio, neu'n cael cymorth am eu hiechyd meddwl. Felly mae hynny'n anodd weithiau – cael astudiaethau achos personol – maent yn feysydd eithaf sensitif yn anffodus. Byddai'n dda dod â rhai o'r straeon hyn allan, ond am eu bod yn sensitif, mae'n anodd gwneud hynny. (Swyddog gwybodaeth a chyfathrebu)

I'r gwrthwyneb, dywedodd pobl eraill ei fod yn syndod efallai ond bod pobl yn aml yn barod i rannu eu straeon ac yn barod i gyflwyno eu hunain fel astudiaethau achos ar gyfer newyddiadurwyr:

Mae llawer o'n gwirfoddolwyr ac yn sicr llawer o gydweithwyr (a minnau yn flaenorol) bob amser ychydig yn amharod i ofyn i gleientiaid a fyddant yn dweud eu straeon. Mae honiad bob amser na fydd pobl eisiau dweud – eu bod yn teimlo embaras, na fyddant eisiau dweud wrth unrhyw un. Ond mewn gwirionedd, fy mhrofiad i yw, pan fyddwch yn gofyn, byddwn yn dweud (dewch i ni fod yn geidwadol) bod 85% o bobl yn dweud, 'ie, dim problem'. Byddai gan rai pobl amod eu bod yn gwneud hynny'n ddi-enw, sydd yn ddigon teg. Rwy'n credu bod llawer mwy o bobl sydd mewn gwirionedd yn eithaf hapus i rannu eu stori ac nid wyf yn gwybod ai newid mewn ymagwedd yw hynny. Tybed a yw barn pobl sydd yn dlawd wedi newid ychydig am fod cymaint mwy ohonynt ... oherwydd cyni a'r blynyddoedd o galedi ariannol, chi'n gwybod, lle mae mwy a mwy a mwy o bobl yn gweithio, yn gwneud yr holl bethau y maent i fod eu gwneud ond eto'n dal i gael anhawster, neu'n canfod eu bod mewn argyfwng, ac mewn gwirionedd, mae hynny wedi lleihau'r stigma ychydig bach? (Rheolwr gweithredol)

Ond eto, rhybuddiodd llawer nad oedd cyfranogwyr astudiaethau achos bob amser o reidrwydd yn gwbl ymwybodol o ganlyniadau posibl rhannu eu straeon, hyd yn oed pan mae sefydliadau wedi cymryd gofal i esbonio'n ofalus yr hyn y byddai eu cyfranogiad yn ei olygu:

Rwy'n cofio gweithio ar un stori ac roedd [yn] grŵp gweithredu yn y cymoedd. Cefais rai astudiaethau achos hyfryd gan bobl oedd wedi cael cymorth sylweddol gan y sefydliad hwn ac esboniais iddynt, 'mae i'r cyfryngau, hapus i siarad?', 'ydyn, ydyn, hapus iawn!' Ar ôl gwneud y cyfweliadau, ei weld ac yna torri i lawr. Ac rydych yn teimlo [mae'n ochneidio], rwy'n credu bod yn rhaid i chi gydnabod eu bod yn bobl agored i niwed ac y byddant yn dweud, 'ie, ie', efallai na fyddant yn deall mewn gwirionedd eu bod yn mynd i agor y papur a gweld eu hunain ynddo, a'u bod yn mynd i deimlo'n anhapus am hynny, ac nad ydynt yn sefydlog iawn. (Cynghorydd cyfathrebu/swyddog y cyfryngau)

Tynnwyd ychydig luniau ohono. Yna, ychydig ddiwrnodau'n ddiweddarach, anfonwyd ffotograffydd i lawr. Yr hyn y mae hyn yn dangos yw bod gennym gyfrifoldeb yn amlwg tuag at y bobl yr ydym yn gweithio gyda nhw i'w diogelu ychydig bach ac i ddangos bod unrhyw beth y maent yn mynd i'w gyflwyno yn mynd i fod allan yno am byth. Chi'n gwybod, os bydd yn mynd am swydd mewn pum mlynedd a'u bod yn rhoi ei enw yn Google, gallai hyn ymddangos. Felly, mae'n rhaid i ni fod yn gyfrifol iawn i'r bobl, y straeon yr ydym yn eu dweud. Nid oes gan newyddiadurwyr yr un lefel o gyfrifoldeb tuag at bobl am wn i, felly'r pennawd ychydig yn ansensitif. (Swyddog cyfathrebu)

Yn arbennig ar gyfer y rheiny sy'n gweithio'n uniongyrchol gyda chleientiaid, er bod y ddadl dros gyhoeddi straeon pobl wedi ei ddeall, roedd llawer yn teimlo bod cymryd rhan mewn astudiaethau achos yn aml ddim er budd yr unigolion cysylltiedig. Roedd hyn oherwydd bregusrwydd y cyfranogwyr i'r perygl o gael eu dadorchuddio, yn cynnwys teimladau o dresmasiad yn ystod y cyfweliad ei hun, y canlyniadau a brofwyd yn syth wedi hynny trwy'r cyhoeddusrwydd neu'r effeithiau yn y dyfodol ar eu bywydau. Yn hynny o beth, esboniodd rhai a gafodd gyfweliad eu hamharodrwydd mawr i gyflwyno unrhyw un fel astudiaeth achos:

> Wel mae rhywbeth yn bodoli o'r enw porn tlodi. Defnyddir pobl dlawd gan y cyfryngau, weithiau i gael yr elfen o stori drist ac felly nid ydym yn gwneud fel arfer, pan fydd pobl yn gofyn i ffoadur, neu geisiwr lloches, neu ffoadur sy'n blentyn. Byddwn yn gofyn i'n cleientiaid, am mai ni yw'r dyn canol, nid ydym eisiau atal unrhyw un rhag achub ar y cyfle hwnnw. Ond yn gyffredinol, nid ydym yn ei weld fel budd i'r unigolyn am ei fod yn gallu gwneud mwy o niwed nag o les. Ond weithiau gallaf weld y ddadl pam y mae enghraifft dda iawn o deulu neu unigolyn sydd mewn sefyllfa o dlodi, sut y gall hynny ysbrydoli pobl i deimlo mwy o empathi, a rhoi mwy o arian tuag at ffoaduriaid a phobl ar fudd-daliadau. Beth bynnag ydyw. Gallaf weld y dadleuon o blaid cael y straeon hynny yn y cyfryngau. Ond yn fwy aml na pheidio, nid wyf yn credu ei fod o fudd i'r unigolyn. Yr achos efallai, ond nid yr unigolyn. (Cyfarwyddwr sefydliad)

> Rydym yn cael mwy a mwy o geisiadau lle mae pobl eisiau siarad â ffoaduriaid o Syria, felly buddiolwyr ein gwasanaethau mewn gwirionedd. Yn yr achos hwn, byddem fel arfer yn gofyn i'n cleientiaid yn gyntaf, felly i gleient neu deulu sydd yn ffoaduriaid, mewn ffordd sensitif. Y rhan fwyaf o'r amser nid yw'n rhywbeth yr ydym yn ei wneud yn y pen draw am nad yw'r teuluoedd eisiau ei wneud mewn gwirionedd. Ni allwn weld ei fod yn mynd i fod o fudd iddynt. Bydd, mwy na thebyg, yn eu cyflwyno i fwy o niwed nag o les. Fel arfer, rydym yn osgoi dod â chleientiaid unigol i sylw'r cyfryngau oherwydd y rhaniadau os na fyddwn yn gallu rheoli'r stori unwaith y bydd wedi mynd allan. Felly fel arfer byddem yn rhoi sylw cyffredinol heb enwi unigolion. Felly mae'n eithaf anodd ei reoli'n iawn, hyd yn oed wrth addo anhysbysrwydd, mae elfen o risg o hyd. (Cyfarwyddwr sefydliad)

> Mae eu teuluoedd yn poeni y gallant fod yn darged i bobl asgell dde eithafol, ac os ydych yn ystyried sefyllfa Jo Cox, nid yw hynny'n amhosibl. Mae'r problemau posibl hyn bob amser yn bodoli, lle gallai pobl ifanc ddod yn darged, neu unrhyw un sy'n siarad allan am y materion hyn. (Cyfarwyddwr sefydliad)

Disgrifiodd eraill y camau ymarferol y gwnaethant eu cymryd i geisio amddiffyn pobl agored i niwed a benderfynodd gydweithredu gyda'r cyfryngau ar straeon. Roedd y rhain yn cynnwys cuddio hunaniaeth, proffilio gwaith sefydliad o bell, cyflwyno llefarwyr yn lle cleientiaid neu gyhoeddi datganiadau y cytunwyd arnynt:

> Roedd y bobl oedd yn bwyta yno am eu bod yn llwglyd neu am nad oedd ganddynt gartrefi, gwnaethom yn siŵr nad oedd unrhyw gamerâu yn mynd yn agos atynt. Roedd rhai ohonynt yn geiswyr lloches oedd wedi dangos eu hachos. Nid oeddem eisiau eu cyflwyno i unrhyw archwiliad, felly gwnaethom yn siŵr eu bod yn gwybod bod y bobl hyn yno ac y gallent gadw eu pellter a bod cannoedd o bobl yno felly ei fod yn iawn. (Swyddog cyfathrebu)

> Llawer o'r straeon yr ydym wedi eu casglu, ni fyddem yn eu gwneud yn gyhoeddus oherwydd bregusrwydd y person ... ac yna, wel ydych chi'n creu fersiwn dienw? A fyddai hynny'n cael ei ddefnyddio hyd yn oed? Nid wyf yn siŵr, mae'n anodd. (Rheolwr CC a chyfathrebu)

> Gall fod yn well siarad â rhywun sydd yn gyfrifol am ba bynnag sefyllfa y mae'r person hwnnw ynddo. Felly, er enghraifft, os yw'n stori am hostel, yn hytrach na siarad â rhywun sy'n defnyddio'r hostel, siarad â rheolwr yr hostel fydd â phrofiad llawer ehangach ac yn gallu siarad â chi ar sail fwy gwybodus, ehangach a mwy na thebyg yn fwy parod i dynnu llun a chofnodi'r stori. (Cynghorydd cyfathrebu/swyddog y cyfryngau)

> Cyn gynted ag y bydd unrhyw beth yn digwydd i'w rhoi yn sylw'r cyfryngau maent [sefydliadau cysylltiedig] yn dod atom yn reddfol ac rydym yn fodlon gyda hynny ac rydym yn ceisio siarad â nhw am y peth. Rwy'n credu mai yn gyffredinol ydyw am na fyddai gan lawer ohonynt y sgiliau hynny, felly maent yn gobeithio y gallwn roi help llaw iddynt gydag ef. Roedd achos lle nad oedd [y sefydliad cysylltiedig] yn rhoi unrhyw ddatganiadau o gwbl, ac roeddent yn dweud i fynd yn syth at [y sefydliad mantell] ac rydym wedi paratoi datganiad i'r wasg arno. Maent yn gwybod yn ei hanfod bod yr hyn sy'n mynd allan yn mynd i fod yn eglur. (Swyddog cyfathrebu)

Disgrifiodd eraill y gwaith yr oedd yn rhaid iddynt ei baratoi i gefnogi pobl gyda chyfarfodydd gyda newyddiadurwyr a'r sylw dilynol, ac i olrhain wedyn wrth ddarparu mwy o gymorth:

> Rwyf yn rhoi trosolwg gonest iawn iddynt o'r hyn y bydd yn ei olygu: bydd newyddiadurwyr eisiau siarad â chi dros y ffôn ac eisiau dod i'ch tŷ; bydd camerâu yn y tŷ; bydd erthyglau amdanoch chi yn y papur;

gofynnir i chi i gael eich llun wedi ei dynnu. A hefyd, y peth arall sydd
wedi dod yn amlwg dros y blynyddoedd – yr agwedd ar-lein – wrth
gwrs maent yn mynd ymlaen, hefyd, i weld yr holl sylwadau hyn yn dod
i fyny, felly mae'n rhaid i chi eu paratoi ar gyfer y sylwadau (positif yn
bennaf) hynny. Ond gallai fod un neu ddau negyddol, a rheiny yw'r rhai
sydd yn mynd i frifo. (Rheolwr y cyfryngau a chyfathrebu)

Mae'r newyddiadurwyr yn gwybod fy mod yno gyda nhw yn ystod y
cyfweliad hwnnw – mae newyddiadurwr yn ffonio fy ffôn symudol a
byddaf yn ei drosglwyddo i bwy bynnag sy'n gwneud y cyfweliad. Felly,
rwyf yno drwy'r amser. Os ydynt yn gwneud cyfweliad gyda'r teledu
ac yn gysylltiedig â newyddiadurwyr print hefyd, os ydynt eisiau lle
niwtral, gallwn eu gwahodd yma a'i wneud yma. Oherwydd mae llawer
o bobl yn anhapus yn cael camerâu a newyddiadurwyr yn eu cartref.
(Rheolwr y cyfryngau a chyfathrebu)

Rydym yn ceisio eu cadw mewn cysylltiad ag astudiaeth achos: nid
edrych yn fanwl, cymryd drosodd eu bywydau am ychydig ddiwrnodau
ac yna, 'hwyl fawr, diolch!' Chi'n gwybod, rydym yn ceisio cadw'r
berthynas honno yn gynnes. Byddaf yn ceisio mynd yn ôl i'w gweld
y diwrnod wedyn, 'sut ydych chi? Pa fath o ymateb ydyn ni wedi ei
gael i'r stori? Pwy sydd wedi eich gweld ar y teledu? Unrhyw beth ar
y cyfryngau cymdeithasol yr ydych yn anhapus ag ef?' Er mwyn rhoi'r
gefnogaeth – mae'n broses anodd iawn – yna nid ydych yn eu gadael ar
eu pen eu hunain. (Rheolwr y cyfryngau a chyfathrebu)

Adlewyrchodd llawer o'r rheiny gafodd gyfweliad ar y graddau yr oedd
newyddiadurwyr yn gwerthfawrogi'r sensitifrwydd hyn a rôl gweithwyr
cyfathrebu proffesiynol yn hwyluso a chyfryngu cyswllt ag astudiaethau achos.
Disgrifiodd rai perthynas gydweithredol â newyddiadurwyr yn gadarnhaol
iawn, ac roeddent yn gwerthfawrogi'r ffordd yr oedd rhai newyddiadurwyr
yn gwrando ar arbenigedd trydydd sector am reoli bregusrwydd pobl, wedi ei
osod yn erbyn y pwysau yr oeddent yn ei wynebu wrth greu straeon:

Mae ganddynt stori hefyd, ac efallai fod ganddynt olygydd
neu gynhyrchydd sydd eisiau pethau penodol oddi wrthynt, ac weithiau
mae'n golygu cyfarfod yn y canol. Mae'n debyg i, 'os wyt ti eisiau
hynny, gallwn roi hynny i ti ond ni allwn roi HYNNY', ac mae bron
fel ceisio cydweithio ac rwy'n credu bod rhai newyddiadurwyr yn fwy
ymwybodol o hynny nag eraill. (Rheolwr CC a chyfathrebu)

Mae'n eithaf braf pan fyddwch yn siarad â [darlledwr] eu bod yn
ymwybodol o'r sensitifrwydd yn ymwneud â digartrefedd ac rydym
wedi dweud, chi'n gwybod, 'os ydych eisiau creu stori gyda ni yna mae

pethau yr ydych yn gorfod cydymffurfio â nhw' ac maent yn ymddangos yn hapus iawn i wneud hynny, sydd yn braf iawn. Nid yw'r cwmnïau cynhyrchu annibynnol sydd wedi dod i gyfarfod â ni wedi bod mor barod: mae fel hyn, 'mae gennym y stori hon, mae gennym y syniad hwn, rydym yn ei roi allan, mae'n mynd i fod yn llym' ac rydych yn dweud, 'mae'n ymddangos eich bod yn barod i wneud unrhyw beth i gyfleu'r hyn yr ydych yn dymuno ei wneud ar y sgrin, a nid dyna fel rydyn ni'n gwneud pethau'. (Rheolwr CC a chyfathrebu)

Soniodd pobl eraill am brofiadau mwy anodd gyda newyddiadurwyr, gyda thensiynau'n codi oherwydd eu dulliau, materion rheoli a gwerth stori yn erbyn ei niwed posibl:

Ond roeddent ychydig yn ymosodol o ran y pwysau yr oeddent yn ei roi arnom. Pan oeddem yn gallu ei wneud, roedd gennym [sefydliad y trydydd sector], ond nid oedd eu bwrdd eisiau i'w pobl ifanc ddioddef craffu o'r fath, felly nid oedd eu bwrdd eisiau cytuno iddo. Hysbyswyd [y darlledwr] ac yna roedd y newyddiadurwr yn ymosodol iawn, ac fe wnaethant wedyn, yn annibynnol, fynd yn syth at y [sefydliad trydydd sector] a chynnig yr holl sicrwydd hyn iddynt. Yn y diwedd, fe wnaethant gytuno, ond am fy mod i wedi dweud na fe aethant yn fy erbyn, roeddwn yn teimlo eu bod yn eithaf ymosodol ac yn benderfynol. Roeddent eisiau eu tair munud o blant hiliol ar y teledu. Ond nid oeddent. Nid oedd ymdrin â nhw yn brofiad da. (Cyfarwyddwr sefydliad)

Mae newyddiadurwyr yn bobl foesegol, gyfrifol iawn, ond mae wedi digwydd i mi dros y blynyddoedd bod cyswllt uniongyrchol wedi cael ei wneud â theuluoedd. Ac yna nid oes gennych unrhyw reolaeth wedyn dros beth neu sut maent yn dweud eu bod yn mynd i ddehongli eu stori yn y wasg. Nid ydynt yn gwybod sut i ymdrin â'r wasg am nad ydych yn gallu rhoi'r lefel honno o gefnogaeth iddynt … Yn arbennig am eu bod yn ei wneud i'ch sefydliad, rydym yn ceisio eu cefnogi gymaint ag y gallwn, yn arbennig os ydynt yn bobl ifanc hefyd. (Rheolwr y cyfryngau a chyfathrebu)

Rwy'n credu bod yn rhaid iddynt ddeall na allwch gael achos bob amser – mae'n amhosibl: mae'n afresymol cael astudiaethau achos gan bobl sydd yn agored i niwed. (Cynghorydd cyfathrebu/swyddog y cyfryngau)

Cafodd rhai o'r tensiynau hyn eu lleddfu mewn sefyllfaoedd lle'r oedd pobl o'r trydydd sector gafodd gyfweliad yn teimlo bod ganddynt gysylltiadau yr oeddent yn gallu ymddiried ynddynt yn y cyfryngau. Soniodd llawer am ddatblygu rhestr gyswllt o bobl y gellid ymddiried ynddynt yn y cyfryngau, yn aml trwy ddigwyddiadau a rhwydweithio, fel agwedd ddymunol a phwysig o'u hymarfer, a rhywbeth fyddai'n cyfrannu at eu neges yn cael ei chynrychioli'n dda yn y newyddion:

> Rydym wedi datblygu perthynas gyda newyddiadurwyr unigol. Dyma'r ffordd y mae ein straeon yn mynd i mewn i'r papur. Nid oes gennym y berthynas honno gyda phapurau newydd eraill. Felly, byddwn yn paratoi datganiad i'r wasg, yn ei anfon allan, yna weithiau bydd newyddiadurwyr yn dod yn ôl atom ac yn dweud dyma sut rydym yn mynd i gyfleu'r stori. Yn fwy aml, nid oes ganddynt unrhyw amser i gysylltu â ni, rydym yn rhoi'r datganiad i'r wasg iddynt, rydym yn ymddiried ynddynt beth bynnag i wybod eu bod yn mynd i gyflwyno'r stori'n gadarnhaol. Ac yna mae'r stori'n mynd allan. (Cyfarwyddwr sefydliad)

> Mae'n dda datblygu perthynas y tu allan i gyd-destun newyddion, y tu allan i gylch newyddion, i ddod i adnabod rhywun. Ac mae hynny'n ddefnyddiol iawn, yn ogystal, pan fyddwch eisiau cael stori allan am eich bod yn gallu mynd atynt a dweud, 'Rydym eisiau cael y stori yma allan, beth yw'r ffordd orau o wneud hyn?' Gallai roi rhywfaint o gyngor wedyn am y ffordd y gallwn ei chyflwyno a'r ongl, ac felly mae perthynas fel hynny yn eithaf pwysig a defnyddiol i ni mewn gwirionedd. (Swyddog cyfathrebu)

> Mae rhai newyddiadurwyr yng Nghymru yr wyf wedi eu defnyddio'n benodol ar gyfer straeon penodol … byddwn yn rhoi stori egsgliwsif iddynt gyntaf. Felly, er enghraifft, mae gennym adroddiad yn dod allan mewn pedair wythnos, felly mae [newyddiadurwr] yn dod i mewn am gyfarfod i edrych ar yr adroddiad hyd yn oed cyn i ni ysgrifennu datganiad i'r wasg i weld a fyddant yn rhedeg sgŵp cyfan math o beth. Felly, byddwn yn dweud ei fod yn hawdd datblygu perthynas fel hynny yng Nghymru. (Swyddog materion cyhoeddus)

Roedd eraill yn teimlo naill ai nad oeddent yn adnabod digon o newyddiadurwyr yn ddigon da neu nad oeddent wedi sicrhau'r math o berthynas waith gyda'r cyfryngau fyddai'n cefnogi eu harferion cyfathrebu ac yn gweld hyn fel rhywbeth y dylent fuddsoddi amser ac ymdrech ynddo:

> Rwy'n credu ein bod yn gwneud yn eithaf da yn y de, ond byddwn yn hoffi pe byddem yn gallu cael newyddiadurwyr ar draws Cymru yr ydym yn gwybod sydd yn barod i ni roi pethau allan a rhoi sylw i ni, ac rwy'n credu ei fod yn bosibl cyflawni hynny. Ond mae'n rhaid i chi roi rhywfaint o waith i mewn, codi'r ffôn ac, os gallwch, cyfarfod â nhw. Bydd rhywun yn cael coffi gyda chi os byddwch yn gofyn. Mae o fudd i'r ddwy ochr hefyd, iddyn nhw ddod atom ni am sylwadau, yn arbennig yng ngogledd Cymru, hoffwn iddyn nhw ein hadnabod ni fel elusen fawr yno. (Rheolwr CC a chyfathrebu)

Rwy'n credu ei fod yn deg dweud nad oes gennym berthynas wedi ei datblygu'n gryf gyda newyddiadurwyr. Rwy'n credu bod hynny'n rhywbeth yr hoffem ei wella. Rydym yn ei ddatblygu oherwydd unwaith y mae gennych berthynas dda gyda pherson, rydych yn tueddu i fynd yn ôl atynt. (Rheolwr CC a chyfathrebu)

Fodd bynnag, roedd pawb gafodd gyfweliad yn canolbwyntio'n bennaf ar eu perthynas gyda'r cyfryngau yng Nghymru, gyda rhai yn mynegi tipyn o atgasedd tuag at y cyfryngau fel y cyfryngau *tabloid* cenedlaethol yr ystyriwyd bod ganddynt ymagwedd negyddol tuag at y rheiny sydd yn profi tlodi:

Ni fyddwn byth yn breuddwydio anfon e-bost at bapur *tabloid*, byth, oherwydd nid wyf yn ymddiried ynddynt. O'r hyn y gallaf i ei weld, mae ganddynt agenda, sydd yn gwbl wahanol i'n un ni. Ymddengys eu bod yn fwy am amlygu a chreu rhaniadau, ac nid ydym ni'n ymwneud â hynny. (Cyfarwyddwr sefydliad)

Yn olaf, adlewyrchodd llawer o'r rheiny gafodd gyfweliad ar y pethau yr oeddent yn credu gallai wneud gwahaniaeth cadarnhaol i'w hymarfer ac i'r sylw yr oedd tlodi'n ei gael yn y cyfryngau yng Nghymru. Yma, soniwyd yn rheolaidd am y mater o gydweithredu, gydag elusennau eraill neu gyrff anllywodraethol a hefyd gyda'r cyfryngau, mewn ffyrdd gwahanol. Roedd rhywfaint o hyn yn ymwneud â pharatoi ar gyfer ceisiadau'r cyfryngau a gweithio'n rhagweithiol ar ddeunydd oedd yn sensitif i amser fel astudiaethau achos ymlaen llaw. Soniodd pobl am weithio gyda'i gilydd i gyfuno eu sgiliau a'u harbenigeddau gwaith – yn arbennig yn ymwneud â chysylltu sefydliadau bach neu rai oedd yn canolbwyntio ar gyflwyno gwasanaethau gan weithio'n uniongyrchol gyda chleientiaid a'r rheiny oedd â mwy o adnoddau ac arbenigeddau wedi eu neilltuo i gyfathrebu, oedd yn gweithio'n ddyddiol gyda'r cyfryngau. Awgrymodd sawl un gafodd gyfweliad ddatblygu 'banciau stori' neu gadw cofnodion diweddar o'r rheiny oedd yn barod i gynnig eu straeon fel astudiaethau achos mewn rhyw ffordd neu gilydd. Cafodd dod ynghyd i rannu'r adnoddau hyn, i weithio tuag at nodau strategol ar y cyd neu brosiectau, ei gynnig, yn ogystal â chwilio am fwy o gyfleoedd i ddysgu oddi wrth newyddiadurwyr beth oedd eu blaenoriaethau ar gyfer straeon am dlodi. Roedd y rheiny gafodd gyfweliad yn amlwg yn awyddus i fentrau gael eu cynnal oedd yn annog dealltwriaeth ar y ddwy ochr o rolau perthnasol sefydliadau amrywiol y trydydd sector sydd yn gweithio ar dlodi a chan newyddiadurwyr wrth greu newyddion am dlodi.

Profiadau'r trydydd sector: crynodeb

Roedd gweithwyr proffesiynol y trydydd sector yn gadarnhaol ar y cyfan o ran eu safbwyntiau a'u profiadau gyda'r cyfryngau newyddion yng Nghymru. Gyda rhai eithriadau, roedd y rhan fwyaf yn awyddus i ffurfio perthynas waith gadarn gyda'r cyfryngau newyddion er mwyn cyfathrebu straeon am eu gwaith ac i amlygu'r ffyrdd amrywiol y mae tlodi yn broblem. Fodd bynnag, roedd gwahaniaeth sylweddol yn y graddau yr oedd y rheiny gafodd gyfweliad yn mynegi hyder am eu perthynas bresennol gyda'r cyfryngau a'r gallu a'r adnoddau yn eu sefydliadau ar gyfer eu meithrin. Yn aml, roedd gan y rheiny oedd yn gweithio i sefydliadau polisi neu eiriolaeth mwy o brofiad gwerthfawr i dynnu arno, naill ai o weithio yn y cyfryngau a/neu swyddi wedi eu neilltuo i gyfathrebu. Gyda strategaethau clir, amser, anoddau ac arbenigedd wedi ei neilltuo i gyfathrebiadau'r cyfryngau, roedd ymateb i geisiadau newyddiadurwyr am gymorth a gosod straeon yn rhagweithiol yn cael ei weld yn glir fel rhywbeth llawer mwy ymarferol nag ar gyfer sefydliadau llawr gwlad, llai. I sefydliadau llai a rhai sy'n canolbwyntio mwy ar gyflwyno gwasanaethau rheng flaen, roedd amser a chyfyngiadau o ran adnoddau yn aml yn golygu nad oedd cyfathrebiadau'r cyfryngau yn flaenoriaeth strategol, hyd yn oed os oedd rhyngweithio gyda newyddiadurwyr yn digwydd i raddau amrywiol fel rhan o'u gwaith. Fodd bynnag, ar lawr gwlad, roedd y rheiny gafodd gyfweliad yn amlwg yn llawer mwy cysylltiedig yn uniongyrchol â chyfrifon uniongyrchol gwerthfawr pobl oedd yn dioddef tlodi na'r rheiny mewn sefydliadau mwy lle'r oedd yn rhaid 'dod o hyd' i astudiaethau achos o'r fath.

Roedd y rhan fwyaf o'r rheiny yn y trydydd sector gafodd gyfweliad yn cydnabod gwerth astudiaethau achos i'r rheiny oedd yn creu newyddion, ac fel dull o gynrychioli realaeth tlodi yn rymus ac yn ystyrlon. Fodd bynnag, heb eithriad, lleisiodd y rheiny yn y trydydd sector gafodd gyfweliad bryder hefyd am y niwed posibl y mae cyfranogwyr astudiaethau achos yn eu hwynebu a'r ddyletswydd gofal arnynt i ddiogelu'r rheiny yr oeddent yn hwyluso mynediad i'r cyfryngau ar eu rhan. Soniodd llawer, o brofiad, am yr angen i baratoi pobl ar gyfer rheoli ac olrhain eu cyswllt â'r cyfryngau er mwyn cyflawni'r ddyletswydd hon. Roedd tensiwn clir yn amlwg rhwng, ar un llaw, y gwerth posibl a roddir i astudiaethau achos yn cyflawni nodau cyfathrebu ac yn effeithio ar drafodaeth ehangach am dlodi ac a oedd y rheiny gafodd gyfweliad, ar y llaw arall, yn credu bod astudiaethau achos yn bodloni buddiannau'r unigolion oedd yn cymryd rhan.

Ar draws yr ystod o sefydliadau, roedd y rheiny gymerodd ran yn y cyfweliadau yn amlwg yn rhannu llawer o nodau a gwerthoedd allweddol, gan ganolbwyntio ar gefnogi'r rheiny sydd mewn angen, gwella bywydau a cheisio trawsnewid yr amodau sydd yn sylfaenol i brofiadau o dlodi. Fodd bynnag, roedd nodau cyfathrebu yn cael eu hysgogi gan ystyriaethau eraill hefyd, fel creu cyllid a chydnabyddiaeth sefydliadol. Yn wir, thema bwysig oedd yn ategu llawer o'r hyn a adlewyrchwyd yn ein cyfweliadau gyda gweithwyr proffesiynol y trydydd sector oedd yr amgylchedd cystadleuol yr oeddent yn gweithio ynddo. Ond eto, ar y cyfan, roedd y cyfweliadau yn amlygu parodrwydd yn y sector i gydweithredu ar gyfathrebu naratif teg a chywir ar dlodi yng Nghymru.

Crynodeb o'r prif ganfyddiadau

- Roedd y sylw a gafodd tlodi yn y cyfryngau yng Nghymru yn canolbwyntio'n thematig ar newyddion am yr economi a/neu wleidyddiaeth, ac yn ystod ein cyfnod monitro (Ebrill–Gorffennaf 2016), roedd yn cael ei lywio gan bolisi/gwleidyddiaeth Llywodraeth Cymru, newyddion busnes ac ymgyrch refferendwm yr UE.
- Dim ond traean o'r sylw yn ymwneud â thlodi oedd yn canolbwyntio arno fel prif stori – yn fwy aml, mae tlodi'n ymddangos fel testun atodol, cyd-destunol neu gefndir mewn adroddiadau ar wleidyddiaeth neu drafodaethau polisi macro-economaidd.
- Anaml y gwnaed cysylltiadau pendant rhwng straeon sydd yn arwyddocaol yn genedlaethol am wleidyddiaeth neu'r economi a'u heffeithiau posibl ar fywoliaeth a phrofiadau o dlodi yng Nghymru ar y lefel bersonol neu gymunedol.
- Y prif faterion oedd yn gysylltiedig â thlodi oedd diweithdra ac ansicrwydd swyddi. Roedd amddifadedd cymdeithasol yn fwy cyffredinol hefyd yn amlwg mewn naratif tlodi ar draws y cyfryngau.
- Nid oedd unrhyw dystiolaeth arwyddocaol o roi bai ar y rheiny sy'n agored i niwed a'r rheiny sydd yn dioddef caledi am eu profiadau o dlodi, anghydraddoldeb economaidd neu anfantais gymdeithasol.
- Roedd pobl sydd wedi eu heffeithio gan dlodi yn fwy tebygol o gael eu nodi mewn termau eang (fel cymunedau neu'r cyhoedd yn gyffredinol) na grwpiau demograffig penodol. Roedd gweithwyr yn ffocws allweddol, fodd bynnag, wedi eu lleoli mewn ardaloedd amrywiol o Gymru.
- Ni soniwyd am achosion a chanlyniadau posibl tlodi yn y sylw yn aml. Yn hyn o beth, nid oedd yr adroddiadau yn rhoi fframwaith cyd-destunol ar gyfer deall pam y mae tlodi'n digwydd a pham y mae'n fater pwysig.
- Lle'r oedd manylion cyd-destunol wedi eu cynnwys, roedd ffactorau strwythurol, yn cynnwys gwaddol dad-ddiwydiannu, yn cael eu cyfleu fel achos cyd-destunol sylfaenol materion tlodi. Y syniad cyffredinol bod cymunedau yn dioddef oedd canlyniad tlodi y soniwyd amdano amlaf.
- Ar Brexit, roedd pleidleisio dros adael yr UE yn fwy tebygol o gael ei wneud yn gyfrifol am dlodi, peryglu ffyniant a ffordd o fyw yn y dyfodol na phleidleisio dros aros/parhau yn yr UE. Fodd bynnag, nid oedd y sylw yn

cysylltu naill ai Brexit neu aros yn yr UE â materion tlodi yn amlwg nes bod ymgyrch y refferendwm yn mynd rhagddo.

- Y llywodraeth, ac yn arbennig Llywodraeth Cymru, oedd y mwyaf tebygol o gael ei chrybwyll yn gyfrifol am faterion yn ymwneud â thlodi ac o ymateb neu â'r disgwyliad o ymateb iddo. Fodd bynnag, roedd llywodraeth genedlaethol y DU yn ogystal â busnesau yn amlwg iawn hefyd fel partïon oedd yn gyfrifol.

- Lleisiau gwleidyddol oedd y ffynonellau a ddyfynnwyd amlaf yn y sylw am dlodi, er bod ffynonellau busnes a safbwyntiau dinasyddion yn amlwg hefyd. Roedd dros ddwywaith cymaint o ddynion â menywod yn ffynonellau a ddyfynnwyd yn gyffredinol.

- Mae perthynas o gyd-ddibyniaeth eisoes yn bodoli rhwng newyddiadurwyr a'r trydydd sector wrth adrodd am dlodi. Cydnabu gweithwyr proffesiynol y trydydd sector fod newyddion prif ffrwd yn hanfodol ar gyfer cyfathrebu syniadau sydd yn rheoli agwedd y cyhoedd tuag at dlodi. Cydnabu newyddiadurwyr y rôl y gall y trydydd sector ei chwarae yn cyflwyno straeon mwy amrywiol a chynrychioliadol i'r agenda nag y byddai'n wir fel arall.

- Roedd astudiaethau achos yn cael eu gwerthfawrogi'n fawr gan newyddiadurwyr a gweithwyr proffesiynol y trydydd sector fel ffordd allweddol o gyfleu arwyddocâd themâu tlodi yn y newyddion ym mywydau pobl arferol ac i wneud straeon newyddion yn fwy ystyrlon a pherthnasol i gynulleidfaoedd. Fodd bynnag, roedd newyddiadurwyr a gweithwyr proffesiynol y trydydd sector hefyd yn ymwybodol nad oedd buddion cymryd rhan mewn astudiaethau achos bob amser yn glir i'r unigolion cysylltiedig.

- Roedd newyddiadurwyr yn gwerthfawrogi cydweithrediad y trydydd sector yn fawr yn hwyluso mynediad at gyfranogwyr astudiaethau achos. Fodd bynnag, nodwyd tensiynau hefyd yn y berthynas waith hon, yn canolbwyntio'n bennaf ar bwysau amser ac adnoddau y mae grwpiau proffesiynol yn eu hwynebu a dyletswydd gofal/cyfrifoldebau adrodd moesegol tuag at gyfranogwyr posibl.

- Roedd llwyddiant y berthynas rhwng newyddiadurwyr a'r trydydd sector yn amrywio gyda lefelau arbenigedd, profiad a chyd-ddealltwriaeth o bwysau proffesiynol a blaenoriaethau. Fodd bynnag, mae cyfle unigryw yng Nghymru i ddatblygu dealltwriaeth sydd o fudd i'r ddwy ochr o'r blaenoriaethau a'r heriau sy'n ategu gwaith ei gilydd.

Casgliadau

Mae stori galonogol i'w dweud am naratif y cyfryngau newyddion ar dlodi yng Nghymru. Dangosodd ein hastudiaeth dadansoddi cynnwys, yn gyffredinol, bod yr adrodd yn deg a chytbwys ac ymddengys ei fod yn adlewyrchu'r pwysigrwydd yr oedd y newyddiadurwyr gafodd gyfweliad yn ei roi i osgoi stigmateiddio cynrychioliadau o dlodi. Roedd ystyriaethau moesegol o adrodd ar dlodi a bregusrwydd posibl y rheiny oedd yn ei brofi yn flaenllaw yn adlewyrchiadau llawer o'r newyddiadurwyr ac roedd ganddynt ddiddordeb yn canfod ffyrdd o wella tegwch, cynrychiolaeth ac ystyrlondeb eu hadrodd. Diffiniodd y newyddiadurwyr eu gwerthoedd proffesiynol i'r gwrthwyneb i'r math o sylw cyffrogar a'r creu bwch dihangol diangen yr ydym yn ei weld mewn mannau eraill yn y cyfryngau newyddion yn y DU. Mae'r ymchwil i'r cynnwys hefyd wedi amlygu'r ffordd y gall pwysau arferol ac adnoddau cynyddol gyfyngedig ystafell newyddion arwain at fwlch rhwng delfrydau ac arferion adrodd ar dlodi, fodd bynnag. Amlygodd newyddiadurwyr nad yw tynnu digon o sylw yn y newyddion i gydnabod pwysigrwydd parhaus mater di-baid fel tlodi yn hawdd. Yn ogystal, mae cael gafael ar straeon pobl ar lawr gwlad yn uniongyrchol a dadorchuddio goblygiadau cymdeithasol cymhleth ystadegau swyddogol, tueddiadau neu newidiadau polisi yn her i newyddiadurwyr heb friff penodol neu gysylltiadau lleol.

Yn ystod ein monitro, roedd argyfwng Tata Steel a busnesau mawr eraill yn mynd i drafferthion ariannol yn straeon amlwg, a'r prif faterion yn ymwneud â thlodi oedd diweithdra ac ansicrwydd swyddi. Yn rhai o'r adroddiadau hyn, archwiliodd dadansoddiadau manwl, llawn gwybodaeth pam oedd y digwyddiadau hyn wedi digwydd, yn aml yn cyfeirio at ffactorau strwythurol oedd yn arwain at fregusrwydd ac ansicrwydd economaidd. Roedd cyfrifoldeb am dlodi i raddau helaeth, er yn ddi-gwestiwn, yn gysylltiedig â llywodraeth a busnes, gyda'r disgwyliad i Lywodraeth Cymru, yn arbennig, ymateb.

Roedd rhywfaint o'r adrodd yn cynnwys y canlyniadau i weithwyr ac eraill oedd yn profi tlodi, yn arbennig mewn ardaloedd wedi eu dad-ddiwydiannu. Roedd dinasyddion cyffredin yn aml yn cael eu defnyddio fel ffynonellau. Fodd bynnag, y gwleidyddion oedd fwyaf tebygol o gael eu clywed yn y sylw i dlodi. Yn ogystal roedd rhyw ffynonellau'r newyddiadurwyr yn drawiadol, gyda dros ddwywaith y ffynonellau yn ddynion na menywod. Gallai hyn fod wedi bod, yn rhannol, o ganlyniad i rhyw gweithluoedd yn y diwydiannau oedd yn wynebu argyfwng, ond eto i gyd, mae'n amlygu cyfyngiad sylweddol yn yr amrywiaeth o leisiau ac ystod y profiadau o dlodi sy'n cael eu hamlygu yn y newyddion. Yn y rhan fwyaf o'r sylw oedd yn cynnwys tlodi, roedd yn amlwg fod deinameg profiadau pobl gyffredin yn cael ei golli'n aml.

Wrth adrodd yn thematig, gan ganolbwyntio ar faterion macro-economaidd a gwleidyddol, mae'r hyn y mae straeon yn ei *olygu* ym mywydau pobl fel arfer yn cael ei adael heb ei archwilio. Anaml iawn, mewn sylw am ddiweithdra, cyni a thoriadau i adnoddau cymdeithasol, neu am benderfyniadau gwleidyddol neu ymgyrchoedd mawr, yr oedd y naratif yn cysylltu'r grymoedd gwleidyddol ac economaidd yn ystyrlon â'r ffordd y gallent effeithio ar ffordd o fyw, profiadau bob dydd unigolion neu deuluoedd. Yn yr adroddiadau ar refferendwm yr UE gafodd ei gyfleu yn ein sampl, er enghraifft, roedd gadael neu bleidleisio dros adael yr UE yn cael ei gyfleu fel achos mwy tebygol o dlodi nag aros. Fodd bynnag, mae'n nodedig na ddaeth yr agwedd hon o'r sylw i'r amlwg nes bod ymgyrch y refferendwm ar y gweill ac, fel arfer, roedd gwerthusiadau o'r fath yn cael eu cyflwyno gan negeseuon ymgyrch gwleidyddion, yn hytrach nag archwilio newyddiadurol manwl i'r effeithiau posibl ym mywydau pobl.

Wedi ei sefydlu fel mater o drefn mewn newyddion sy'n cael ei ysgogi gan wleidyddiaeth neu newyddion busnes, ceir perygl y gall tlodi ymddangos fel nodwedd arferol neu gyflwr cymdeithasol o amgylchiadau cyfoes (neu hanesyddol) Cymru, yn hytrach na bod yn destun craffu neu gyfrifon newyddiadurol beirniadol. Mae ffactorau cyd-destunol tlodi yn gymhleth. Mae manylion polisi sy'n ymddangos yn sych neu'n arbenigol, fel tai neu bolisi cymdeithasol arall, yn chwarae rôl ar y cyd â grymoedd strwythurol a gall eu perthnasedd fod yn anodd eu hesbonio a'u cyfleu fel newyddion. Mae angen gwybodaeth arbenigol i wneud ffactorau o'r fath yn berthnasol ac yn ystyrlon i gynulleidfaoedd, yn ogystal â thechnegau dweud stori sy'n defnyddio llawer o adnoddau, fel astudiaethau achos. I'r gwrthwyneb, os yw adroddiadau yn canolbwyntio'n bwerus ar brofiadau bob dydd o dlodi, efallai na fyddant yn cysylltu â'r cyflyru cymhleth neu'r nodweddion 'cyfleu' fyddai'n esbonio achosion, canlyniadau neu gyfrifoldeb am dlodi yng Nghymru.

Roedd y newyddiadurwyr newyddion gafodd eu cyfweld gyda ni yn cydnabod yn gyffredinol y gall y trydydd sector chwarae rôl bwysig yn y gofod hwn. Yn wir, mae'r trydydd sector eisoes yn chwarae rôl mewn cysylltu newyddiadurwyr yng Nghymru â phrofiadau pobl gyffredin ar lawr gwlad, yn ymestyn ystod y posibiliadau ar gyfer straeon newyddion ar dlodi ac yn cyflwyno newyddiadurwyr i enghreifftiau mwy amrywiol a chynrychioliadol nag y byddent yn gallu cael mynediad iddynt fel arall. Fodd bynnag, ceir hefyd heriau sylweddol o ran y ffordd orau o hwyluso'n gynhyrchiol y rôl hon yn ymarferol, a chadw pellter proffesiynol beirniadol yn y berthynas rhwng newyddiadurwyr, y trydydd sector a'r cyfryngau. Mae ein hymchwil yn awgrymu bod profiadau o berthynas o'r fath yn amrywio'n helaeth gyda lefelau arbenigedd, profiad a dealltwriaeth o bwysau a blaenoriaethau proffesiynol. Y safbwynt sydd yn dod i'r amlwg ymysg y rheiny gafodd gyfweliad yw bod y newyddion prif ffrwd yn dal â phwysigrwydd canolog mewn creu syniadau am dlodi a chyflyru agweddau'r cyhoedd tuag at y bobl y maent yn eu cefnogi. Fodd bynnag, mae eu gallu i adweithio ac ymateb i geisiadau newyddiadurwyr mewn straeon am dlodi yn cael eu cyfyngu yn aml gan adnoddau, amser a chyfyngiadau o ran arbenigedd. Yn wir, yn arbennig ar gyfer darparwyr gwasanaethau llawr gwlad, efallai nad yw'r math yma o waith yn cyd-fynd o reidrwydd â blaenoriaethau craidd eu sefydliadau a gellir eu hystyried yn wyriad costus. Ond eto, roedd pob un o'r bobl o'r trydydd sector gafodd gyfweliad yn dal yn amlwg yn bryderus am y ffordd yr oedd y drafodaeth gyhoeddus ehangach am dlodi'n effeithio ar agwedd y cyhoedd, a'i effaith ddiriaethol ar yr hinsawdd lle maent yn gweithio. Mae hefyd yn wir bod sefydliadau mwy sydd yn canolbwyntio yn helaeth ar eiriolaeth eisoes â phartneriaethau llwyddiannus gydag elusennau rheng flaen, llai a grwpiau ar brosiectau yn cynnwys cyfathrebiadau'r cyfryngau.

Atodiadau

Atodiad A: geiriau allweddol yn Saesneg a Chymraeg

Geiriau allweddol Saesneg: poverty or economic! or financial or impoverish! or hardship or pinch or privation or penniless or destitut! Or 'low income' or 'economic! exclu!' or 'social! exclu! or socially excluded' or margin! or underprivilege! or disadvantage or inequality or poor or 'hard up' or 'depriv!' or penniless or 'global poverty' or rich! or wealth! or privilege! or unemploy! or jobless! or redundan! or jobseeker or homeless! Or neets or wage! or 'in work' or austerity or allowance! or 'employment support' or benefit! or 'pension credit!' or pension! or 'bedroom tax' or 'food bank!' or 'job centre' or 'work and pensions' or 'living allowance' or 'income support' or 'universal credit' or 'tax credit' or 'bedroom tax' or 'soup kitchen!' or 'food bank!' or 'azure card!' or charit! or bankrup! or insolven! or debt or indebt! or 'payday loan' or homeless! or 'poor housing' or 'on the streets' or 'living rough' or 'single parent' or 'lone parent' or childcare or fuel or starv! or thrift! or frugal! or 'mak! ends meet' or suffer! or 'personal independence payment!' or 'PIP'.

Geiriau allweddol Cymraeg: tlodi; economaidd; yn economaidd; ariannol; llymhau; tlodion; diriwiad; caledi; gwasgu; amddifadrwydd; dim; amddifad; amddifadu; incwm isel; gwaharddiad; economaidd; gwaharddiad cymdeithasol; ffiniol; cyrion; difreintiedig; anfantais; anfanteision; anghydraddoldeb; tlawd; amddifad; diffyg; tlodi rhyngwladol; cyfoethog; cyfoeth; ariannog; cefnog; tangyflogaeth; di-waith; digyflog; heb waith; cyflog; cyflogau; cyflogedig; 'mewn gwaith'; llymder; cynildeb; lwfans; lwfansau; lwfansiau; 'cymorth cyflogaeth'; budd; buddion; 'budd pensiwn'; 'buddion pensiwn'; pensiwn; pensiynau; pensiynwr; pensiynwyr; 'treth llofft'; 'banc bwyd'; 'banciau bwyd'; 'canolfan byd gwaith'; 'canolfannau byd gwaith'; 'gwaith a phensiynau'; 'lwfans byw'; 'cymorth incwm'; 'credyd cyffredinol'; 'credyd treth'; 'treth llofft'; 'cegin gawl'; 'ceginau cawl'; 'banc bwyd'; 'banciau bwyd'; 'cerdyn azure'; 'cardiau azure'; elusen; elusennau; elusengar; hael; methdalu; methdalwyr; methdaliad; dyledus; 'mewn dyled'; dyled; dyledion; dyledus; dyledusrwydd; 'benthyciad diwrnod cyflog'; 'benthyciadau diwrnod cyflog'; digartref; 'cartrefi gwael'; 'ar y strydoedd'; 'byw ar y stryd'; 'rhiant unigol'; 'rhieni unigol'; 'gofal plant';

tanwydd; newynu; newynog; llwgu; newyn; cynildeb; cynnil; diwastraff; 'dau ben llinyn ynghyd'; dioddef; dioddefaint; dioddefus

Atodiad B: cefndir i deitlau a rhaglenni'r dadansoddiad o'r cynnwys

Papurau newydd

	Perchennog	Darllenwyr	Lleoliad
Western Mail	Trinity Mirror	19,910 (2015)	Caerdydd
Daily Post	Trinity Mirror	25,426 (2015)	Llandudno
Golwg	Llywodraeth Cymru/ Cyngor Llyfrau Cymru		Llanbedr Pont Steffan
Golwg 360	Llywodraeth Cymru/ Cyngor Llyfrau Cymru		Llanbedr Pont Steffan
Carmarthen Journal	Trinity Mirror	12,400 (2014)	Caerfyrddin
South Wales Argus	Newsquest	13,000	Casnewydd

Rhaglenni teledu

	Cynhyrchir gan	Amser	Oriau
Wales Today	BBC Cymru	6:30–7:00	20
Newyddion 9	BBC Cymru	9:00–9:30	20
Wales Tonight	ITV Cymru	6:00–6:30	20

Rhaglenni radio

	Gorsaf	Amser	Oriau
Post Cyntaf	BBC Radio Cymru	7:05–8:05	40
Good Morning Wales	BBC Radio Wales	6:30–7:30	40

Atodiad C: cynllun codio

Y sylw i dlodi yn y cyfryngau newyddion yng Nghymru

Cyfryngau: **Teledu** (BBC/ITV/S4C) **Radio** (*Post Cyntaf*/GMW/BridgeFM/ CapitalFM) **Print** (*WesternMail/NWDailyPost/SWArgus/CarmarthenJournal/ Golwg*) **Ar-lein** *Wales Online*

Pennawd:...

Dyddiad: [ ] [ ] [ ] [ ] Cyfnod codio (1, 2, 3, 4, 5, 6, 7, 8)

Mater(ion) tlodi: prif thema/arall

Prif thema

Economi	Gwleidyddiaeth	Ewrop	Elusen (arall)	Chwaraeon/adloniant
Iechyd	Y gyfraith/trefn	Polisi/materion tramor arall	Mudo	Llywodraeth leol
Addysg	Diogeledd	Cymorth rhyngwladol	Crefydd	Arall

Bachyn newyddion

Adroddiad/polisi/ gwleidyddiaeth llywodraeth genedlaethol y DU	Profiadau o dlodi/ allgáu cymdeithasol/ ymylu	Refferendwm yr UE	Streic neu brotest gan yr undeb
Pôl piniwn yn ymwneud â thlodi/allgáu cymdeithasol/ymylu	Elusen/gweithgaredd y trydydd sector (adroddiadau, digwyddiadau, ymgyrchoedd, ac ati)	Cyfraith a threfn	Awdurdod lleol/cyngor
Adroddiad/polisi/ gwleidyddiaeth	Busnes	Twyll budd-daliadau	Arall ....

Materion yn ymwneud â thlodi gafodd eu cynnwys

Diweithdra	Pensiynau	Digartrefedd	Tlodi plant	Biliau cartef	Anghy-draddoldeb
Tangy-flogaeth	Toriadau i gyllid cymdeithasol/lles	Tai gwael	Newyn	Cost gofal plant	Llafur gorfodol/ caethwasiaeth
Cyflogau isel/ annigonol	Lefelau budd-dâl (arall)	Lefelau rhent	Banciau bwyd	Cost trafnidiaeth	
Dyled	Mynediad at fudd-daliadau (arall)		Problemau iechyd	Costau byw (cyffredinol)	
Mynediad at gredyd				Tlodi gwledig	
				Economi/ isadeiledd gwael	
				Tlodi ac amddifadedd	Arall ....

Grwpiau/unigolion sydd wedi eu heffeithio gan dlodi

Rhiant(rhieni) sengl	Ieuenctid	Pobl ag anabledd	Cymuned/cyhoedd
Rhieni/ teuluoedd	Wedi ymddeol/henoed	Ffoaduriaid	
Gweithiwr (gweithwyr)	Milwrol	Cefndir mudol arall	Arall ....
Ddim yn berthnasol	Menywod	Pobl ddigartref	Ddim yn berthnasol

Lleoliad

Caerdydd	'Cymoedd'		Rhywle arall yn y DU ....
Abertawe	Dinas/tref/rhanbarth arall a enwir		Y DU yn gyffredinol
Port Talbot	Cymru yn gyffredinol		Rhyngwladol
			Arall.............................

Materion tlodi a brofir gan/sy'n effeithio ar grwpiau penodol (1, 2, 3, ac ati, sydd yn adlewyrchu grwpiau/unigolion sydd wedi eu heffeithio)

Diweithdra	Cyflogau isel/ annigonol	Cael mynediad at budd-daliadau a gwasanaethau	Digartrefedd
Ansicrwydd diweithdra	Dyled	Tlodi/allgáu cymdeithasol/ynysu (yn gyffredinol)	Arall ....
Tangyflogaeth	Ansicrwydd pensiwn	Iechyd (meddwl/corfforol)	Ddim yn berthnasol

Cyfleu tlodi (gwerthoedd i'w pennu trwy astudiaeth beilot)

Achos(ion)/ rhesymau dros dlodi	Canlyniadau tlodi	Priodoli cyfrifoldeb am dlodi	Ymatebion a awgrymir ar gyfer tlodi
Strwythurol (cyffredinol/arall)	Incwm isel/ cyllidebau tynn cartrefi	Polisi llywodraeth genedlaethol (presennol)	Ymyrraeth llywodraeth genedlaethol
Globaleiddio	Cymunedau'n dioddef	Polisi llywodraeth genedlaethol (gorffennol)	Ymyrraeth LlCC
Tsieina/India	Plant/teuluoedd yn dioddef	Polisi yr UE	Ymyrraeth llywodraeth leol

Arferion busnes, gweithredoedd corfforaethau	Problemau iechyd	Polisi LlCC	Ymyrraeth sefydliadau/ busnes preifat
Economi/ dad-ddiwydiannu Cymru	Problemau addysgol	Polisi llywodraeth leol	Pleidlais dros aros yn yr UE
Costau tanwydd/ ynni	Allgáu cymdeithasol (cyrhaeddiad isel arall; allgáu o gyfleoedd yn gyffredinol)	Unigolion sydd wedi eu heffeithio	Pleidlais dros adael yr UE
Problemau trafnidiaeth	Anghydraddoldeb cymdeithasol/ economaidd	Buddiannau preifat/busnes	Ymgyrch gwleidyddol
Pleidleisio dros adael yr UE/Brexit	Pleidleisio dros adael yr UE	Protest	
Pleidleisio dros aros yn yr UE/aelodaeth o'r UE		Pleidleisio dros aros yn yr UE	Cynyddu lefelau budd-daliadau
Unigol (cyffredinol/arall)			Torri lefelau budd-daliadau
Dibyniaeth ar sylweddau			Cynyddu isafswm cyflog/cyflog byw
Anweithgarwch			Prosiect(au) elusennol
			Rhoddion elusennol
Toriadau cyllid/ cyni			Gweithredu gan undebau
			Gweithredu unigol
			Cyfraniad elusennol
			Cyfraith a threfn
			Celfyddydau a diwylliant
Arall	Arall	Arall	Arall ....
Ddim yn berthnasol	Ddim yn berthnasol	Ddim yn berthnasol	Ddim yn berthnasol

Ffynonellau (gwrywaidd/benywaidd/heb ddatgan)

Gwleidyddol: gwladolyn y DU	Ffigur/ sefydliad crefyddol	Addysg	Dinesydd/ preswylydd arferol wedi ei effeithio gan dlodi/allgáu cymdeithasol/ymylu	Dinesydd/ preswylydd arferol (arall)
Gwleidyddol: Cynulliad Cenedlaethol	Pôl piniwn	Iechyd	Ieuenctid	Ffynhonnell anhysbys
Gwleidyddol: llywodraeth leol	Adroddiad	Cyfraith a threfn	Henoed	Ffynhonnell anhysbys
Gwleidyddol: rhyngwladol	Academaidd		Rhiant sengl	
Trydydd sector/ elusen/corff anllywodraethol	Cyfryngau		Rhiant (arall)	
Pleidiau gwleidyddol	Busnes		Person digartref â chefndir mudol	
	Undeb		Person â chefndir mudol	
			Gweithiwr	
			Ffermwr	Arall ....
			Arall anhysbys	Ddim yn berthnasol/neb

Atodiad D: amlinelliad byr o'r prosiect ar gyfer newyddiadurwyr

Archwilio'r naratif ar dlodi

Naratif y cyfryngau newyddion ac arferion gwneud newyddion yng Nghymru

Bydd yr ymchwil yn archwilio'r sylw a roddir i dlodi yng Nghymru yn y cyfryngau newyddion ar hyn o bryd, gan gynnwys y ffordd y mae straeon newyddion am dlodi'n cael eu llunio, profiad newyddiadurwyr o adrodd ar dlodi yng Nghymru, a'r mathau o straeon sydd yn deilwng i gael eu cynnwys yn y newyddion a pham.

Bydd y prosiect hefyd yn archwilio gwaith cyfathrebu cyrff anllywodraethol yng Nghymru a'u perthynas â'r cyfryngau newyddion yn y sylw a roddir i faterion tlodi.

Hoffem gyfweld â newyddiadurwyr a golygyddion er mwyn deall y cyfleoedd, cyfyngiadau a'r pwysau y mae newyddiadurwyr yn eu hwynebu wrth adrodd am faterion yn ymwneud â thlodi, naill ai wrth adrodd o ddydd i ddydd a/

neu sylw mwy ystyriol neu nodwedd ar dlodi. Yn fwy penodol, bydd hyn yn cynnwys gofyn cwestiynau sy'n archwilio:

- Arferion bob dydd ystafelloedd newyddion a phrofiad o adrodd ar faterion yn ymwneud â thlodi.
- Disgwyliadau presennol neu ddealltwriaeth am y straeon sy'n debygol o fod yn deilwng i gael eu cynnwys fel newyddion am faterion yn ymwneud â thlodi yng Nghymru.
- Y ffordd y gallai rolau sefydliadol, cyfrifoldebau ac ystyriaethau moesegol mewn newyddiaduraeth ddylanwadu ar gynnwys y sylw sy'n cael ei roi i dlodi.
- Rôl newyddiaduraeth yn llunio syniadau am dlodi yng Nghymru.
- Y ffigurau neu'r sefydliadau y deellir eu bod yn ffynonellau delfrydol/ gwerthfawr yn adrodd am faterion tlodi a pham.
- Ffynonellau posibl y mae newyddiadurwyr yn ei chael hi'n anodd cael mynediad iddynt.
- Y berthynas rhwng newyddiadurwyr sy'n gweithio yng Nghymru a'r trydydd sector.
- Adnoddau fyddai'n cael eu hystyried yn ddefnyddiol o ran sbardunau/ deunydd/cefndir stori neu roi gwybodaeth mewn cyd-destun.

Caiff y data ymchwil a gasglwyd o'r cyfweliadau ei ddefnyddio i lywio adroddiad i gael ei gyhoeddi (y raddfa amser a ragwelir ar gyfer cyhoeddiad drafft – gaeaf 2016) a chyhoeddiadau academaidd dilynol. Bydd yr adroddiad yn cyflwyno dadansoddiad o'r data cyfweld, ynghyd ag astudiaeth gynnwys o'r sylw a roddwyd i dlodi yn y newyddion yng Nghymru yn y cyfryngau newyddion Cymraeg a Saesneg.

Cynhelir y cyfweliadau yn unol â chanllawiau moeseg ymchwil y Cyfryngau ac Astudiaethau Diwylliannol (JOMEC) Ysgol Newyddiaduraeth Prifysgol Caerdydd, ac yn amodol ar gymeradwyaeth Pwyllgor Moeseg Ymchwil JOMEC. Caiff y cyfweliadau eu sain recordio a'u trawsgrifio er mwyn eu dadansoddi a chaiff y data ei storio'n ddiogel ym Mhrifysgol Caerdydd am bum mlynedd.

Bydd holl ymatebion y cyfweliadau yn ddienw (oni bai y mynegir fel arall) wrth ysgrifennu canfyddiadau ymchwil. Darperir ffurflen ganiatâd i'r cyfranogwyr ei llofnodi cyn y cyfweliad i ddangos eu cydsyniad.

Archwilio'r naratif ar dlodi yng Nghymru

Ffurflen ganiatâd ar gyfer cyfweliad

Mae'r ffurflen ganiatâd hon yn ymwneud â phrosiect Ysgol Newyddiaduraeth Prifysgol Caerdydd o dan arweiniad Dr Kerry Moore, sydd yn ceisio nodi, archwilio a deall naratif diweddar a pharhaus yn y cyfryngau newyddion ac arferion newyddiadurol ar ac yn ymwneud â thlodi yng Nghymru.

Trwy lofnodi'r ffurflen ganiatâd hon rwyf yn cytuno i'r canlynol:

- Fy mod wedi darllen y daflen wybodaeth am y prosiect a byddaf yn cael cyfres o gwestiynau am fy rôl broffesiynol a phrofiadau o adrodd/golygu/cynhyrchu newyddion am faterion yn ymwneud â thlodi.
- Fy mod yn deall bod cymryd rhan yn yr astudiaeth hon yn gwbl wirfoddol ac y gallaf dynnu allan unrhyw bryd heb roi rheswm.
- Fy mod yn deall fy mod yn rhydd i ofyn unrhyw gwestiynau unrhyw bryd.
- Fy mod yn deall y bydd y wybodaeth y byddaf yn ei rhoi yn cael ei rhannu gyda'r tîm ymchwil ac y gellir ei defnyddio mewn cyhoeddiadau yn y dyfodol.
- Fy mod yn rhoi fy nghaniatâd i'r wybodaeth hon gael ei defnyddio (ticiwch un o'r canlynol):
  - ☐ **Yn ddienw** (D.S. mae'n bosibl y bydd pobl eraill yn gallu fy adnabod trwy fy sylwadau hyd yn oed os na chaiff fy enw ei ddefnyddio – e.e., oherwydd eu bod yn gyfarwydd â'm gwaith neu fy rôl broffesiynol a/neu'r gronfa gymharol fach o gyfranogwyr posibl sydd yn gysylltiedig â'r ymchwil a'r ardal ddaearyddol gyfyngedig a ddefnyddir)
  - ☐ **Gydag enw** (gellir priodoli'r wybodaeth y byddaf yn ei darparu i mi)
  - ☐ **Gydag enw, ond gydag adrannau penodol yn ddienw** (D.S. byddaf yn cael cyfle i adolygu trawsgrifiad y cyfweliad ac yn penderfynu, mewn sgwrs gyda'r ymchwilydd, pa adrannau ddylai fod yn ddienw a sut y gellir gweithredu anhysbysrwydd)
- Fy mod yn deall y bydd y wybodaeth a roddir gennyf i yn cael ei chadw'n ddiogel ym Mhrifysgol Caerdydd ac, yn unol â'r Ddeddf Diogelu Data, y caiff ei chadw am gyfnod o bum mlynedd o leiaf.
- Fy mod i yn cydsynio i gymryd rhan yn yr astudiaeth a gynhelir gan Ysgol Newyddiaduraeth, y Cyfryngau ac Astudiaethau Diwylliannol, Prifysgol Caerdydd.

Llofnodwyd (ymchwilydd):
Llofnodwyd (cyfranogwr):
Dyddiad:

Atodiad E: amlinelliad byr o'r prosiect/ffurflen ganiatâd ar gyfer gweithwyr proffesiynol y trydydd sector

Archwilio'r naratif ar dlodi

Tlodi, cyrff anllywodraethol a'r cyfryngau newyddion yng Nghymru

Taflen wybodaeth am y prosiect
Bydd yr ymchwil yn archwilio sylw cyfredol yn y cyfryngau newyddion ar dlodi yng Nghymru, yn cynnwys y ffordd y mae straeon newyddion

am dlodi'n cael eu rhoi at ei gilydd, profiad y newyddiadurwyr o adrodd am dlodi, a'r mathau o straeon sydd yn deilwng i gael eu cynnwys yn y newyddion a pham.

Mae rhan o'r gwaith hwn yn cynnwys archwilio gwaith cyfathrebu cyrff anllywodraethol yng Nghymru, a'u perthynas â'r cyfryngau newyddion yn y sylw i faterion tlodi. Rydym felly eisiau cyfweld â swyddogion cyfathrebu cyrff anllywodraethol a gweithwyr proffesiynol eraill y trydydd sector yng Nghymru i archwilio'r cyfleoedd, y cyfyngiadau a'r pwysau a wynebir gan eu harferion cyfathrebu, a bydd yn cynnwys yn benodol archwiliad o'r canlynol:

- Y ffordd y mae swyddogion cyfathrebu a'r trydydd sector sydd yn ceisio cynrychioli lleisiau'r rheiny y maent yn eu cefnogi, yn gweithio.
- Y ffordd y gallai rolau a chyfrifoldebau sefydliadol a phwysau eraill ddylanwadu ar eu hymarfer.
- Dealltwriaeth o rôl newyddiadurwyr yn ffurfio syniadau am dlodi yng Nghymru.
- Y berthynas bresennol sydd gan bobl â'r cyfryngau newyddion yng Nghymru.
- Dealltwriaeth o werthoedd newyddion a'r ffordd y mae newyddiadurwyr yn llunio adroddiadau am dlodi.
- Amgyffrediad o'r naratif presennol ar dlodi yn y blynyddoedd diwethaf.
- Sut, os o gwbl, y mae pobl wedi ceisio dylanwadu ar y naratif hwnnw ac i ba raddau y maent wedi llwyddo.
- Credoau am deilyngdod straeon nad ydynt yn cael eu dweud i gael eu cynnwys yn y newyddion.
- P'un ai y mae ffynonellau (adnoddau) posibl ar gyfer newyddion nad yw gohebwyr yn eu defnyddio ar hyn o bryd.

Caiff y data ymchwil a gasglwyd o'r cyfweliadau ei ddefnyddio i lywio adroddiad i gael ei gyhoeddi (y raddfa amser a ragwelir ar gyfer cyhoeddiad drafft – gaeaf 2016) a chyhoeddiadau academaidd dilynol. Bydd yr adroddiad yn cyflwyno dadansoddiad o'r data cyfweld, ynghyd ag astudiaeth gynnwys o'r sylw a roddwyd i dlodi yn y newyddion yng Nghymru yn y cyfryngau newyddion Cymraeg a Saesneg.

Cynhelir y cyfweliadau yn unol â chanllawiau moeseg ymchwil y Cyfryngau ac Astudiaethau Diwylliannol (JOMEC) Ysgol Newyddiaduraeth Prifysgol Caerdydd, ac yn amodol ar gymeradwyaeth Pwyllgor Moeseg Ymchwil JOMEC. Caiff y cyfweliadau eu sain recordio a'u trawsgrifio er mwyn eu dadansoddi a chaiff y data ei storio'n ddiogel ym Mhrifysgol Caerdydd am bum mlynedd. Bydd holl ymatebion y cyfweliadau yn ddi-enw (oni bai y mynegir fel arall) wrth ysgrifennu canfyddiadau ymchwil. Darperir ffurflen ganiatâd i'r cyfranogwyr ei llofnodi cyn y cyfweliad i ddangos eu cydsyniad.

Archwilio'r naratif ar dlodi yng Nghymru

Ffurflen ganiatâd ar gyfer cyfweliad

Mae'r ffurflen ganiatâd hon yn ymwneud â phrosiect Ysgol Newyddiaduraeth Prifysgol Caerdydd o dan arweiniad Dr Kerry Moore, sydd yn ceisio nodi, archwilio a deall naratif diweddar a pharhaus yn y cyfryngau newyddion ac arferion newyddiadurol ar ac yn ymwneud â thlodi yng Nghymru.

Trwy lofnodi'r ffurflen ganiatâd hon rwyf yn cytuno i'r canlynol:

- Fy mod wedi darllen y daflen gwybodaeth am y prosiect a byddaf yn cael cyfres o gwestiynau am fy rôl broffesiynol a phrofiadau o adrodd/golygu/ cynhyrchu newyddion am faterion yn ymwneud â thlodi.
- Fy mod yn deall bod cymryd rhan yn yr astudiaeth hon yn gwbl wirfoddol ac y gallaf dynnu allan unrhyw bryd heb roi rheswm.
- Fy mod yn deall fy mod yn rhydd i ofyn unrhyw gwestiynau unrhyw bryd.
- Fy mod yn deall y bydd y wybodaeth y byddaf yn ei rhoi yn cael ei rhannu gyda'r tîm ymchwil ac y gellir ei defnyddio mewn cyhoeddiadau yn y dyfodol.
- Fy mod yn rhoi fy nghaniatâd i'r wybodaeth hon gael ei defnyddio (ticiwch un o'r canlynol):
  - ☐ **Yn ddi-enw** (D.S. mae'n bosibl y bydd pobl eraill yn gallu fy adnabod trwy fy sylwadau hyd yn oed os na chaiff fy enw ei ddefnyddio – e.e., oherwydd eu bod yn gyfarwydd â'm gwaith neu fy rôl broffesiynol a/ neu'r gronfa gymharol fach o gyfranogwyr posibl sydd yn gysylltiedig â'r ymchwil a'r ardal ddaearyddol gyfyngedig a ddefnyddir)
  - ☐ **Gydag enw** (gellir priodoli'r wybodaeth y byddaf yn ei darparu i mi)
  - ☐ **Gydag enw, ond gydag adrannau penodol yn ddi-enw** (D.S. byddaf yn cael cyfle i adolygu trawsgrifiad y cyfweliad ac yn penderfynu, mewn sgwrs gyda'r ymchwilydd, pa adrannau ddylai fod yn ddi-enw a sut y gellir gweithredu anhysbysrwydd)
- Fy mod yn deall y bydd y wybodaeth a roddir gennyf i yn cael ei chadw'n ddiogel ym Mhrifysgol Caerdydd ac, yn unol â'r Ddeddf Diogelu Data, y caiff ei chadw am gyfnod o bum mlynedd o leiaf.
- Fy mod i, yn cydsynio i gymryd rhan yn yr astudiaeth a gynhelir gan Ysgol Newyddiaduraeth, y Cyfryngau ac Astudiaethau Diwylliannol, Prifysgol Caerdydd.

Llofnodwyd (ymchwilydd):
Llofnodwyd (cyfranogwr):
Dyddiad:

Atodiad F: amserlenni cyfweld

Archwilio'r naratif ar dlodi yng Nghymru

Cwestiynau cyfweld ar gyfer gweithwyr proffesiynol yn y cyfryngau newyddion

Rhoi straeon at ei gilydd

Hoffem ddechrau trwy ofyn i chi am y ffordd y byddai straeon ar dlodi neu faterion yn ymwneud â thlodi fel arfer yn cael eu rhoi at ei gilydd a'ch rôl yn hynny o beth ...

- Beth fyddai eich rôl fel arfer pan fydd stori ar faterion yn ymwneud â thlodi? Allwch chi fynd â ni drwy'r broses a'ch rôl ynddi? (... gan ddechrau efallai gyda'r ffordd y byddai'n cael ei neilltuo?)
- A fydd gohebwyr penodol yn gyfrifol am roi sylw i faterion am dlodi – a oes gennych ohebwyr sydd yn arbenigwyr ar gyfer y materion hyn? A fyddai unrhyw newyddiadurwr sydd yn adnabod 'stori dda' wedyn yn rhoi sylw i'r mater?
- Faint o amser sydd gennych fel arfer i greu darn?
- Faint o bobl fyddai'n gysylltiedig â'i gynhyrchu? Pa rolau sydd ganddynt?
- Sut mae'r stori'n cael ei hintegreiddio i'r rhaglen newyddion/papur newydd (e.e., safle, ymyrraeth olygyddol yn ystod y broses gynhyrchu)?

Dod o hyd i straeon

Mae gennym ddiddordeb yn gwybod pwy sydd â llais yn y sylw sy'n cael ei roi i dlodi (pa unigolion neu sefydliadau a ddefnyddir gan newyddiadurwyr fel ffynonellau) a sut y ceir mynediad i'r lleisiau hyn ...

- O ble ydych chi'n cael eich straeon am dlodi neu anghydraddoldeb economaidd (e.e., Cyfryngau eraill? Datganiadau i'r wasg? Ffynonellau?)?
- Ydych chi'n ymgysylltu â'r cyfryngau cymdeithasol er mwyn dod o hyd i sefydliadau, cysylltiadau neu straeon?
- Ydych chi'n cysylltu â sefydliadau'r trydydd sector ac elusennau? Ar gyfer pa fath o straeon y byddech chi'n cysylltu â nhw? Sut ydych yn tueddu i wneud hyn?
- Pa sefydliadau ydych chi'n tueddu i feddwl amdanynt wrth lunio stori am dlodi? **A yw rhai grwpiau/sefydliadau yn fwy anodd i gael mynediad atynt nag eraill? Os felly (sut) ydych chi'n ceisio datrys y mathau hyn o anawsterau?**
- Sut ydych chi'n dewis eich ffynonellau ar gyfer straeon am faterion tlodi?
- A oes gennych gysylltiadau rheolaidd? Beth sy'n debygol o ddylanwadu ar gynnal perthynas gyda nhw?

- Beth sydd yn gwneud ffynhonnell ddelfrydol neu werthfawr i chi wrth adrodd am faterion tlodi a pham?
- Pwy yn eich barn chi sydd â'r arbenigedd/proffil i siarad am y materion hyn? Pwy fyddech chi'n galw i gael barn/datganiad?
- A oes unrhyw ffynonellau posibl (pobl y byddech yn hoffi eu defnyddio) nad ydych wedi eu defnyddio ar gyfer eich straeon? Pam? Beth yw'r rhwystrau?
- Pe byddech yn ceisio sicrhau rhychwant neu gydbwysedd barn wrth adrodd straeon yn ymwneud â thlodi, pa ffigurau neu sefydliadau y byddech yn ceisio eu cynnwys er mwyn cynrychioli ochrau gwahanol o'r stori? Beth yn eich barn chi yw 'ochrau gwahanol' o'r stori o ran materion tlodi yng Nghymru?
- Pa fathau o wybodaeth y mae elusennau/sefydliadau'r trydydd sector yn tueddu eu cynnig pan fyddwch yn cysylltu â nhw am stori? A yw hyn yn ddefnyddiol? A yw'n tueddu i gyd-fynd â'r mathau o ddeunydd yr ydych yn gobeithio amdano?
- A yw ansawdd y wybodaeth yn tueddu i fod ar lefel sy'n ddefnyddiol? Beth yw'r mathau mwyaf defnyddiol o wybodaeth? Allwch chi ddisgrifio enghraifft pan wnaethoch dderbyn gwybodaeth ddefnyddiol iawn, neu pan wnaeth cyswllt ag elusen/sefydliad trydydd sector eich arwain at stori oedd yn gryf iawn yn eich barn chi?
- Beth am brofiad o gysylltu neu ryngweithio â sefydliad trydydd sector oedd yn llai llwyddiannus? Allwch chi ddisgrifio enghraifft neu adlewyrchu'n gyffredinol ynghylch pryd a pham nad yw pethau wedi gweithio'n dda?
- Sut ydych chi'n credu y gellid gwella'r berthynas rhwng sefydliadau'r trydydd sector a newyddiadurwyr/y cyfryngau newyddion?

Teilyngdod tlodi/materion yn ymwneud â thlodi i gael eu cynnwys yn y newyddion

Hoffem ofyn i chi nawr am y straeon am dlodi a materion yn ymwneud â thlodi yng Nghymru a phan fyddant yn cael eu cynnwys yn y newyddion …

- Beth yn eich barn chi yw'r straeon mawr yn ymwneud â thlodi neu anghydraddoldeb economaidd yng Nghymru (sy'n effeithio ar Gymru neu bobl yng Nghymru)?
- Yn eich barn chi, ai'r mathau o straeon yw'r rhain sy'n cael eu dweud amlaf am dlodi, anghydraddoldeb economaidd a phobl o dan anfantais economaidd/wedi eu hymylu yng Nghymru? Os na, pa straeon sydd yn cael eu dweud?
- Beth yn eich barn chi yw'r prif faterion cysylltiedig yn y straeon hynny â thlodi?
- Sut byddech chi'n diffinio 'tlodi'?
- Pa unigolion/grwpiau ydych chi'n credu sy'n cael eu nodi fwyaf i fod yn profi tlodi/ymylu/allgáu cymdeithasol?

- Sut, os o gwbl, ydych chi'n credu bod y pethau hyn wedi newid yn y misoedd a'r blynyddoedd diweddar? Yn eich profiad chi fel (gohebydd/golygydd/ cynhyrchydd) ydych chi'n credu bod tlodi'n fwy neu'n llai teilwng o gael ei gynnwys yn y newyddion nawr?
- Pa mor dda ydych chi'n credu mae'r cyfryngau newyddion (yn gyffredinol yng Nghymru) yn rhoi tlodi a materion yn ymwneud â thlodi mewn cyd-destun (e.e., yn nhermau'r rhesymau a amlinellir am dlodi, priodoli'r cyfrifoldeb amdano, y mathau o atebion a awgrymir neu ganlyniadau tlodi sy'n cael eu hesbonio)?
- Pryd byddwch chi/eich sefydliad yn cynnwys materion tlodi? Beth sy'n eu gwneud yn deilwng i gael eu cynnwys yn y newyddion i chi (h.y. beth a sut mae mater parhaus fel tlodi'n dod yn newyddion)?
- Pa statws y mae'r straeon hyn yn tueddu eu cael yn agenda gyffredinol ystafell newyddion?

Safbwynt cynulleidfa gyhoeddus

- Ble ydych chi'n credu y mae barn y cyhoedd am dlodi a/neu anghydraddoldeb economaidd? Beth ydych chi'n dychmygu y mae pobl yn meddwl amdano yng Nghymru (e.e., o ran yr hyn ydyw/sut olwg sydd arno, ei achosion, canlyniadau)?
- A yw hyn yn wahanol i safbwynt eich cynulleidfa benodol?

Cyfleu tlodi
Hoffwn ofyn rhywbeth i chi am y ffordd yr ydych yn mynd ati i gyfleu materion yn ymwneud â thlodi nawr ...

- O ran cynrychiolaethau gweledol ... A oes unrhyw anawsterau penodol y gallech eu hwynebu yn dangos straeon tlodi (e.e., wrth ddewis delweddau i ddangos tlodi, neu wrth greu ffilm berthnasol)?
- Rydym wedi sylwi bod graffeg yn cael ei ddefnyddio'n aml ... beth sydd yn arwain neu'n llywio penderfyniad i ddefnyddio graffeg a sut mae'r delweddau hyn yn cael eu dewis?
- Allwch chi ddweud wrthym am y math o neges yr ydych yn ceisio ei chyfleu wrth ddefnyddio'r mathau hyn o ddelweddau?
- Beth yw eich ystyriaethau wrth gynnwys pobl sydd yn dioddef tlodi neu faterion yn ymwneud ag anghydraddoldeb economaidd yn eich adrodd-iadau? A oes canllawiau penodol ar gyfer ystafell newyddion i chi eu dilyn?
- A oes straeon yr ydych yn teimlo bod yn rhaid i chi eu cynnwys, hyd yn oed pe byddai'n well gennych beidio (e.e., polisi newydd llywodraeth)?
- Faint o bwysau (os o gwbl) ydych chi'n teimlo (neu yr ydych yn credu y gallai sefydliadau newyddion yn gyffredinol ei deimlo) yn cynnwys agenda adrannau, partïon, gwleidyddion neu sefydliadau penodol? A oes unrhyw enghreifftiau y gallech ddweud wrthym amdanynt?

- A oes materion am dlodi neu anghydraddoldeb economaidd yr ydych yn eu hystyried fel y 'stori fawr sydd heb ei dweud'? Pam ydych chi'n credu nad oes unrhyw un yn ei dweud?
- Ydych chi'n credu bod yna osgoi siarad am dlodi yn y newyddion yng Nghymru (neu wedi bod? Pam allai hyn fod/wedi bod yn wir)?
- A oes unrhyw anhawster o ran terminoleg? A oes termau yn labelu tlodi neu bobl sy'n ei brofi yr hoffech eu defnyddio ond yn methu neu'n teimlo na allwch am unrhyw reswm? A oes unrhyw dermau dewisol?
- A oes unrhyw grwpiau cymdeithasol a/neu ardaloedd o'r wlad yr ydych yn eu cysylltu fwyaf â straeon am dlodi ar hyn o bryd? Ydych chi'n credu bod unrhyw grwpiau/mannau sydd yn cael mwy neu lai o sylw nag y dylent?
- Allwch chi ddweud wrthym am stori dlodi yng Nghymru yr ydych wedi ei dweud yn ddiweddar yr ydych yn credu oedd yn arbennig o bwysig? (... Pam gwnaethoch chi eu dweud yn y ffordd hon? Beth wnaethoch chi ddysgu oddi wrthi? A oes unrhyw beth y byddech wedi hoffi ei wneud yn wahanol?)
- Ydych chi wedi cynnwys unrhyw straeon yn ymwneud â'r materion hyn gyda ffocws y tu hwnt i Gymru/ffocws rhyngwladol?
- Beth ydych chi'n credu yw rôl neu gyfrifoldeb (efallai) y cyfryngau newyddion yng Nghymru wrth gynnwys tlodi neu anghydraddoldeb economaidd? Pa rôl ydych chi'n credu y mae newyddiaduraeth yn ei chwarae yn llunio syniadau am dlodi yng Nghymru?
- Ydych chi erioed wedi cael eich herio neu'n teimlo eich bod yn cael eich herio am y ffordd yr ydych wedi cynrychioli tlodi, neu'r ffordd yr ydych wedi cynnwys sefydliad a'i safbwyntiau ar y mater? Os ydych, allwch chi ddweud wrthym am hyn?

Tri o'r straeon mawr sydd wedi digwydd yn ystod ein prosiect yw ...

Stori: 1) Dur, 2) Etholiad y Cynulliad, neu 3) Refferendwm yr UE /Brexit

- A wnaethoch chi adrodd ar unrhyw un o'r straeon hyn? Allwch chi ddweud wrthym sut y gwnaethoch adrodd y stori? A oedd tlodi/anghydraddoldeb incwm yn ffocws penodol neu'n bryder yn eich darn? Pam/pam ddim?
- (D.S. Os na ofynnwyd i chi yn gynharach ...) Allwch chi ddweud wrthym am y stori fwyaf cofiadwy am dlodi yr ydych wedi ei chynnwys?
- Os oes unrhyw gwestiynau eraill yn codi wrth i'n hymchwil ddatblygu nad ydym wedi gofyn i chi heddiw ond sy'n ymddangos yn bwysig iawn i ni, a fyddech yn fodlon i ni gysylltu â chi, ar e-bost efallai, i olrhain hyn?

Crynhoi ...

- Yn olaf, hoffem ofyn i chi am unrhyw fesurau (neu adnoddau efallai) yr ydych yn credu y gallai eich helpu i adrodd y straeon pwysig yn ymwneud â thlodi yng Nghymru ...

- Beth fyddai'n ddefnyddiol neu'n werthfawr i chi – er enghraifft, wrth chwilio am awgrymiadau am stori, yn cryfhau neu'n gwella eich rhwydwaith o ffynonellau, yn cael gafael ar wybodaeth gefndir neu gyd-destun neu ddeunydd pwysig arall (… awgrymwch y gallem olrhain y cwestiwn hwnnw mewn gohebiaeth efallai)?
- A oes unrhyw beth arall yr hoffech siarad amdano nad ydym wedi ei gynnwys?

Yn ddiweddarach/olrhain:
Ein cynllun: digwyddiadau rhwydweithio

1) Digwyddiad caeedig ar gyfer gweithwyr trydydd sector a newydd-iadurwyr a golygyddion.

2) Digwyddiad cyhoeddus
   - Pa fath o drafodaethau neu destunau fyddai'n ddefnyddiol i chi?
   - A oes unrhyw wybodaeth benodol (neu hyfforddiant?) y credwch fyddai'n ddefnyddiol?
   - A oes gennych awgrymiadau ar gyfer pobl yr hoffech eu gweld yn cael gwahoddiad? (Olrhain)

Byddwn yn dyfeisio fformat y digwyddiadau hyn yn ystod yr ychydig fisoedd nesaf. Byddai unrhyw fewnbwn gennych chi yn dda – cofiwch gysylltu. Byddwn hefyd yn rhoi'r wybodaeth ddiweddaraf i chi am ein canfyddiadau.

Archwilio'r naratif ar dlodi yng Nghymru

Cwestiynau cyfweld â sefydliadau'r trydydd sector

Dywedwch wrthyf am y sefydliad a'ch rôl yma

- Ai chi yw'r person sydd bob amser yn cyfathrebu gyda'r cyfryngau?
- Faint o bobl sydd yn gysylltiedig â chyfathrebu allanol yn eich sefydliad?
- A fu unrhyw hyfforddiant neu gymorth yn eich sefydliad yn ymwneud â chyfathrebu?

Dywedwch wrthym am eich arferion a'ch strwythur sefydliadol yn ymwneud â chyfathrebu

- Ewch â fi drwy'r broses ar gyfer stori gan eich sefydliad i'r cyfryngau. Pwy sy'n gwneud y penderfyniadau ynghylch straeon (cymeradwyaeth derfynol, proses olygyddol)?
- Beth ydych chi eisoes yn ei wneud?
- Sut ydych chi'n defnyddio datganiadau i'r wasg, cylchlythyrau, blogiau, y cyfryngau cymdeithasol?
- Pa fath o berthynas sydd gennych gyda newyddiadurwyr a sefydliadau'r cyfryngau? Os felly, sut mae'r rhain yn datblygu?

- Sut ydych chi'n credu y mae eich cyfathrebu yn gweithio? A yw'n gweithio'n dda? A oes unrhyw beth nad yw'n gweithio cystal?
- Allech chi roi rhai enghreifftiau i mi o straeon diweddar neu sut rydych wedi ceisio cyfathrebu eich gwaith?

Eich gwerthoedd newyddion (pryd, pam y mae rhywbeth yn stori?)

- Sut ydych chi'n penderfynu bod gennych stori yr ydych eisiau ei rhannu? Pam?
- Sut ydych chi'n penderfynu pryd i ddod â stori i'r cyfryngau? Er enghraifft, gyda'ch prosiectau, ydych chi'n tueddu i gael cynllun cyfathrebu? Ydych chi byth yn ymateb i'r straeon yn y newyddion?
- A oes amserau penodol o'r flwyddyn pan fydd gennych straeon yr ydych eisiau eu cael allan?
- Beth yn eich barn chi sydd yn gwneud rhywbeth yn stori dda?
- Sut ydych chi'n cael eich gwybodaeth ar gyfer y straeon hyn?
- Beth ydych chi'n ei weld fel y stori bwysicaf yr ydych wedi ei rhannu'n llwyddiannus?
- A oes enghraifft o stori bwysig nad oedd yn llwyddiannus?
- Beth yn eich barn chi y mae newyddiadurwyr yn credu sydd yn gwneud rhywbeth yn stori dda?

Nodau ar gyfer sylw yn y cyfryngau

- Beth ydych chi'n gobeithio ei gyflawni trwy straeon yn y cyfryngau?
- Pwy sydd gennych mewn golwg fel eich cynulleidfa? A yw hynny bob amser yn glir? A oes unrhyw beth yn newid yn eich ymagwedd pan fydd eich cynulleidfa yn wahanol (h.y. gwneuthurwyr polisïau, y cyhoedd?)
- Sut ydych chi'n gobeithio y bydd sylw yn y cyfryngau yn cefnogi eich gwaith?
- Beth fyddai'r sefyllfa berffaith i chi o ran perthynas neu sylw yn y cyfryngau?
- Allwch chi ddweud wrthym am y stori fwyaf cofiadwy am dlodi yr ydych wedi ei rhannu?

Rôl fel cyfryngwr, cynrychiolaeth (rhwng defnyddwyr y gwasanaeth a'r cyfryngau/cyhoedd)

- Sut ydych chi'n dod â lleisiau a phrofiadau defnyddwyr eich gwasanaethau i'r cyfryngau?
- Ydych chi'n dod ar draws unrhyw heriau neu anawsterau'n ymwneud â hyn (e.e., sut ydych chi'n ymdrin â materion cyfrinachedd, cael llais yn uniongyrchol, ac ati)?
- A oes unrhyw faterion neu grwpiau yr ydych yn gweithio gyda nhw y mae eu straeon yn anodd eu dweud am ryw reswm?

- A oes straeon arferol am ddefnyddwyr eich gwasanaeth yr ydych yn eu gweld yn aml? Enghreifftiau (…)?

Safbwyntiau a chredoau am dlodi

- Sut ydych chi'n diffinio tlodi?
- Pan fyddwch yn meddwl am dlodi yng Nghymru, beth sy'n dod i'r meddwl?
- Pa unigolion/grwpiau ydych chi'n credu sy'n cael eu hadnabod fwyaf i fod yn profi tlodi/ymylu/allgáu cymdeithasol?
- Beth yn eich barn chi yw achosion tlodi yng Nghymru? Pam y mae tlodi'n fater yma?
- Beth yn eich barn chi yw rôl eich sefydliad yn mynd i'r afael â thlodi yng Nghymru?
- Sut mae rôl eich sefydliad yn cysylltu â rhai asiantaethau eraill – h.y., yn anelu at weithio ar y cyd â sefydliadau eraill y trydydd sector, gyda'r llywodraeth, gyda'r cyfryngau efallai … i gyflawni eich nodau?

Portread o dlodi yn y cyfryngau

- Pa rôl yn eich barn chi sydd gan y cyfryngau yn llunio naratif tlodi yng Nghymru?
- Sut ydych chi'n teimlo bod tlodi'n cael ei gyfleu yn y cyfryngau yng Nghymru? (e.e., a yw cywirdeb yn fater? Rhychwant? Manylion? Sylw? Dosbarthiad y sylw yn y cyfryngau ar draws Cymru? Unrhyw faterion eraill?)
- A yw hyn yn wahanol yng Nghymru o'i gymharu â gweddill cyfryngau'r DU?

Hoffem droi nawr at ofyn eich safbwynt am y straeon i gael eu dweud am dlodi a materion yn ymwneud â thlodi yng Nghymru a phan fyddant yn cyrraedd y newyddion …

- Beth yn eich barn chi yw'r straeon mawr yn ymwneud â thlodi ac anghyfartaledd economaidd yng Nghymru (sy'n effeithio ar Gymru neu bobl yng Nghymru)?
- Yn eich barn chi, ai dyma'r mathau o straeon sy'n cael eu hadrodd amlaf am dlodi, anghydraddoldeb economaidd a phobl o dan anfantais economaidd/ pobl ar yr ymylon yng Nghymru? Os na, pa straeon sydd?
- Beth yn eich barn chi yw'r prif faterion sydd yn gysylltiedig â thlodi yn y straeon hynny?
- Sut, os o gwbl, ydych chi'n credu bod y pethau hyn wedi newid yn y misoedd a'r blynyddoedd diwethaf? Yn eich profiad chi fel gweithiwr proffesiynol yn y trydydd sector, ydych chi'n credu bod tlodi'n fwy neu'n llai teilwng o gael ei gynnwys yn y newyddion nawr?

- Pa mor dda ydych chi'n credu y mae'r cyfryngau newyddion (yn gyffredinol yng Nghymru) yn rhoi tlodi a materion yn ymwneud â thlodi mewn cyd-destun (e.e., o ran y rhesymau a amlinellir am dlodi, priodoli cyfrifoldeb amdano, y mathau o atebion sy'n cael eu hawgrymu neu ganlyniadau tlodi sy'n cael eu hesbonio?)
- Pryd ydych chi/eich sefydliad yn ceisio rhoi sylw i faterion tlodi? Beth sy'n eu gwneud yn deilwng i gael eu cynnwys yn y newyddion i chi (h.y., sut a pham y mae mater parhaus fel tlodi'n dod yn stori bwysig ar gyfer y newyddion/ei chyhoeddi)?

Amgyffrediad y cyhoedd o dlodi

- Beth yn eich barn chi yw amgyffrediad y cyhoedd o dlodi a/neu anghydraddoldeb incwm yng Nghymru? Beth ydych chi'n dychmygu y mae pobl yn meddwl amdano yng Nghymru (e.e., o ran beth ydyw/sut olwg sydd arno, ei achosion, canlyniadau)?
- A yw hyn yn unol â chynrychioliadau'r cyfryngau newyddion? Ydych chi'n gweld unrhyw ddylanwadau eraill?
- A yw hyn yn wahanol i'r ffordd y mae'r bobl yr ydych chi'n eu cynrychioli/ eich cleientiaid/defnyddwyr eich gwasanaeth yn gweld tlodi yn eich barn chi?
- Ydych chi'n credu bod *hyn* yn wahanol yng Nghymru o'i gymharu â gweddill y DU?
- Beth yw eich teimlad?

Gan droi'n ôl at eich sefydliad chi nawr …

Portread o'ch sefydliad chi yn y cyfryngau

- Sut ydych chi'n credu y mae'r cyfryngau yn gweld eich sefydliad? Ydych chi'n credu eu bod yn deall eich nodau?
- Ydych chi erioed wedi teimlo bod eich prosiectau neu'r materion yr ydych wedi ceisio eu codi wedi cael eu cam-gynrychioli yn y gorffennol? Allech chi sôn wrthym am enghraifft?
- A ydym yn colli unrhyw beth sydd yn rhwystr mawr i chi i gael y straeon hyn allan?

Stori: 1) Dur, 2) Etholiad y Cynulliad, neu 3) Refferendwm yr UE/Brexit

- A wnaethoch chi geisio cael unrhyw straeon cysylltiedig allan o amgylch y stori newyddion hon? Pam neu pam ddim? Sut aeth hi?
- Os gwnaethoch geisio rhoi'r stori allan, a oes gwahaniaeth gennych fy mod yn gofyn ble y ceisioch ei rhoi hi?
- (D.S. Os na chafodd y cwestiwn ei ofyn yn gynharach …) Allwch chi ddweud wrthym am y stori fwyaf cofiadwy am dlodi yr ydych wedi ei rhannu?

- A oes unrhyw beth arall yr hoffech siarad amdano?
- Os bydd unrhyw gwestiwn arall yn codi wrth i'n hymchwil ddatblygu nad ydym wedi gofyn heddiw ond sy'n ymddangos yn bwysig iawn i ni, a fyddech yn fodlon i ni gysylltu â chi, ar e-bost efallai, i'w olrhain?

Yn ddiweddarach/olrhain:
Ein cynllun: digwyddiadau rhwydweithio

1) Digwyddiad caeedig ar gyfer gweithwyr trydydd sector a newyddiadurwyr a golygyddion

2) Digwyddiad cyhoeddus
   - Pa fath o drafodaethau neu destunau fyddai'n ddefnyddiol i chi?
   - A oes unrhyw wybodaeth benodol neu hyfforddiant y credwch fyddai'n ddefnyddiol?
   - A oes gennych awgrymiadau ar gyfer pobl yr hoffech eu gweld yn cael gwahoddiad? (Olrhain)
   - Byddwn yn dyfeisio fformat y digwyddiadau hyn yn ystod yr ychydig fisoedd nesaf. Byddai unrhyw fewnbwn gennych chi yn dda – cofiwch gysylltu. Byddwn hefyd yn rhoi'r wybodaeth ddiweddaraf i chi am ein canfyddiadau.

Rhestr Gyfeirio

Armstrong, S. (2017). *The new poverty*. London, New York: Verso.

Barnard, H. (2018). *Poverty in Wales*. Retrieved from https://www.jrf.org.uk /file/51053/download?token=0zspuzGI&filetype=briefing.

Barton, C., & Hough, D. (2016). *Fuel poverty*. Retrieved from House of Commons Library: http://researchbriefings.parliament.uk/ResearchBriefing/Summary /SN05115#fullreport.

Bauman, Z. (2004). *Wasted lives: Modernity and its outcasts*. Cambridge: Polity Press.

Baumberg, B., Bell, K., Gaffney, D., Deacon, R., Hood, C., & Sage, D. (2013). *Benefits stigma in Britain*. Retrieved from https://wwwturn2us-2938.cdn .hybridcloudspan.com/T2UWebsite/media/Documents/Benefits-Stigma -in-Britain.pdf.

BBC News (2016, 13 December). No end to child poverty by 2020, Welsh Government says. *BBC News Online*. Retrieved from http://www.bbc.co.uk /news/uk-wales-politics-38308763.

Bevan Foundation (2010). *Poverty and social exclusion in Wales*. Ebbw Vale, Wales: Bevan Foundation. Retrieved from https://www.bevanfoundation .org/wp-content/uploads/2011/10/Poverty++Social+Exclusion+in+Wales .pdf.

Bevan Foundation (2016). *Prosperity without poverty: A framework for action in Wales*. Retrieved from https://www.bevanfoundation.org//wp-content /uploads/2016/11/Prosperity-without-poverty.pdf.

Bevan Foundation (2018). *Tough times ahead? What 2018 might hold for Wales*. Retrieved from https://www.bevanfoundation.org/wp-content /uploads/2017/12/Tough-Times-Ahead-Report-Final.pdf.

Blom, J. N., & Hansen, K. R. (2015). Click bait: Forward-reference as lure in online news headlines. *Journal of Pragmatics, 76*, 87–100.

Bloodworth, J. (2016). *The myth of meritocracy: Why working-class kids still get working-class jobs*. London: Biteback Publishing.

Bourdieu, P. (1996). *On television*. New York: The New York Press.

Bourdieu, P. (2012, 1984). *Distinction*. London, New York: Routledge.

Chouliaraki, L. (2006). *The spectatorship of suffering*. London, Thousand Oaks, CA, New Delhi: Sage.

Chouliaraki, L. (2013). *The ironic spectator: Solidarity in the age of post -humanitarianism*. Cambridge: Polity.

Church Action on Poverty & National Union of Journalists (2016). NUJ guide to reporting poverty. Retrieved from https://www.nuj.org.uk/documents /nuj-guide-to-reporting-poverty.

Clery, A. (2013). *Public attitudes to poverty and welfare 1983–2011*. Retrieved from http://natcen.ac.uk/our-research/research/public-attitudes-to-poverty -and-welfare-1983–2011.

Crossley, S. (2017). *In their place: The imagined geographies of poverty*. London: Pluto Press.

Cushion, S., Kilby, A., Thomas, R., Morani, M., & Sambrook, R. (2018). Newspapers, impartiality and television news. *Journalism Studies, 19*(2), 162–181. DOI: https://doi.org/10.1080/1461670X.2016.1171163.

Davies, N. (2011). *Flat earth news: An award-winning reporter exposes falsehood, distortion and propaganda in the global media*. London: Vintage.

Department for Business Energy and Industrial Strategy. (2017). *Annual fuel poverty statistics report, 2017 (2015 Data)*. Retrieved from https://www.gov .uk/government/uploads/system/uploads/attachment_data/file/639118 /Fuel_Poverty_Statistics_Report_2017_revised_August.pdf.

Department for Work and Pensions (2016). Guidance: How low income is measured in households below average income. Retrieved from https:// www.gov.uk/government/publications/how-low-income-is-measured /text-only-how-low-income-is-measured.

Eurobarometer (2010). *Poverty and social exclusion report*. Retrieved from http://ec.europa.eu/commfrontoffice/publicopinion/archives/ebs/ebs _355_en.pdf.

Fitzpatrick, S., Pawson, H., Bramley, G., Wilcox, S., Watts, B., & Wood, J. (2017). *The homelessness monitor: Wales 2017*. Retrieved from https://www.crisis .org.uk/media/237651/the_homelessness_monitor_wales_2017_es.pdf.

Franklin, B., & Murphy, D. (1991). *What news? The market, politics and the local press*. London: Routledge.

Franklin, B., & Richardson, J. (2002). A journalist's duty? Continuity and change in local newspaper reporting of recent UK general elections. *Journalism Studies, 3*(1), 35–52. DOI: https://doi.org/10.1080/14616700120107329.

Golding, P., & Middleton, S. (1982). *Images of Welfare: Press and Public Attitudes to Poverty*. Oxford, UK: Robertson & Company.

Goodwin, M., & Heath, O. (2016). *Brexit vote explained: Poverty, low skills and lack of opportunities*. Retrieved from https://www.jrf.org.uk/report /brexit-vote-explained-poverty-low-skills-and-lack-opportunities.

Goodwin, S. (2018). Food poverty: What we don't know. Retrieved from http:// endhungeruk.org/food-poverty-dont-know.

Gordon, A., Mack, J., Lansley, S., Main, G., Nandy, S., Patsios, D., & Pomati, M. (2013). *The impoverishment of the UK PSE UK first results: Living standards*.

Retrieved from http://www.poverty.ac.uk/sites/default/files/attachments /The_Impoverishment_of_the_UK_PSE_UK_first_results_summary _report_March_28.pdf.

Hanitzsch, T., & Vos, T. P. (2018). Journalism beyond democracy: A new look into journalistic roles in political and everyday life. *Journalism, 19*(2), 146–164. DOI: https://doi.org/10.1177/1464884916673386.

Harcup, T., & O'Neill, D. (2017). What is news?. *Journalism Studies, 18*(12), 1470–1488. DOI: https://doi.org/10.1080/1461670X.2016.1150193.

Hirsch, D. (2007). *Experiences of poverty and educational disadvantage.* Joseph Rowntree Foundation. Retrieved from https://www.jrf.org.uk/sites/default /files/jrf/migrated /files/2123.pdf.

House of Commons Work and Pensions Select Committee (2017, 21 February). Universal Credit rollout: Inquiry re-launched.

ITV News (2018, 19 February). Police investigating death of homeless 19-year -old in Cardiff. *ITV News.* Retrieved from http://www.itv.com/news/wales /2018-02-19/police-investigating-death-of-homeless-19-year-old-in -cardiff.

Jenkins, J., & Nielsen, R. K. (2019). Proximity, public service, and popularity: A comparative study of how local journalists view quality news. *Journalism Studies, 21*(2), 236–253. DOI: https://doi.org/10.1080/1461670X.2019 .1636704.

Jones, O. (2011). *Chavs: The demonization of the working class.* London, New York: Verso.

Kuiken, J., Schuth, A., Spitters, M., & Marx, M. (2017). Effective headlines of newspaper articles in a digital environment. *Digital Journalism, 5*(10), 1300–1314. DOI: https://doi.org/10.1080/21670811.2017.1279978.

Lansley, S., & Mack, J. (2015). *Breadline Britain: The rise of mass poverty.* London: One World.

Lewis, J., & Cushion, S. (2019). Think tanks, television news and impartiality. *Journalism Studies, 20*(4), 480–499. DOI: https://doi.org/10.1080/1461670X .2017.1389295.

Lister, R. (2004). *Poverty.* Cambridge and Malden, MA: Polity Press.

Littler, J. (2018). *Against meritocracy: Culture, power and myths of mobility.* London: Routledge.

McCombs, M. (2004). *Setting the agenda: The mass media and public opinion.* Cambridge, Malden, MA: Polity.

Macdonald, M. (1998). Personalisation in current affairs journalism. *Javnost – The Public, 5*(3), 109–126. DOI: https://doi.org/10.1080/13183222.1998.11 008686.

McGuinness, F. (2018). *Poverty in the UK: Statistics.* Retrieved from http:// researchbriefings.files.parliament.uk/documents/SN07096/SN07096.pdf.

Marsh, A., Barker, K., Ayrton, C., Treanor, M., & Haddad, M. (2017). *Poverty: The facts* (6 ed.). London: Child Poverty Action Group.

Meijer, I. C. (2001). The public quality of popular journalism: Developing a normative framework. *Journalism Studies, 2*(2), 189–205. DOI: https://doi .org/10.1080/14616700120042079.

Ministry of Housing Communities and Local Government (2018). *Rough sleeping statistics, autumn 2017, England.* Retrieved from https://www.gov .uk/government/uploads/system/uploads/attachment_data/file/676097 /Rough_Sleeping_Autumn_2017_Statistical_Release.pdf.

Molyneux, L., & Coddington, M. (2019). Aggregation, clickbait and their effect on perceptions of journalistic credibility and quality. *Journalism Practice,* 1–18. DOI: https://doi.org/10.1080/17512786.2019.1628658.

Mosalski, R. (2017, 29 November). A 32-year-old woman has been found dead in a Cardiff park. *Wales Online.* Retrieved from https://www.walesonline. co.uk/news/wales-news/32-year-old-woman-been-13968902.

Nielsen, R. K. (2015). *Local journalism: The decline of newspapers and the rise of digital media.* London, New York: I. B. Tauris.

ONS (2017). Persistent poverty in the UK and EU: 2015. Retrieved from https://www.ons.gov.uk/peoplepopulationandcommunity/personal andhouseholdfinances/incomeandwealth/articles/persistentpovertyinthe ukandeu/2015.

Pemberton, S., Fahmy, E., Sutton, E., & Bell, K. (2017). Endless pressure: Life on a low income in austere times. *Social Policy & Administration, 51*(7), 1156–1173. DOI: https://doi.org/10.1111/spol.12233.

Press Association (2018, 12 February). DWP spent £100m on disability benefit appeals, figures reveal. *Guardian.* Retrieved from https://www.theguardian. com/politics/2018/feb/12/disability-benefit-appeals-department-for-work -and-pensions-figures.

Redden, J. (2011). Poverty in the news: A framing analysis of coverage in Canada and the UK. *Information Communication and Society, 14*(6), 820–849. DOI: https://doi.org/10.1080/1369118x.2011.586432.

Robert, M., Shildrick, T., & Furlong, A. (2014). In search of 'intergenerational cultures of worklessness': Hunting the Yeti and shooting zombies. *Critical Social Policy, 34*(2), 199–220.

Rowe, D. (2011). Obituary for the newspaper? Tracking the tabloid. *Journalism, 12*(4), 449–466.

Schneider, B. (2013). Reporting homelessness. *Journalism Practice, 7*(1), 47–61. DOI: https://doi.org/10.1080/17512786.2012.686783.

Seymour, D. (2009). *Reporting poverty in the UK: A practical guide for journalists.* York: Joseph Rowntree Foundation, Society of Editors and The Media Trust.

Statistics for Wales (2017a). Household below average income by year. Retrieved from https://statswales.gov.wales/Catalogue/Community-Safety- and-Social-Inclusion/Poverty/householdbelowaverageincome-by-year.

Statistics for Wales (2017b). *National Rough Sleeper Count, November 2016 – Experimental Statistics.* Retrieved from https://gov.wales/sites/default

/files/statistics-and-research/2019-04/national-rough-sleeper-count-november-2016.pdf.

Tenenboim, O., & Cohen, A. A. (2015). What prompts users to click and comment: A longitudinal study of online news. *Journalism, 16*(2), 198–217.

Threadgold, T., Clifford, S., Harb, Z., Jewell, J., Powell, V., & Jiang, X. (2007). *Constructing community in South-East Wales*. Cardiff: Joseph Rowntree Foundation.

Tinson, A., Ayrton, C., Barker, K., Born, T. B., Aldridge, H., & Kenway, P. (2016). *Monitoring poverty and social exclusion*. Retrieved from https://www.jrf. org.uk/report/monitoring-poverty-and-social-exclusion-2016.

Townsend, P. (1979). *Poverty in the United Kingdom*. London: Allen Lane and Penguin Books.

Tyler, I. (2013). *Revolting subjects: Social abjection and resistance in neoliberal Britain*. London: Zed Books.

UK Government (2017). Homelessness Reduction Act. Retrieved from http://www.legislation.gov.uk/ukpga/2017/13/pdfs/ukpga_20170013_en.pdf.

Volmert, A., Pineau, M., & Kendall-Taylor, N. (2017). *Talking about poverty: How experts and the public understand UK poverty*. Retrieved from https://www.jrf.org.uk/report/talking-about-poverty-how-experts-and-public-understand-uk-poverty.

Wacquant, L. (2008). *Urban outcasts: A comparative sociology of advanced marginality*. Cambridge, Malden, MA: Polity.

Wahl-Jorgensen, K. (2018). *Emotions, media and politics*. Cambridge, Medford, MA: Polity.

www.ingramcontent.com/pod-product-compliance
Lightning Source LLC
Chambersburg PA
CBHW071028280326
41935CB00011B/1500

* 9 7 8 1 9 1 1 6 5 3 1 9 6 *